虚拟社区参与动机研究

楼天阳 著

浙江工商大学出版社
ZHEJIANG GONGSHANG UNIVERSITY PRESS
·杭州·

图书在版编目(CIP)数据

虚拟社区参与动机研究 / 楼天阳著. —杭州 : 浙江工商大学出版社,2021.9

ISBN 978-7-5178-4673-4

Ⅰ. ①虚… Ⅱ. ①楼… Ⅲ. ①互联网络—社区管理—研究—中国 Ⅳ. ①D669.3—39

中国版本图书馆 CIP 数据核字(2021)第 198229 号

虚拟社区参与动机研究
XUNI SHEQU CANYUDONGJI YANJIU

楼天阳 著

策划编辑	郑　建
责任编辑	黄拉拉　郑　建
封面设计	林朦朦
责任印制	包建辉
出版发行	浙江工商大学出版社
	(杭州市教工路 198 号　邮政编码 310012)
	(E-mail:zjgsupress@163.com)
	(网址:http://www.zjgsupress.com)
	电话:0571 - 88904980,88831806(传真)
排　　版	杭州朝曦图文设计有限公司
印　　刷	广东虎彩云印刷有限公司绍兴分公司
开　　本	700mm×1000mm　1/16
印　　张	17
字　　数	256 千
版 印 次	2021 年 9 月第 1 版　2021 年 9 月第 1 次印刷
书　　号	ISBN 978-7-5178-4673-4
定　　价	49.90 元

本著作是以下项目资助成果：

◆ 国家自然科学基金，"虚拟社区成员持续参与动机演变与激励机制研究(71202079)"；

◆ 浙江省自然科学基金，"基于 LPP 理论视角虚拟社区用户持续参与行为的动力机制研究(Y7100626)"。

前　言

　　虚拟社区（Virtual Community）被称为互联网诞生以来最伟大的组织创造之一。　人类社会自从原始部落的集中走向现代城市的分离后，又重新在网络空间通过兴趣和关系聚集起来，形成各种虚拟社区的应用形态，并成为独立的互联网商业模式。　早期的虚拟社区如各大门户网站的 BBS 论坛和独立的 BBS 网站，是以内容的主题板块联结起陌生和异地网民之间交流的生境社区模式；之后随着以 Facebook、Twitter、微博等为代表的社交媒体类型的诞生，真实的人际关系逐渐嵌入社区论坛中，而且人际关系轴的关注、朋友圈式的点赞和评论以及熟人之间的群组互动构成了社交社区模式。　总体而言，虚拟社区在过去 30 年的演进围绕两个维度展开：一个维度是通过内容的属性来网聚人，从最早的文字帖子、图片到短视频，通过内容形式和主题的不断分化筛选和聚拢具有相似需求的人群，如豆瓣的各种小组、天涯论坛的各种板块以及移动互联时代基于算法向消费者推荐的各种短视频等，对于此类虚拟社区来说，其最核心的问题是激励社区成员自愿生产高质量的内容；另一个维度则是人际关系网络，即社区内真实的、熟人之间的强社会关系来推动内容的转发和交流，这类社交媒体的核心问题是关系网络特征和内容特征如何推动网民的转发行为。

　　自互联网诞生社区应用以来，学者对其有不同的定义，如虚拟社区、网络社区、在线社区等，但学者关注的核心问题是人们在社区的各种参与行为，如发帖（Posting）、潜水（Lurker）等。　从集体困境角度来看，学者好奇的是线下的集体困境为什么在线上没有发生，那些为社区积极发帖做贡献的人在没有获得利益的情况下为什么会持续在做？ 这背后的动机是什么？ 以往的研究对象涵盖了从独立网站如 BBS 论坛社区到企业作为与消费者互动的阵地如小米的 BBS 论坛，从亚马逊评论社区到游戏社区，从百度贴吧到维基百科、知乎社区商业模式。 学者从各个视角进行了探讨，本书也是在这种背景下萌生研究动机，对各类型虚拟社区的参与动机进行探讨。

动机作为消费者参与某种行为的内驱力，解释了消费者参与的多种消费性行为。 对于这种自利性的消费行为，人们可以很容易地从利益层面进行解释。 然而，关于在虚拟社区缺少明显自我利益驱动的各种参与行为，不仅需要从个体层面来解释，还需要从社区层面来进行解释，因此，虚拟社区参与行动既有个体层面的动机，也有群体层面的动机（Dholakia，Bagozzi，Pearo，2004）。 总体而言，个体层面的动机和群体层面的动机具有同样重要的地位，因此，在理论的引用上，我们倾向于既要有个体的动机理论，也要有群体层面的动机理论。

事实上，当我们在探寻动机和行为之间关系的时候，另外一个重要的事情是探讨驱动行为的心理机制。 20 世纪 80 年代，McMillan 和 Chavis（1986）就开始用社区感（Sense of Community）来解释社区成员的参与行为，包括精神（Spirit）、信任（Trust）、交易（Trade）和艺术（Art）4 个部分。 基于此理论，学者相继提出并解释虚拟社区感的 3 个维度，这种心理归属感作为独特的心理联结机制较好地解释了人们与社区之间的关系。 但是，基于熟人社区如微博博主与粉丝之间的关系，目前的理论视角更加倾向于用粉丝理论来解释，它更多的不再是平等的成员关系，而是一种基于对英雄崇拜、迷恋和喜欢的复杂情感。 本书同时也对此进行了实证研究，通过对个人和社群层面关系的理解，用人际依附和群体依附理论解释了个人在虚拟社区各种参与行为的心理驱动机制。 当然，若把虚拟社区看作一个在线服务提供商，其本质是个人的感知价值大小，因此，用户对社区在线服务的体验满意度会直接影响其后续行为。

网民参与社区后对其它行为的影响是另一个研究视角。 企业把虚拟社区作为重要的营销策略，也就是说，把第三方虚拟社区不作为接触客户的渠道，而是作为一个重要的品牌关系策略工具。如此，品牌和消费者之间的关系研究进入了社区关系时代。Muniz 和 O'Guinn（2001）指出，在虚拟社区中，品牌和消费者之间存在多维的关系，包括个体和其他人之间的互动，个体和内容之间的关系，以及个体和整个社区之间的关系。因此，本书基于小米社区成功推动品牌建设的案例研究了品牌社区特征与社区参与者之间的互动关系。融入（Engagement）作为描述虚拟社区成员之间关系的升级版，自从 Hollbrook（2012）提出它的维度结构以后，我们根据它的理论验证了虚拟品牌社区与社区参与者行为之间的关系。

　　本书还基于虚拟社区参与行为的理论解释和实证结果，提出了虚拟社区运营的三维框架体系，分别是基于满意、认同、连接三种机制来推动社区成员的持续参与。不管是独立的内容社区运营者，还是企业主办的社区营销者，都可以基于此框架提升虚拟社区成员的活跃度，增加社区成员的内容贡献，并提高虚拟社区的持续运营能力。

　　本书是我过去 10 多年研究虚拟社区的一个总结，难免存在错误和疏漏之处，在此请读者指正。我的研究生王德勇逯尊鹏为本书编撰做了大量工作，还有邓溱微、张路也提供了帮助，在此一并感谢。

楼天阳

2021 年 5 月 4 日

C目录
Contents

1 绪 论

在过去 40 多年中，互联网已经彻底改变了经济与社会面貌，成为经济增长有力的推动因素，也彻底改变了人们日常交流和信息获取的方式。根据中国互联网络信息中心发布的《第 47 次中国互联网络发展状况统计报告》①，截至 2020 年 12 月，我国网民规模为 9.89 亿人，其中，值得注意的是，我国手机网民规模为 9.86 亿人，网民中使用手机上网的比例达到了 99.7%。即时通信、在线搜索、远程办公和网络购物等一大批新型互联网形态大量涌现，并迅速革新，对经济发展起到了重要的促进作用。波士顿咨询集团的报告指出，互联网对于一些国家的 GDP 贡献率达到 7%—8%，而且这种影响只会增大。具体来看，电子商务成为移动互联网时代的重要组成部分，2020 年，中国移动电商市场交易额突破 8 万亿元，较 2019 年增长 19.7%；同时，随着近年来直播电商的迅速发展，移动电商交易规模也将持续升级②。此外，根据艾媒咨询的研究报告，2020 年中国移动游戏行业的市场规模达到 1850.3 亿元，用户规模也超过 6.3 亿人③。同时，中国移动电竞市场规模持续扩大，相关产业链也在不断地完善发展。

过去 30 多年，基于互联网技术诞生了诸多的商业模式和虚拟组织。虚

---

① 数据来源：http://www.cnnic.net.cn/hlwfzyj/hlwxzbg/hlwtjbg/202102/t20210203_71361.htm。

② 数据来源：https://www.iimedia.cn/c400/75200.html。

③ 数据来源：https://www.iimedia.cn/c400/76223.html。

拟社区无疑是最为引人注目并取得巨大成功的一种。 虚拟社区对经济和社会的发展都具有重要意义。 在经济方面，以社交电商为代表的新型虚拟社区具有提高交易效率、降低交易成本的重要作用，极大地促进了在线交易的实现。另外，虚拟社区的发展对社会成员的交流和协作也具有重要的促进作用。如，促进社区成员之间的知识共享，解答社区成员遇到的一些问题等。 虚拟社区作为人类在互联网上的聚集方式，随着技术的发展不断演绎出新型的商业应用，从最早的 BBS 论坛到社会关系网络交友网站（Social Network Services，SNS）社区，从文字互动到实时视频，从基于 PC 的聊天工具到基于移动互联网的微信群、短视频社群，从独立的自由发展到企业争相开辟官网社区整合入整体营销战略，从开源软件协作到 Wikipedia 的新型人类知识生产方式，从企业主导的新品开发到与顾客协作的价值共创，人类所组成的社区成为最有效的组织和传播方式。

虚拟社区不仅是一种社交工具，以促进社会成员之间的信息交流，而且是一种重要的营销手段和一个重要的平台。 在过去 20 多年中，伴随着虚拟社区的变革，社群营销和社交媒体营销也取得了长足发展。 从活跃在微信群、朋友圈中的微商，到如今的拼购、砍价等新模式，商家对社交链的利用、探索从未停止过。 2016 年起，以拼多多为代表的平台通过拼购、砍价等方式，实现裂变式的传播增长。 社交价值的转化真正得到了行业的重视和认可，社交电商开始真正实现爆发式增长。 拼多多作为社交电商的代表，成立仅 3 年时间即上市。 在阿里、京东把持电商头部市场的情况下，其成功跻身第一梯队（艾媒咨询，2019）。

总之，虚拟社区已经成为学者研究的热点问题，来自社会学、心理学、信息系统学和营销学等各个领域的学者试图从各个角度来解析虚拟社区这种既古老又年轻的社会现象，而要剖析这种力量背后的原因，首先需要识别虚拟社区参与行为背后的动机问题。 本章将对虚拟社区的发展背景，其代表的商业价值、当前的研究现状做基本的阐述，然后交代本书研究的范围、研究思路和内容框架，以及采用的研究方法和创新之处。

1.1 研究背景与研究意义

1.1.1 互联网背景下虚拟社区发展与社区营销战略兴起

互联网是基于人类的信息共享和交流需求而产生的，因此 E-mail 通信、BBS 群组、即时通信、聊天室等成为互联网为人类提供的基本服务，也孕育 WELL—— 一个早期 San Francisco Bay Area 发展的在线社区工作 7 年的经历和想法，针对人们基于网络空间互动交流而产生的社会聚集体（Social Aggregation）形式，在 1993 年给它们起了一个很好听的名字，叫作"Virtual Community（虚拟社区）"。 Rheingold（1993）认为，虚拟社区是指一群人在网络上从事公众讨论，经过一段时间之后，彼此拥有足够的情感后所形成的人际关系的网络。 随着这些社区技术应用的逐渐成熟，这种技术服务形式和商业形态不断演变，从 Web 1.0 时代基于 BBS 的各种兴趣论坛、聊天室、邮件组，发展到 Web 2.0 时代的 SNS 社区、微博社区，前者人们基于内容形成陌生人之间的关系，主要为人机互动社区（Human-computer Interaction Community，HCI）（Preece，2001），而后者则嵌入了真实的线下人际关系，推动熟人之间的社会关系网络发展。 社会媒体技术的应用让虚拟社区发展进入了一个新阶段，Facebook、YouTube、Twitter 以及国内的人人网、优酷网、新浪微博等成为人人都可发表内容的社会媒体，网民彻底成为社区内容创造的主体，互联网从门户时代、搜索时代进入社区时代。

虚拟社区作为互联网公司提供的最为基本的在线服务，人们在网上聚众、发表日志、分享相片，甚至制作和发布视频等，吸引了大量网民的参与。据中国互联网统计信息中心调查，截至 2016 年 12 月，博客和个人空间用户数量为 5.45 亿人，使用率为 74.5%；微博和社交网站用户规模为 3.13 亿人。虚拟社区利用自身内容和人际互动吸引大量用户参与以后，成为重要的商业模式。 事实证明，许多基于网络的虚拟社区网站已经运营得非常成功，如国外的 Wikipedia（它让网民可以协作创造知识）、ebay（一个个体和做生意的人聚集在网络市场交易的社区）、YouTube（一个完全由网民创造视频内容的社区）、Facebook（一个真实的人际交流关系网络）、德国的 Second Life（它让网民可以在虚拟世界体验人生），以及国内的天涯论坛（聚集人们讨论各种话题）、美丽说和蘑菇街（专门做购物分享的社区）、豆瓣网（一个专门分享读书和评论心得的社区）。据统计，全世界有超过 1 亿个各类虚拟社区，全球 34 亿网民中有接近 8 成的人参与网络虚拟社区。网络虚拟社区用户年增长人数为 7300 万人，年增长率达 53.3％。以社交电商为代表的新一代社群经济也取得了迅速的发展。例如，根据中国互联网络信息中心的报告，截至 2020 年 12 月，我国网络直播用户规模达 6.17 亿人，较 2020 年 3 月增长5703 万人，占网民总人数的 62.4％。其中，电商直播用户规模为 3.88 亿人，较 2020 年 3 月增长 1.23 亿人，占网民总人数的 39.2％。

虚拟社区推动着相关 IT 产业的发展。根据互联网数据中心的预测，虚拟社区软件市场的复合增长率为 41.8％，从 2008 年的 27.84 亿美元增加到2013 年的 160 亿美元，对虚拟社区软件的需求意味着虚拟社区对互联网巨大的影响力。

随着虚拟社区技术的发展，以 Facebook、YouTube、Twitter 的创立为标志，互联网的发展在 2005 年左右开始进入 Web 2.0 的社会化媒体时代。社交网络社区已成为继门户网站之后的又一主流媒介，影响了超过 7 成的互联网用户。当然还有目前发展最为迅速的移动互联网社区，如微信短短 5 年聚集了 7 亿个活跃用户。同时，微信群聊成为社区团购的重要依托。根据艾媒咨询的研究报告，2020 年社区团购市场发展增长率超过 100％，市场规模达到 720 亿元[①]。与门户网站相比，社区网络平台更能凸显用户的价值，让每个用户以自我为中心，知道自己朋友最新的动态，参与自己喜欢的活动，这种交互行为可以使得各种信息借助用户网络迅速传播，由此产生巨大的营销契机。如天涯社区等，在宣布走开放路线的同时，创新性地推出了"新植入式营销"社区商业模式，在天涯社区上可以看到七天连锁酒店（以下简称"七天"）、万科集团、雪佛兰、钻石小鸟等企业与一款抗战游戏的入驻（刘大

---

① 数据来源：https://www.iimedia.cn/c400/74181.html。

浪，2008）。 可口可乐公司与 51.com 独家合作的 2008 拜年活动，让 51 用户向朋友发送祝福和领取可口可乐品牌的博客模板，由此增强可口可乐在目标客户群体中的品牌曝光度和知名度。 该活动历时 1 个月，超过 400 万人参加，超过 70 万人送出祝福，超过 800 万人收到祝福。 可口可乐此次活动，正是满足了用户在新年向朋友发送祝福的需求（黄绍麟，2008）。 罗辑思维通过视频、微博和微信公众号的传播，大量聚集起一群持有与其价值观相同的人，最后形成了用户的付费社群商业模式。 大 V 店作为一家新兴的母婴电商，脱离传统 B2C 电商模式，而是以母亲的阅读、分享为社交模式，凭借帮妈妈创业赚钱开店获取佣金的模式，成长为一个自我循环的社群生态平台。黑马社群作为新型的大众创业孵化加速器，其创业者用户人数已达上万人，通过牛投的股权众筹模式，社群里的创业者之间进行互相投资和帮助，最终优质的创业者可以上市新三板。 在这个模式里，黑马社群里出现了以社群用户自发发起的合作圈子，成为社群里的子社群，当社群拥有更多的子社群（小圈子）的时候，这种社群生命力基本上是非常旺盛的。

毋庸置疑，虚拟社区的发展影响和改变着商业世界和企业的营销战略。基于当前的网络时代背景，许多学者试图抓取虚拟社区经济活动以及其潜在商业价值的研究。 如，《网络利益》一书中就谈到目光远大的公司将认识到虚拟社区为公司提供了一个扩展业务的绝佳机会；同时，虚拟社区内的信息交流也为公司提供了深入了解消费者信息的机会。 虚拟社区、品牌社区以及以产品/服务为中心的部落等的出现，意味着一个完全不同的消费模式的出现（Mathwick et al.，2008）。 虚拟社区聚集了具有共同兴趣的消费者，建立连接和关系，并对消费行为产生影响，个人的交易日益被基于社区的体验所强化。 Cova（1997）认为，消费者正深刻地从围绕产品和服务价值导向的消费转向围绕消费者与消费者连接纽带的"连接价值（Linking Value）"导向的消费转变。 企业寻求目标市场不再是消费者的细分，而是转向消费者社区。 越来越多的传统企业开始关注虚拟社区的营销价值，因为它们能够成为获取消费者信息的来源（Dominik 和 Annouk，2012），与消费者建立沟通渠道和关系，通过品牌社区培育品牌忠诚度，回答顾客的疑问，甚至与消费者一起共同研发新产品的战略工具。 因此，许多企业积极建立虚拟社区并投入开展在线社区营销计划（Consumer Online Community Marketing Program）（Dholakia et al., 2009）。 一些传统企业如戴尔、星巴克已利用社会媒体来培育虚拟社区，征集和评价来自客户产品开发的创意；国内如魅族手机的营销战略就是大量借助网络社区来推广手机新品和营造品牌忠诚，其论坛社区注册用户数就达到 254 万人。 宝洁公司发起的 Tide 运动，连接那些使用过产品的用户来获得最好的洗涤经验，Tide 的 Facebook 页面就获得超过 220 万人的粉丝。 许多传统战略已经被"社会时代（Social Era）"所扼杀，它将持久地改变商业模式。 在 B2B 领域，Giamanco 和 Gregoire（2012）指出，只要持守一些基本的管理原则，销售人员在社会网络中的任何点击、关注和分享都会赢得更多的生意。 因此，让客户通过参与虚拟社区可以创造显著的价值，企业通过虚拟社区来建立与消费者之间的连接，已经成为企业营销战略的新挑战（Deloitte Group, 2009）。 事实上，在众多的《财富》1000 强企业中，一半以上都将通过建立或赞助虚拟社区，整合社会媒体平台，并将其纳入企业的整体发展战略当中。

　　虚拟社区的组织者（通常都是互联网公司）据此可以利用他们所拥有的信息，把消费者紧紧地吸引在自己的周围，逐渐培养起消费者对虚拟社区的忠诚。 虚拟社区商业价值最新的发展趋势是与电子商务结合，一些 B2C 网站如亚马逊、Netflix、淘宝等纷纷建立客户讨论社区，借此来提升用户黏性和网站其他业务对用户的吸引力；同时，一些虚拟社区网站基于已有的客户基础也开始尝试进入电子商务领域，如国内美丽说和蘑菇街从购物分享社区转向 B2C 电子商务。 专注 C2B 拼团的第三方社交电商平台拼多多自 2015 年 9 月上线至今，这个零推广、零广告的 App 成长迅速，业绩亮眼：上线 2 周，拼多多粉丝数破百万人；2016 年 1 月 18 日，拼多多单日成交额突破 1000 万元；截至目前，用户数接近 3000 万人的拼多多，已成长为国内发展势头最迅猛、用户量最多、日交易额最大的社交电商平台。 虚拟社区正在不断地改变着互联网业务的商业规则。

1.1.2　虚拟社区的成功与社区成员参与的"社会困境"

　　虚拟社区与传统社区最大的不同在于：它依赖社区成员的自愿参与

（Bagozzi 和 Dholakia，2002；Cheung 和 Lee，2009）。 因此，虚拟社区的成功与否极大地依赖于能否吸引到足够多的社区成员以及其是否愿意参与社区的活动。 Kozinets（2002）认为，虚拟社区的成功（Success of Virtual Community）与 3 个要素相关：成员规模（Membership Size），成员活动和互动（Member Activity and Interaction）和内容质量（Content Quality）。 这些和成员参与的动机一样重要，这几个要素相互关联，虚拟社区从创建到发展需要有初期的活跃成员加入，通过他们所贡献有质量的内容去吸引另外一批成员加入，然后成员之间的互动活动和活跃程度再影响当前成员的去留和更多新成员的加入，如此才能形成一个良性的发展机制。 最近几年，一些大型虚拟社区在取得突出成就的同时，也面临着许多问题，包括原始用户群体的流失问题。例如，视频网站哔哩哔哩（Bilibili）在用户规模和社区视频总量取得爆发式增长的同时，用户的大量涌入导致用户质量良莠不齐，也遭到了许多老用户的批评，给平台管理方带来了很大的挑战。

因此，学者意识到吸引社区成员参与面临着"社会困境"的两难选择。在虚拟社区中，由于人们来去自如和没有规则约束，虚拟社区的信息和知识成为公共物品，人们有强烈的动机来获得这些信息的利益而不需要为该社区来做出自己的贡献，但是如果每个人都搭便车（Free-riders），显然没有人可以从其他人身上获益，最终会导致整个社区的崩溃。 这种每个人理性的决定导致群体沟通中的集体非理性的结果，称为社会困境。 因此，任何一个新建的或既存的社区，都面临着成员流失、贡献率降低和活跃度下降的严重挑战（Yuan et al.，2009；Ransbotham 和 Kane，2011）。 Preece（2001）发现许多初始活跃的社区未能留住其成员终成为网络空城；也有研究发现，新闻讨论组中 68％ 的新进入者在发完第一个帖子后会离开该社区。 在国内最红火的豆瓣网内，在近 20 万个小组中，1 人小组占 40％，5 人以下（含 5 人）小组占 60％，50 人以下的小组占到 90％。 据著名 IT 咨询公司 Gartner 报告估计，《财富》1000 强企业中超过一半的赞助社区并不能产生预期效果，反而在破坏他们给予顾客的价值，出现这些失败例子的部分原因在于社区新老成员的高度流动性（Ransbotham 和 Kane，2011）。 由于网络社区成员没有承诺任何任务或对话，所以任何一个参与者都来去自由。 任何时候一个参与者离开社区，他/她不仅带走独有知识，也带走参与中得到的体验。 这些社区成员的离去减少了社区内可利用的资源，破坏了社区成功最为重要的吸引力和留住成员的能力，威胁社区的持久性（Ransbotham 和 Kane，2011）。 所以，如何吸引社区成员参与（Community Participation）成为社区经营成功与否的关键，也成为学者们研究的一个关键问题。 近年来，随着新型虚拟社区的涌现，学术界对于虚拟社区的研究产生了一些新的趋势。 例如，以往研究仅仅关注社区成员的参与行为，而现在学术界更加关注虚拟社区中成员的价值共创，如虚拟社区感对社区成员参与价值共创的影响（彭晓东和申光龙，2016），虚拟品牌社区特征（消费信息性、成员交互性和技术易用性）对居民共创行为的影响（唐方成和蒋沂桐，2018）。 对虚拟社区中成员价值共创行为的研究加深了虚拟社区参与的研究。

1.1.3 社区成员参与研究现状：行为定义与理论视角

虚拟社区成员的参与问题一直是社区经营者最为关心的问题。 Facebook 创始人扎克伯格在接受《Facebook 效应》一书作者采访时就提到每天最为关注的是登录 Facebook 的人数以及他们停留的时间，这成为一个虚拟社区经营成功与否的关键指标。 就行为表征而言，虚拟社区用户的参与行为主要指的是发帖活动（Posting Activity）和浏览活动（Viewing Activity）（Koh 和 Kim，2007），但随着社区形式的发展，参与行为已经涵盖了成员浏览、跟帖、发帖、发表图片、站内短信、发布或参加投票、上传文件、共享音频视频、建设个人空间等不同表现。 学者们对具体虚拟社区参与行为的界定和研究，又依次延伸出贡献行为、分享行为、帮助行为、协作行为、志愿行为、用户生成内容（User Generated Content，UGC）等概念，这些行为针对虚拟社区内不同的参与人群和不同的行为表现，对虚拟社区活跃度的维持都起着至关重要的作用。 因此，对其行为的描述也出现越来越多的定义和视角。

就社群存在的视角而言，因为它是匿名的且不受线下成员的资格限制，同时它又是免费的，无须购买，所以，以"Participation（参与）"来定义凸显此行为的志愿性和自由性。 因此，学者们也多从社群和集体理论来研究社区参与的动机，如 Hertel（2003）从社会志愿运动模型和团队模型总结的虚拟社区参与动机的 VIST 模型；学者们同样非常关注社会群体对参与其中的个体的行为影响，如 Bagozzi 和 Dholakia（2002）所提出的社区参与的社会影响模型，便是此种研究的代表，但是，学者们发现在虚拟社区中存在大量的潜水者，在大部分虚拟社区中，少于 10％的参与者贡献了 85％的内容。 参与行为可以分为积极发帖行为（Active Posting）、一般发帖行为（Posting）和潜水行为（Lurking）。 由于绝大多数虚拟社区内容由少数成员贡献是一个客观规律，以此视角区分出对虚拟社区发展起着核心作用的社区内容的"贡献行为（Contribution）"，而学者们所定义的贡献行为相当于是参与程度更高的行为。 因此，也有很多学者使用"Engagement"来界定虚拟社区成员的"参与"，来强调社区成员不仅仅是"列席"社区，而是有更加丰富的行为，如发帖、互助、维护秩序等。

此阶段虚拟社区的研究主要借助于传统研究领域如社会学、人种志学、社会心理学、语言学等各种理论。 社会学学者常用的研究方法是人种志方法（Ethnography），关注的焦点是"社区中的人以及人与人之间的关系、人的活动"，如网民在网络空间做什么？ 他们如何表现？ 他们如何连接？ 是什么吸引他们参与？ 内容和语言分析技术（Content and Linguistic Analysis）被修改后也用来分析基于计算机的沟通。 社会网络分析（Social Network Analysis）的范式用来研究成员的吸引，这个范式已经解释许多有价值的见识：从社区沟通主题的广泛度（Breadth）到弱联系的强度，再到过滤掉暗示对沟通的影响和群组的动态性。 Krichmar 和 Preece（2005）同时指出，目前还没有一种理论能够支配虚拟社区研究领域。 在分析方法上，最为常用的研究方法有访谈（Interview）、问卷调查（Online Survey）、案例（Case）分析等，尽管这些方法会碰到科学抽样和低反馈率等问题。 数据自动测定（Data Logging）同样日益普及，定量分析的研究方法也开始被应用到虚拟社区的研究中。 如，国内学者孙颖和毛波（2003）采用关联规则（Association Rules）数据来挖掘技术，以 BBS 水木清华站为例研究了虚拟社区成员的行为特征。 郭茂灿（2004）以天涯社区为例，采用 Logistic 回归方法研究了虚拟社区中成员行为规则及其服从行为。 这些研究为采用数量方法定量研究虚拟社区做了有益的开拓。 但是，非定量分析方法仍然是目前虚拟社区研究中采用的主要方法。

以 Facebook、微博为代表的社交媒体的参与行为有 3 个重要特征：第一，这些社区真正以用户为中心，每个参与的人都有一个独立展示的空间，其内容完全由用户自行决定，学者开始用 UGC 来进行概括；第二，借助真实的人际关系网络进行分享，它不同于在匿名社区陌生人之间的内容贡献，而是在熟人之间的交流；第三，社区交流在形式上也突破了原来基于文本的单一交流形式，开始拥有文字、图片甚至视频等各种展现方式与集中的个人空间，这与以前只有一个单一的 ID 称号有着天壤之别。因此，学者把虚拟社区研究视角转向"分享（Sharing）行为"来进行概括，贡献行为是相对于社区而言的内容创造，而分享行为则不仅包括将自己所知道的内容分享到社区，还包括对已有内容在社区内的 Twitter 行为进行再次传播，这无疑进一步加强了社区内的互动和连接关系，提升了社区的黏性。当然针对不同社区类型，不同的行为其意义也不一样，对于以阿里云对象存储（Object Storage Service，OSS）为代表的实践社区，知识的原创贡献可能更为重要；而对于 SNS 社区而言，熟人之间不停的分享行为则对维持社区生存起着关键作用。

1.1.4 本研究的意义

综上所述，本研究的提出有以下几个背景。

第一，随着虚拟社区商业网站和模式的发展，消费者主导的营销逻辑逐渐被学者所认同，许多公司也纷纷把虚拟社区建设整合到营销战略中去，虚拟社区成为消费者与企业联合创造价值的重要场所。因此，如何激励消费者参与虚拟社区活动，针对虚拟社区运营者的管理政策做何反应等问题已经成为这一研究领域所关注的热点研究问题。

第二，社会媒体的崛起给予消费者地位、角色甚至营销逻辑的重新思考。这是一个消费者占据主导地位、创造内容的时代，消费者评论社区在各个行业的渗透导致顾客口碑成为影响企业传播战略的重要途径。因此，许多企业试图开始控制和影响消费者的口碑评论，从而帮助企业建立起品牌或进行信息传播。

第三，虚拟社区成员的流失和活跃度对于社区的生存和发展至关重要，但是已有的一些针对雇员的激励方式未必完全适用于虚拟社区这些自由参与的成员，必须按照虚拟社区的特点来设计和实施激励制度，这需要以系统深入的理论研究做指导。 目前，国内外关于激励制度的理论研究还不够充分，激励制度通过何种机制影响社区成员在参与过程中的行为、其效应受到哪些因素的影响、可能存在哪些潜在负面效应等诸多问题还需要进一步研究。

第四，移动互联网的进一步崛起正在一次又一次地考验虚拟社区的建设者。 微信的用户在短短 2 年的时间内已经达到 6 亿人（其中海外 1 亿人）。随着 4G 网络的全面覆盖，智能手机进一步普及，移动互联网覆盖率与密度不断增大，网络产品、应用、服务向各个领域深入渗透，形成了在形态丰富、产品多样、百花齐放的竞争中发展的态势。 针对智能手机的虚拟社区，我们必须考虑手机用户 24 小时不离身、手机使用、互动受限等因素，有必要在移动互联网背景下对现有的虚拟社区研究结论进行检验和修正，进一步实现理论创新，从而更好地指导虚拟社区的管理实践。

本研究具有如下的理论和现实意义：

首先，深入了解虚拟社区用户的参与动机是设计虚拟社区激励制度、提高管理效率的重要行为学基础。 本研究拟在社区用户参与的时间演变和激励政策对内部动机效应等理论框架下来进行，可以较好地弥补原有社会学理论视角下对虚拟社区参与行为研究的不足，同时拓展内外动机理论在虚拟社区领域的应用。

其次，虚拟社区作为互联网独特的商业模式，其发展经验和研究结论都来自西方国家，因此对于中国这样深度以人情为背景的东方社会而言，其借鉴意义尚需验证。 本研究基于我国特有的社会文化背景，对中国的社区参与者进行调查，可能为在虚拟社区管理政策和运营模式上的实践提供一些理论验证和现实指导。

最后，目前虚拟社区的发展正在进入社会化媒体和移动互联网时代，这是第一次在互联网行业发展中，中国的企业与西方并肩发展。 它们在占领中国市场的同时，也面临着国际化的战略。 本研究的结论，一方面，为中国虚拟社区网站经营者提供中国消费者的动机调查结论和中外研究的结果比较，对其制定激励政策提高虚拟社区参与度具有指导意义；另一方面，为虚拟社区社会化媒体方向的转向发展，以及提供的在线服务优化等提出有针对性的方案和建议。

1.2　研究范围、研究思路与主要研究内容

1.2.1　研究范围

本书的研究主要聚焦于互联网虚拟社区用户的参与行为。从类型来看，网络社区当前发展的形式多种多样，搜索引擎网站开通的贴吧和空间，电子商务网站开通的论坛，即时通信网站背靠巨大的用户群所开通的个人空间，还有各种不同人群定位的专业论坛、博客、个人空间等，都是网络社区发展的形式。Dholakia et al.（2004）把当前的社区概括为新闻组、BBS、新闻聊天室、邮件群组等7种实体形态，这个分类概括多是就社区具体的经营形态而言的，其实质都为 Web 1.0 时代的社区形式。其实，除了比较特殊的角色扮演游戏类社区，邮件组、公告板、新闻组和实时聊天系统都是电子论坛（E-forum）形式（俗称 BBS），而缺少的正是现今出现的且越来越重要的 SNS 社区，博客社区如徐静蕾的个人博客已然形成一个自己的社群，还有威客社区如 Wikipedia 所呈现的人们自发地为各种知识主题修正完善（见表1-1）。按照中国业内知名研究社区的 IT 人士麦田（2008）的观点，社区可以分为4类：第一类是 BBS 论坛，包括版主、核心骨干和一般成员3类人，这一类型的论坛是当前中国参与人数最为火爆、影响力最为广泛的论坛社区，如天涯、强国论坛等，包括即时聊天工具，如 QQ、MSN，这些在形式上是许多中国网民的第一落地应用（IM）。第二类是 SNS 交友网站和博客社区。由于兴起的 SNS 网站都有"日志"功能，可以满足文字表达欲望，同时又有个人头像展示、分享、交友等功能，已经与博客的发展慢慢融合，是 Web 2.0 时代的产物，在这里统称为"SNS 社区"，它们正在改变着传统的虚拟社区形式。第三类是移动互联时代大量涌现的新型社区，如以微信群为主的群聊社区、短视频社区、直播社区、团购社区和游戏化社区等。

表 1-1 虚拟社区实体形态一览

社区类型	社区名称	内 容
电子论坛 E-forums/BBS (Web 1.0 时代)	邮件组 Email Lists	指围绕某个特定主题设计的一个邮件列表，通常公司用来维护客户关系。其中一个成员可以把一个信息发给全体成员，如魔戒粉丝组成的邮件组
	公告板 Website Bulletin Boards	是公司赞助的站点，参与者可以张贴和阅读有关公司产品和服务的信息
	新闻组 Usenet Newspaper	每个新闻组有着自己的主题兴趣，如 Linux、业余爱好、特定产品和品牌
	即时聊天系统 Real-time Online-chat Systems	参与者进行实时聊天。国外著名的是 ICQ，中国市场一统天下的则是 QQ 和 MSN
	基于网络聊天室 Web-based Chat Rooms	在网站开辟出的许多各种主题的实时聊天室
SNS 社区 (Web 2.0 时代)	SNS 网站	专指旨在帮助人们建立社会性网络的互联网应用服务，主要有个人空间的展示和交友功能
	博客社区	博客是个人撰写网络日志并能与他人进行交流，集丰富多彩的个性化展示于一体的综合性平台
	维基类社区	维基类网站放开信息内容的修改权，让每个访问者都可以修改
移动互联网社区 (Web 3.0 时代)	群聊类社区	以微信群聊为代表，移动互联网时代，群聊可以有效聚集同类兴趣、特征和社会关系的社会个体
	短视频社区	成员之间的沟通并不是基于简单的图文信息，而是通过某个短视频而产生的观点的汇聚
	直播社区	通过在线直播的形式促进信息提供方和信息接收方进行交流，更易拉近双方间的距离
	团购社区	以拼团等形式为主，通过社区成员的联合提高对商家的议价能力，从而以较低的价格实现交易
	游戏化社区	通过游戏应用和非游戏应用的游戏化元素促使社区成员形成联系，促进成员之间的互动，提升后续参与度

资料来源：作者整理。

这些快速发展的虚拟社区形式为我们的研究提出了一个问题，即我们很难预计哪一种社区形式会在未来的发展中占据主导地位，也很难预测何种社区形式将在市场发展中消失。但不管如何，对于研究者和管理者来说，这些社区都具有有限却即时的价值。因此，为了使本研究具有持续的理论价值，本文对虚拟社区的研究不是基于具体的经营形态，而是基于最根本的人类参与社区的动机需求和社区内人际关系的联结状态。基于上述社区发展的背景，我们可以看到，从满足需求来看，虚拟社区总体可以分为满足功能性信息需求的 BBS 类社区和积极满足人际交往的博客交友类社区；而且，虚拟社区内成员的联结关系同样存在差别，BBS 类社区的成员关系是松散的，其联结的纽带只是成员个体与社区整体之间的关系，而 SNS 交友类社区则存在人与人之间的联结纽带（见表1-2）。

表 1-2　BBS 类社区与 SNS 类社区的比较

	BBS 类社区	SNS 类社区
诞生背景	20 世纪 80—90 年代,在中国市场发展特别火爆	21 世纪初,代表着最新的虚拟社区发展形式
需求满足	功能性信息需求	自我表现和交友需求
运营核心	内容编辑,以社区经营者为核心	社区提供平台,以顾客的内容创造与贡献为核心
参与者身份	匿名 ID,不存在真实人际关系	真实身份,存在真实的人际关系
成员关系联结	个体与社区整体之间的关系	社区个体之间同样存在联结纽带

资料来源:作者根据资料整理。

因此，本书研究对象的选择将考虑到两种不同发展进程以及不同特征的社区类型，主要涵盖在中国表现最为活跃的两类社区——BBS 社区和 SNS 社区，以探讨虚拟社区成员与社区之间关系联结的纽带、类型及其对社区成员参与行为的影响。

1.2.2　研究思路和内容框架

关于虚拟社区参与行为的研究思路，一些学者从消费行为角度出发，借助计划行为理论、社会认同等理论，研究消费者参与和贡献的动机，如

Dholakia et al.（2004）；也有学者从社区经营者角度研究虚拟社区成功的因素和管理政策设计（范晓屏等，2006），以及各种社区政策对真实参与行为的影响，如利用虚拟社区协同破译密码（Hall 和 Graham，2004）；还有学者则是从技术系统角度探讨技术系统的可接受性，利用技术接受模型（Techndogy Acceptance Model，ATM）或者服务营销角度探讨网站系统的服务质量对网民参与度的影响，如基于服务质量模型针对虚拟社区也开发出了一个服务质量评价量表。

本研究将结合上述 3 种视角来考察虚拟社区用户的动机演变与激励效应问题。 其原因在于：在以用户需求为中心的营销观念指引下，虚拟社区的技术系统和激励制度的实施以能否满足用户的需求、能否引起消费者内部动机的参与兴趣为最高标准。 与此同时，我们将考察虚拟社区的管理政策对动机影响的效应，探讨激励制度设计与用户心理与行为反应之间的关系，从行为学的角度为虚拟社区制定激励制度和设施方面的决策提供理论依据。

总体而言，本研究思路围绕 4 个问题展开。 第一，虚拟社区用户在社区参与中在做什么？ 人们在各种类型的虚拟社区中行为有什么差异？ 这些参与行为应该如何来界定？ 第二，人们为什么要参与，即参与的动机是什么？ 人们在持续参与过程中的动机又是如何演变的？ 第三，什么因素会影响参与？ 第四，虚拟社区作为营销工具，这种消费者社区的参与会给企业带来什么效应？

依据上述研究思路与目标，本研究内容依据以下的研究框架展开（见图 1-1），具体可以分为 3 个层次。

首先，进行关于虚拟社区参与动机的构成及其理论解释的文献研究。 这部分研究将以相关产业发展现象和理论文献为基础，对虚拟社区参与行为进行概念界定、类型划分和特性归纳，然后总结虚拟社区参与动机的构成维度和比较用户在不同虚拟社区参与的差异。 应该说，这部分研究是本研究的理论基础。

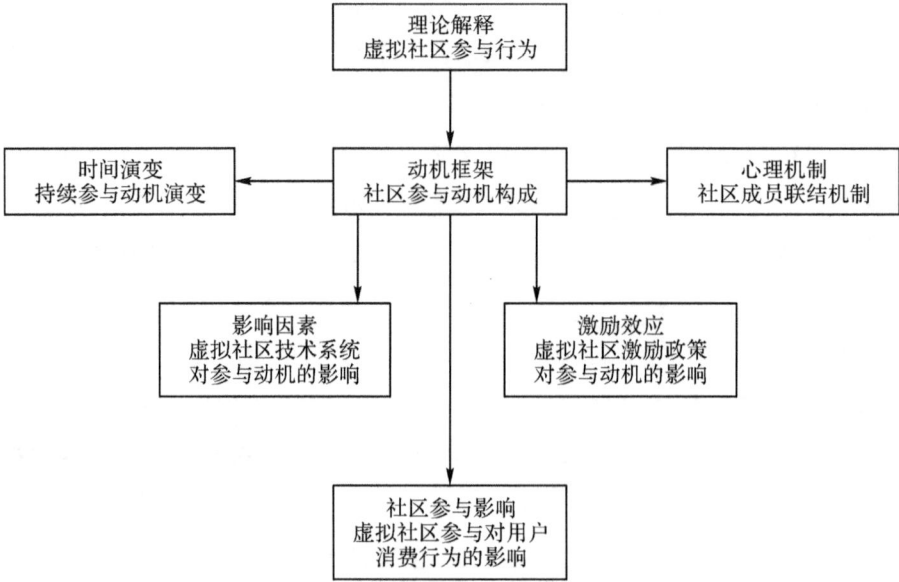

图 1-1　研究框架

其次，了解虚拟社区经营活动对社区动机的影响及其机制。这有助于我们明确从虚拟社区运营者角度来考察其管理政策的管理效应，包括技术层面的系统特征影响和管理层面的激励制度影响。为此，我们将重点研究技术特征、管理活动（互动）、激励制度对虚拟社区参与动机的影响。

最后，验证虚拟社区带来的营销效应。事实上，虽然大多数文献证明了影响虚拟社区参与的因素，但是关于虚拟社区参与到底能够带来什么影响还缺少实证研究。本研究通过对游戏社区的调查，验证社区参与对其他相关消费行为的影响。

1.2.3　主要内容

具体而言，本书共由 12 章构成。

第 1 章为绪论，主要介绍本研究的整体产业背景和意义，涉及研究内容和范围，简要评述虚拟社区参与行为整体研究的进展情况，并告知全文的研究思路、内容框架、研究方法及创新之处。

第 2 章为虚拟社区参与行为的概念界定、行为表征与研究脉络。首先从虚拟社区发展视角归纳出社区参与行为在不同阶段的行为表征，以及各种参与行为概念之间的逻辑关系；其次，对社区参与行为的类型划分和测量方法做了总结；最后，概括了虚拟社区参与行为研究的总体研究脉络。

第 3 章从理论角度来解释当前虚拟社区各种参与行为表现的背后机制。由于虚拟社区参与不同于传统线下社区，对其参与行为的解释基本沿用了社会学、营销学、信息系统学等领域的理论；事实上，各种理论所解释的行为表现和研究视角仍然存在差异。本章试图对前人所做的研究在理论上做一个总体的梳理和归纳，也方便读者了解当前该研究适用的理论体系。

第 4 章通过系统地梳理有关虚拟社区用户参与动机的研究文献，从心理来源、构成维度、社区表现 3 个方面阐述了虚拟社区参与动机当前的研究状况，比较和归纳了不同参与行为和不同类型社区参与动机存在的差异。

第 5 章揭示了虚拟社区用户初始参与和持续参与在动机需求上可能存在的差异。研究假设参与者在初始到持续的过程中，支持他参与的动机存在差异，而支持这种转化的内在机制是持续参与的动力蕴藏在此互动过程中而非在个体内部。通过情境学习，成员能力被社区（通过身份规定）和其他成员（通过身份描述）逐渐认可。身份提升（Enhanced Identity）带来的合法性和机会，则促使他或她更多加入情境学习（同时为其他成员情境学习做贡献），从而帮助他人完成一个新进入者到核心成员的过程。

第 6 章探讨虚拟社区参与行为的心理机制模型。研究从社会认同理论和情感依恋理论出发，建构了从虚拟社区互动活动到社区成员的身份认同，进而影响其与社区情感联结和各种参与行为的结构方程模型。本章认为虚拟身份包含着个体层面的角色身份和群组层面的社群身份两重属性，前者是自我展示过程，通过获取角色支持而完成虚拟的自我认同；后者是自我类化过程，通过去个性化取得虚拟社群认同。此虚拟身份构建与认同程度将会影响虚拟社区成员与社群之间的关系联结，并区分出虚拟社区内基于共同纽带的人际依恋和基于共同身份的群组依恋这两种联结机制。

第 7 章探讨虚拟社区的环境特征通过心理需求满足，如何影响社区成员的持续参与行为。研究选择兴趣型和关系型虚拟社区进行分析，结果发现虚拟社区环境特征中的虚拟共存、自我展现及信息深度挖掘对用户心理需求满足具有正向的促进作用；用户的心理需要满足对虚拟社区认同具有正向的促进作用。

第 8 章研究虚拟社区激励机制对参与动机的影响。 其背景是越来越多的社区运营者以及商业公司给予贡献者以报酬，那么这种外在的报酬激励是否会挤出参与者内在的分享意愿，目前的研究结论并不一致。 本研究将虚拟社区的激励策略进一步区分为货币式激励和非货币式激励两种。 研究表明：货币式激励对内部动机有着显著的削弱作用，而非货币式激励对内部动机更多表现为强化作用。

第 9 章通过对游戏社区的调查研究，我们试图来了解虚拟社区参与是否一定能提升消费者的相关行为。 本研究基于 Bagozzi 和 Dholakia（2002）的虚拟社区参与影响模型，构建了一个玩家人格特质、游戏动机和社会认同对其持续参与游戏公会以及游戏消费行为影响的新模型，验证了玩家持续参与游戏公会的影响因素以及对游戏消费相关行为的不同作用。

第 10 章以小米社区为例，探讨了消费者融入在线品牌社区的前因及结果变量，通过建立一个从品牌特征和产品特征出发，影响消费者的品牌认同和产品涉入度，进而提升在线品牌社区介入，最终促进消费者的重购意愿和共同创造的研究模型，分析虚拟品牌社区消费者参与的动力机制和后续影响。

第 11 章基于上述实证研究的理论基础，对具体的社区管理政策提出实质性的建议和策略指导。 本章试图通过对社区成员参与动机的归纳，提出一个三维驱动的管理框架，从而更好地满足社区用户需求，也更好地激励社区用户的参与。

第 12 章为本研究的总结及其管理启示。 首先，本章给出了一些比较重要的研究结论；其次，本章给出基于理论结果的实际启示，包括虚拟社区如何设计激励制度，如何设计系统特征，等等；最后，本章阐述了本研究所存在的局限性和未来研究中需要继续探讨的问题。

1.3　研究方法与技术路线

本研究采用多种方法进行联合分析，包括纵贯数据分析、网络人种志、内容分析、定性访谈、信息序列分析等（见表 1-3）。 理由如下：第一，学科目前对社区参与者行为研究和网络分析大多采用静态和横截面的研究，缺少对网络演化和动力学的考虑；第二，当前对互联网现象的各种网络研究缺少社会理论作为阐明研究假设的基础，这些网络研究主要集中在从元理论层面来分析其网络结构，因而缺乏对人们为什么愿意加入该社区以及如何与别人创造、保持和解除这些链接的过程做进一步解释。

表 1-3　研究方法与所要解决的问题

研究方法	研究的问题	备注
纵贯数据分析	虚拟社区用户学习、身份构建和持续参与的演化关系	对收集的纵贯数据用内容分析法进行编码
网络人种志和观察法	观察持续参与者的行为和档案	
定性访谈	(1)定义持续参与行为和构成指标； (2)持续参与者的参与动机； (3)社区运营者的管理政策	
在线问卷调查	(1)各类动机与参与行为关系； (2)社会学习、身份验证对参与行为的心理机制； (3)社区技术和社会特性对持续参与的影响； (4)虚拟社区激励政策的效应； (5)虚拟社区参与行为的影响	
案例研究	提出社区用户激励参与的管理策略	

本研究的总体研究思路、方法及技术路线见图 1-2。 从图 1-2 可以看出本研究的逻辑顺序、工作路线和集中研究方法的综合使用。

准备阶段 —— 文献案头研究 / 社区网站调查

第一阶段：定性调研和内容分析 —— 跨类型社区调查 / 社区持续参与用户访谈 / 社区参与行为内容分析

第二阶段：与社区网站合作纵贯数据分析（定性内容、CFA、实地试验等）—— 研究1：虚拟社区成员初始与持续参与动机比较 / 研究3：虚拟社区激励政策的长期效应

第三阶段：持续参与社会影响机制研究（方差、结构方程、案例等）—— 研究2：群组比较：互动活动、身份构建活动比较 / 调查研究：互动活动、身份构建对参与行为的影响 / 调查：社区用户参与行为的心理机制 / 研究4：社区环境特征影响 / 研究5：虚拟社区成员参与的行为影响

数据处理、分析与假设验证

第四阶段：应用研究 —— 理论结论与管理启示

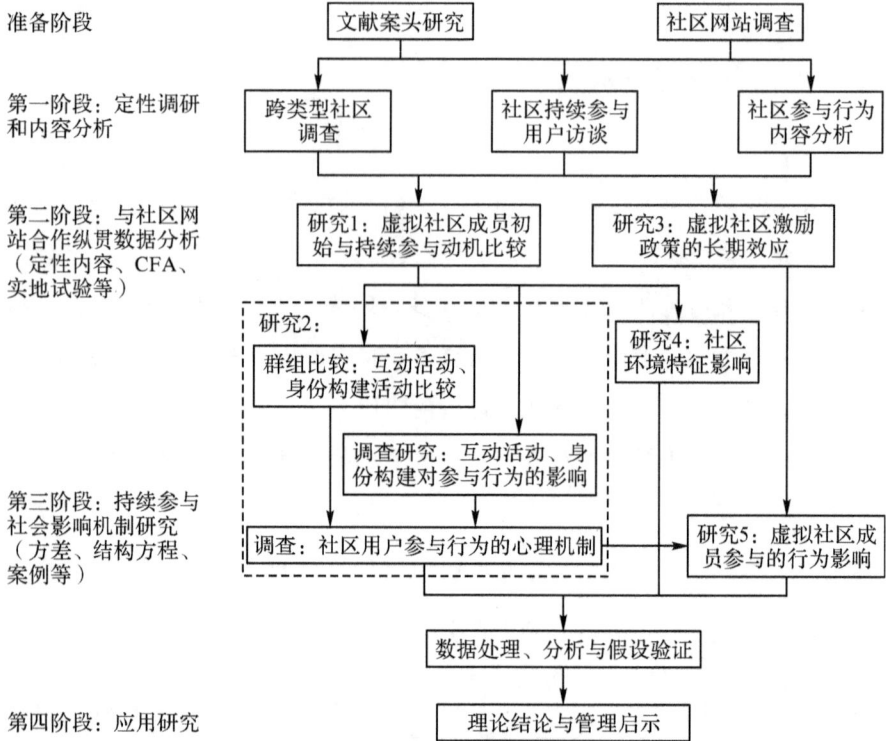

图 1-2　本研究的研究方法及技术路线图

在准备阶段，首先，梳理和归纳现有研究文献，掌握基本概念和理论基础，熟悉变量测量方法，形成基本研究命题和总体研究框架；其次，调查国内外相关企业的二手案例，了解当前虚拟社区总体的管理政策、奖励制度和当前的研究现状。

在具体研究阶段，首先，能对公司赞助社区进行调研和访谈，选出 30 个左右的研究对象，获得用户动机层面和社区管理努力的基本内容；其次，对选定的社区进行纵贯数据分析，拟采用网络人种志方法，对其内容进行定性分析，获得对参与者学习、身份构建和参与行为的真实表现；再次，通过调研和访谈，获得持续参与者动机差异；最后，通过在线问卷调查获悉其学习和身份验证对持续参与行为的结构影响。在数据处理上采用分组对比，调和过程与变差方法来显示其趋势模式；而对于问卷结构数据处理，则主要采用验证性因子分析、结构方程建模、多群组比较等方法。同时，对于管理政策的研

究，则依然要借助案例分析来提升理论说服力。

作为本书研究对象的公司赞助社区，是指以 BBS 为基础的核心应用，包括公告栏、群组讨论、在线聊天、SNS 交友、个人空间等形式在内的网上互动平台。本书同时选定 3651230.com 为基础研究平台，一方面可以利用该平台进行纵贯的数据收集和实地试验，另一方面此类在线调研平台完全符合公司赞助社区的标准（Terry et al，2011）。

我们还将从社区管理者的角度，通过定性访谈、案例调查等方法来理解运营者的管理努力与参与行为之间的关系。为此，我们将进行目标抽样，兼顾到行业类别及提供产品差异，从上述 30 家左右的公司赞助社区中抽取 5—8 个典型样本，样本的差异保证我们理论框架组成要素的内部有效性。我们从不同数据、研究者和方法 3 个方面来保证数据的准确性，从而提炼出激励社区成员参与的策略框架。

1.4　创新之处

本书处在一个消费者占据主导价值创造的新营销逻辑之下，而虚拟社区正是代表了这种新型企业与顾客价值共创的方式。不管是企业赞助社区与消费者的新产品开发，或是消费者社区的口碑传播，还是社会媒体社区的信息传播，一方面，消费者扮演内容生产者的角色，拥有利用社交网络传播的力量；另一方面，企业或者其他组织都想充分利用这种力量，与这种力量协作。顾客社区成员的参与度在管理中的地位已类似于顾客对于传统企业的忠诚度，成为虚拟社区成功运营与发展的核心问题。为了充分了解并在此基础上激励和管理这种参与，本书将对虚拟社区参与动机进行研究。

本书的创新之处主要体现在以下 3 个方面。

第一，从持续参与的角度来研究动机的演变。迄今为止，信息系统、市场营销学、组织行为等各领域的学者已经就虚拟社区用户"为什么要参与"的问题开展研究，有诸多理论和实证研究侧重从社区用户动机和需求的角度来进行解释。但是，上述横截面的研究方案忽略了用户初始参与（Initial

Participation）和持续参与（Sustained Participation）的阶段区别，更缺乏探究社区成员在虚拟社区发展过程中从边缘参与者（Peripheral Participation）转化为核心参与者（Full Participation）的动态心理过程。因此，如何去探测社区用户在社区持续参与过程中的动机演变成为新的理论突破方向。

第二，从完整的动机系统角度来探讨激励政策与内部动机之间的关系。之前对虚拟社区动机研究基于个体需求满足角度归纳出动机类型，或将外部动机和内部动机并列作为影响参与行为的前置变量，存在的问题是没有从一个完整的动机框架研究动机之间的关系，对虚拟社区参与的研究假设这些动机是独立的、互补的或相互强化的（Markus et al.，2000）；事实上，一些动机与其他的可能是负相关的，增加这些动机的水平可能削弱其他的参与动机（Roberts et al.，2006）。大部分研究把动机作为独立的前置变量来研究与参与行为之间的关系，而与这些研究不同的是，本书考虑了动机之间的相互关系，因为了解动机系统对于成功吸引和维持社区成员是非常有必要的。

第三，本书不仅关注影响虚拟社区参与动机的因素，而且验证持续参与行为的结果影响。关于影响虚拟社区参与动机的因素，本书从互动活动、技术特征和管理政策三个方面进行了系列的调查和证明，而且本书通过游戏行业依存的虚拟社区探讨了虚拟社区参与对其他消费行为的影响。这在其他研究中目前还缺少相关的证据。总的来说，本书从市政的角度论证了虚拟社区参与的影响因素，丰富了社区参与的相关理论，对企业管理实践也具有指导意义。

参考文献：

[1] BAGOZZI R P, DHOLAKIA U M. Intentional social action in virtual communities [J]. Journal of interactive marketing, 2002, 16（2）: 2-21.

[2] CHEUNG C, LEE M. Understanding the sustainability of a virtual community: model development and empirical test [J]. Journal of information science, 2009, 35（3）: 279-298.

[3] COVA B. Community and consumption: towards a definition of the 'linking value' of product or services [J]. European journal of

marketing, 1997, 31（3/4）: 297-316.

[4] DHOLAKIA U M, BAGOZZI R P, PEARO L K. A social influence model of consumer participation in network- and small-group-based virtual communities [J]. International journal of research in marketing, 2004, 21（3）: 241-263.

[5] DHOLAKIA U M, VERA B, CAROLINE W, et al. Communal service delivery: how customers benefit from participation in firm-hosted virtual P3 communities [J]. Journal of service research, 2009, 12（2）: 208-226.

[6] GIAMANCO B, GREGOIRE K. Tweet me, friend me, make me buy [J]. Harvard business review, 2012, 90（7-8）: 88.

[7] HALL H, GRAHAM D. Creation and recreation: motivating collaboration to generate knowledge capital in online communities [J]. International journal of information management, 2004, 24（3）: 235-246.

[8] HERTEL G, NIEDNER S, HERRMANN S. Motivation of software developers in open source projects: an internet-based survey of contributors to the linux kernel [J]. Research policy, 2003, 32（7）: 1159-1177.

[9] KOH J, KIM Y G, BUTLER B. Encouraging participation in virtual communities [J]. Communication of the ACM, 2007, 50（2）: 68-73.

[10] KOZINETS R V. The field behind the screen: using netnography for marketing research in online communities [J]. Journal of marketing research, 2002, 39（1）: 61-72.

[11] MARKUS L, MANVILE B, AGRES C. What makes a virtual organization work? [J]. MIT sloan management review, 2000, 42（1）: 13-26.

[12] MATHWICK C, WIERTZ C, DE RUYTER K. Social capital production in a virtual P3 community [J]. Journal of consumer research, 2008, 34（6）: 832-849.

[13] PREECE J. Sociability and usability in online communities: determining and measuring success [J]. Behaviour & information technology,

2001, 20（5）：347-356.

［14］RANSBOTHAM S, KANE G C, LURIE N H. Network characteristics and the value of collaborative user-generated content ［J］. Marketing science, 2012, 31（3）：387-405.

［15］RHEINGOLD H. The virtual community: homesteading on the electronic frontier ［M］. New York: Addison-wesley. 1993.

［16］ROBERTS J, HANN IH, SLAUGHTER S. Understanding the motivations, participation, and performance of open source software developers: a longitudinal study of the Apache Projects ［J］. Management science, 2006, 52（7）：984-999.

［17］TERRY D, WEI-NA L, HARSHA G, et al. Organizational virtual communities: exploring motivations behind online panel participation ［J］. Journal of computer-mediated communication, 2005, 10（4）.

［18］YUAN Y C, WELSER H T, XIA L, et al. The diffusion of a task recommendation system to facilitate contributions to an online community ［J］. Journal of computer-mediated communication, 2009, 15: 32-59.

［19］艾媒咨询.［1999—2019 特别专题］中国互联网发展 20 年盘点专题报告 ［R/OL］.（2019-09-27）［2021-03-23］. https://www.iimedia.cn/c400/66191.html.

［20］陈识.“天涯社区”社会构建研究 ［D］.广州：暨南大学，2012.

［21］范晓屏，马庆国.基于虚拟社区的网络互动对网络购买意向的影响研究 ［J］.浙江大学学报（人文社会科学版），2009, 39（5）：149-157.

［22］黄绍麟.51.com 社区网络病毒式营销 ［J］.广告人，2008（6）：179.

［23］刘大浪.“天涯”升级网络社区传统营销模式 ［J］.市场观察，2008（10）：110.

［24］麦田.2008—2010 中文 SNS 的观察和实践 ［EB/OL］.（2008-07-03）［2021-03-23］. http://maitian.blog.techweb.com.cn.

［25］孙颖，毛波.基于数据挖掘技术的虚拟社区成员行为研究 ［J］.计算机应用，2003（1）：50-53.

2 虚拟社区参与行为的概念界定、行为表征与研究脉络

在互联网背景下诞生的虚拟社区，除了拥有传统乡村社区自愿组织这一特征之外，其成员参与的匿名性和来去自由性使其还面临着"潜水行为"的特殊挑战，因此，对虚拟社区成员自愿参与行为的研究显得特别重要。而且，社区用户凭借互联网技术的支持可以从信息的接受者成为信息的发布者，从价值创造的被动接受者成为与企业共同价值的创造者，因此，社区参与行为正是这种 UGC 行为和价值共创（Co-creation）逻辑的时代反应。但是，因为虚拟社区参与行为在实践层面不断地呈现出新的行为方式，如从过去的发帖/回帖到社会媒体的 Twitter 行为，而且在理论层面预示社会学和营销学理论以及企业传播和营销战略的重大变革，因此，对其的概念界定目前也呈现纷繁复杂的局面。学者们从各个研究视角提出了参与（Participation）、贡献（Contribution）、分享（Sharing）、协作（Collaboration）、融入（Engagement）、共创（Co-creation）等概念。

要探讨虚拟社区的参与动机，首先需要界定参与行为本身。本章将基于虚拟社区的诞生背景，首先从行为表征层面描述出各种虚拟社区情境下社区成员参与行为的表现；然后在梳理前人研究的基础上给出本书的概念界定；此外，为了进一步探讨参与行为的本质，许多学者对参与行为进行进一步的细分，本书也将在前人分类的基础上给出具体的分类体系和测量方法；最后给出作者研究的整体视角和脉络。

2.1　虚拟社区及其参与行为的类型特征

虚拟社区的参与行为作为网络时代的特有现象，既有技术层面的革新意义，也有人类社会的惯性影响。因此，要了解虚拟社区的参与行为，首先必须理解虚拟社区是一个什么样的组织，它的什么特性能够吸引虚拟社区成员主动参与。事实上，随着互联网技术的快速发展，虚拟社区的类型呈现多样化，如，最早 Armstrong 和 Hagel Ⅲ（1996）按社区成员目的将虚拟社区分为交易社区、兴趣社区、幻想社区和关系社区 4 种类型。另外，基于此维度，也可以分为两种：一种是兴趣社区，包括闲暇社区、研究社区、关系社区和幻想社区等；另一种则是涉及交易的企业社区，包括电子商店和交易社区等。Plant（2004）按营利性、开放性和管制程度 3 个维度把虚拟社区分为营利性开放式管制社区、营利性私人管制社区、非营利性开放式管制社区、非营利性私人管制社区，以及营利性管制空间与非营利性管制空间交叠的社区。Dholakia et al.（2004）按照社区内成员的关系类型把虚拟社区分为网络型（Network Based）虚拟社区和群体型（Small Group Based）虚拟社区。随着移动互联网的快速发展，基于移动互联网的一系列新型虚拟社区形式也在不断涌现，如拼团社区、电商直播和游戏化社区等。不同类型的社区，其表现出的参与行为也有所不同，这些行为对于虚拟社区的生存与发展具有不同的意义。

2.1.1　虚拟社区诞生的社会和技术特性

学者们已经对虚拟社区开展了各个方向的研究。Li（2008）将有关虚拟社区的研究主题划分为 4 类：社会形态、商业模式与潜力、发展和应用。有关虚拟社区社会形态方面的研究包含了很多主题，如群体类型、虚拟社区的本质特征、组成成分、发展阶段等。

要准确界定虚拟社区，必须先了解"社区（Community）"的基本内涵。德国社会学者腾尼斯撰写的 *Gemeinschaft und Gesellschaft*（中文译名为《共同体与社会》）为德国社会学界定了两种广义的理想类型：以紧密关系和共享价值观为特征的乡村社区（又称"共同体"，Gemeinschaft，英文为 Community）和以分散关系相异观点为特征的城市社会（Gesellschaft，英文为 Society）。 社区形式也可以细分为 3 种不同类型：种族社区（Community of Ethnic），地理社区（Community of Locality）和心理社区（Community of Mind）。 最后一种社区"心理社区"正是本文研究的兴趣所在，它"意味着为了共同目标只有相互合作和协调行动……心理上的共同感表现了精神生活的社区……（它）代表了真正人类社区的最高形式"。 社区现象的研究是人种学的核心，半个世纪以来，社会学者、社会心理学者和人类学者已经守护"社区"这个术语超过 50 年，他们不断定义和重新定义社区概念，检验其替代定义和参与者之间复杂、多阶的社会关系（Brint，2001），但一直没有明确的社区理论出现。 尽管在很长的时间内，社会学者对社区的学术定义众说纷纭，但是在世俗和专业文献包括在学术文献中，"社区（Community）"这个术语在社会学意义上一直都代表着成员之间共享温暖、关爱和互惠社会关系的群体，有着协作和相互支持的特征（King 和 Courtright，2003）。 Brint（2001）在回顾大量实证研究后，识别出社会研究文献中支持社区的 6 个维度：（1）密集和需求的社会关系；（2）对协会的社会依恋和卷入；（3）仪式场合；（4）小群体规模；（5）感知到与其他人身体特征、表达风格、生活方式和历史经历的相似性；（6）在理想、道德、协会和群组上具有共同的信仰。 当然，Brint（2001）也指出，几乎没有一个社区能同时拥有以上所有特征，但也表明并非一群人聚集在一起就可以称为社区。 "社区"这个术语有着严格的社会意义上的内涵。

"社区"经过工业化的城市社会发展后，在互联网时代表现出新的形式和特征。 由于互联网可以低成本地聚合全球各地分散的人群，人们开始按照自己的方式重新构造社会，此被称为"新部落主义（Neo-tribalism）"（Johnson 和 Ambrose，2006）。 最早用"虚拟社区"来定义网络空间聚集形式，后来又为众多学者引用的是 Rheingold（1993）的定义："虚拟社区指足够多的人持续足够长时间开展公众讨论，附带着丰富的人类情感，并在电子空间形成个人关系网的社会集合体（Social Aggregations）。"也有学者认为，社区是用来描述网上社会互动最好的术语，并且已经成为描述任何网络沟通人们集合的通用术语。学者指出，虚拟社区是现实社会的延伸（Rothaermel 和 Sugiyama，2001），两者都有"联系纽带"和"文化"两个特性，"是人的集合，遵守一定的社会契约"（Rheingold，1993）。但许多学者也指出了两者之间的差别（如 Obst et al.，2002），虚拟社区是基于心理属性和关系群体，而传统社区则是基于地理属性；前者的成员由于匿名可自由进入，参与频率和卷入度都是自主的，但后者的成员资格获得可能基于生辰或地理，并非由自愿因素决定（Bagozzi 和 Dholakia，2002；Postmes，2001），两者的具体比较见表 2-1。

表 2-1 传统地理社区与网络虚拟社区的比较

社区特征		传统地理社区	网络虚拟社区
区别点	原初聚集	单个地点紧密聚集而成	共同兴趣聚集而成
	社区形态	地理社区或邻近社区	关系社区和心理社区
	联系纽带	地理、出生的亲近性	个人关系的强度和特质
	沟通方式	面对面沟通	基于 CMC 环境
	心理情感	归属感	社区意识
	内容产生	成员参与是被动消费内容	由成员主动贡献创造产生
	成员资格	由出生机会、地理位置等非自愿因素决定	基于虚拟社区匿名性，可自由进入和退出、自愿选择
	关注焦点	成员的社会兴趣	成员的商业兴趣
相同点	1.由人组成的群体，相互之间存在联系的纽带；2.具有共同的价值观与文化、社会规则与契约		

资料来源：作者整理。

因此，互联网除了通过 TCP/IP 协议提供给人们沟通的各种技术工具外，还兼具了社会性的一面，即人们在网络的社会行为和网站的社会性内容，如网站的规则和习俗决定了谁来参与、参与者的活动（说话、发帖、阅读、角色扮演、买卖等）、可接受的传统等内容（King 和 Courtright，2003）。一些学者指出，并非互联网上一群人聚集并相互交流就可以被称为"社区"，是否形成共同的"社区意识"是区别网上社区与网上聚集的关键（Blanchard 和

Markus，2004；Preece 和 Maloney-Krichmar，2005）。 互联网的技术特性和社会属性的共同作用，形成了网上独特的人际关系和互动圈子，构成了社会学意义的社区内涵，从而使网上虚拟社区诞生了。

虚拟社区伴随着互联网的交流而产生。 一些学者认为，在线社区是一种社会现象，有着社会学的"魂"，因此如果要定义虚拟社区，首先要从社会学中寻找相关定义，而社会学中社区主要由其物理特征来定义，如规模、位置和边界，在线社区却更多基于人们之间的社会关系来定义。 但另一些学者则关注在线社区的"形"——支持的 IT 系统（Preece，2001），他们主要根据技术特征来定义在线社区，把其描述为具体的聊天室、公告板、邮件列表、新闻组或基于 Web 社区。 这些描述主要理解支持网络的结构。 从信息传播的角度来看，虚拟社区是一个自由信息数据库（Discretionary Database），它包含了各种各样的信息，如某个主题的知识、个人经验、对技术的解释、自我描述等等。 在虚拟社区的分享服务通过计算机系统来实现。 也有学者提出自由信息数据库的理论，将自由信息数据库定义为一个共享的数据集，它由参与者（个人或部门）独立地分享信息，而所有参与者都可以从使用该自由信息数据库中受益。 这些益处包括节约时间、提升决策和节约金钱；当然贡献信息也会消耗一些成本，如花费的时间、贡献信息的精力、耽误的工作、声誉风险和丧失的机会等。 当然，该模型主要基于组织背景，这与社区有一些差别。 另外，从分析性和操作化角度来定义，以便分析、设计和评价社区软件平台和管理实践（Preece 和 Maloney-Krichmar，2005）。 虚拟社区包括 4 个部分：满足自己需要或扮演特定角色社会互动的人（People），如领导者、版主；共享目的（Purpose）如兴趣、需求、信息交换或者其他支持社区的理由；政策（Policy）如默认的指导人们互动的前提、仪式、协议、规则和法律；支持和作为社会互动中介的计算机系统（Computer Systems）。 各学者对虚拟社区的具体定义见表 2-2。

表 2-2　各学者界定"虚拟社区"代表性定义

作者(年份)	研究视角	定　义
Howard Rheingold (1993)	社会学	指足够多的人持续足够长的时间开展公众讨论,附带着丰富的人类情感,并在电子空间形成个人关系网的社会集合体(Social Aggregations)
Wellman 和 Gulia (1999)	社会学	在线社区是涉及成员间社会互动的关系社区
Okleshen 和 Grossbaart (1998)	社会学	指人们之间缺少实体世界,缺少传统社区广泛的功能和持续时间,缺少相互链接和共享深度的电子网络
Ridings et al. (2002)	社会学	指具有共同兴趣和实践的人们,通过一个共同的地点或机制在网络上以有组织的方式定期、持续地交流所形成的群体
Porter(2004)	社会学	指人们或商业伙伴围绕共享的兴趣互动所形成的群体,这些互动至少部分由计算机技术支持和/或中介以及这些协议来规范或指导
Leimeister et al. (2006)	社会学	由人在技术平台的社会性互动组成,它基于成员外在的或固有的行为规范,追求共同兴趣、解决共同问题或者建立共同任务;技术平台则促使和支持社区互动并帮助成员间建立信任和共同情感
Bagozzi 和 Dholakia (2002)	社会学	从社区诞生的数字环境出发,把虚拟社区看成"在数字环境中的中介社会空间,允许主要通过持续的沟通过程来支持和组成群组(Group)"
Stanoevska-Slabeva (2002,2001)	网络系统	通过虚拟社区特征来定义,虚拟社区是那些共享共同语言、世界、价值和兴趣的参与者的联合。他们遵守普遍定义的组织结构,与电子媒介联结进行无处不在的交流与合作。它由两部分组成:社区参与者的关系和使能的数字平台
Preece(2001)	网络系统	由具有共同兴趣、重复互动、产生共享资源、发展智力政策、示范互惠和共享规范的成员所组成的群体
Li(2011)	信息数据库	自由信息数据库为一个共享的数据集,它由参与者(个人或部门)独立地分享信息,而所有参与者都可以从使用该自由信息数据库中受益

作者(年份)	研究视角	定　义
Hagel Ⅲ 和 Armstrong (1997)	商业视角	有共同兴趣和需求的人成群聚集到网上,他们被与有着相似意向的陌生人分享社区感的机会所吸引……但是,虚拟社区不仅仅是社会现象,群组聚集的起因是共同兴趣,形成的结果却是大规模的购买力。这主要在于社区允许成员交换诸如产品价格和质量的信息

资料来源:作者整理。

总体来说,虽然许多学者对虚拟社区的定义做了系统的研究和总结(Ridings et al.,2002),国内学者如徐小龙和王方华(2007)、柴晋颖和王飞绒(2007)也都做了一些概念和分类的综述,但因为各种原因,对于学术名词"虚拟社区(Virtual Community)",既有的文献并没有形成一个共同的定义。原因归纳如下:(1)如上文所指,术语"社区"发端于社会学领域,而今因为 IT 技术领域和营销领域学者的加入,各领域学者所用知识背景和方法体系不一致,造成定义不一致(Leimeister et al.,2006)。(2)如何定义虚拟社区的边界? 虚拟社区扎根于互联网文化,但是越来越多的线下活动是否包括在内? 是否包括面对面的交流以及各种通过数字媒体的交流方式?(Preece 和 Maloney-Krichmar,2005),这些问题还没有得到有效解决。(3)不可否认的是,从开始研究虚拟社区到如今还不到 15 年,目前虚拟社区随着 IT 技术仍在不断变革和创新,本身的技术架构、社会形态和结构特征都还处在不断地发展变化过程之中。针对这种情况,有学者指出,与其我们花费时间和精力来发展社区的定义,还不如用一个更具建设性的方法(Productive Approach)来接受社区作为一个具有模糊边界的概念存在,可由学者自己定义。Bagozzi 和 Dholakia(2002)在研究虚拟社区参与行为时曾经总结过虚拟社区的 5 个基本特征:(1)社区是人们基于共同的需要、兴趣或理由如寻找旅游商品、买卖或保养汽车等聚集在一块而形成的;(2)成员彼此之间紧密联系,在返回社区、分享信息/资源和支持其他人的意愿等方面相互影响;(3)成员之间建立了仪式、社会角色、遵循规范、支持社区目标和共同使用的传统和语言习惯;(4)成员通过与其他人或社区组织者的互动提出他们感兴趣的观点和问题，从而积极参与内容创造；（5）沟通内容对社区本质的影响和形成是极其重要的。

作为一个分析术语来说，社区概念处在社会学构念的中间层面，处在个人与社会整体中间的社会组织层面（King 和 Courtright，2003）。本书在Bagozzi 和 Dholakia（2002）总结的定义基础上，运用相对中性的方式将虚拟社区定义为具有以下特征的任何实体：

（1）它是由人们互动组成的群组，且与他人互动不需要地理聚集点；

（2）它的组成成员由重要的社会纽带联结，对社区有强烈的情感依附；

（3）它的组成成员的社会互动围绕着一个清楚的包含共享目标的意图，或一个共享特性/身份，或共享的兴趣；

（4）它的组成人员参与到广泛的社会交换过程，包括共同的生产和消费；

（5）它是由 IT 支持的中介沟通过程。

上述几个要素基本涵盖了虚拟社区的核心组成特征：第一要素把研究兴趣限制在群组，包括消费者的聚集体，同时也暗含了其"虚拟"的特性；第二要素强调社区成员关系形成凝聚的内在纽带和情感共同体；第三要素描述的是社区形成的动机，如共享的目标、身份和兴趣等；第四要素强调的是社区交换的本质以及潜在的经济效用；第五要素则表明了虚拟社区的技术特性。该定义在内涵上紧扣虚拟社区是一个由活动、互动和情感这些社会要素组织而成的有机体，在外延上则视虚拟社区为一个社会性、心理性、规范性和物理性的实体，涵盖了 BBS 社区、博客交友类等各种社区形式。

2.1.2　虚拟社区参与行为的行为表征

就行为表征而言，虚拟社区用户的参与行为主要指发帖活动（Posting Activity）和浏览活动（Viewing Activity）（Koh 和 Kim，2007），但随着社区形式的发展，参与行为已经涵盖了成员浏览、跟帖、发帖、发表图片、站内短信、发布或参加投票、上传文件、共享音频视频、建设个人空间等不同表现。随着社交媒体的诞生，点赞成为网民的一种主要行为方式。点赞式交流，是用户之间一对一的并且双方都存在认知的交流。在这种互动中，一个人向另一个人发出信号，以期引起对方注意。 也有学者将点赞比作小啜一口的交流方式，其认为这种方式虽不能与面对面交流相提并论，但就像喝水一样，一两口并不能解渴，但许许多多的啜饮能够形成一整杯水足以解渴。 年轻一代每天在 Facebook 及其他社交媒体花费时间，他们必定得到了许许多多的"啜饮"，或许能满足一定程度的社交需求。

　　虚拟社区有各种商业形态，不同社区形态下的参与行为的驱动机制不一样，因此在概念定义上也有差异。 如在 Wikipedia 和亚马逊上评论行为并不一样，前者涉及参与者之间的协作，后者只涉及个体的评论行为；再比如，博客、个人网址上的参与行为，主要为自我展示，而 BBS 论坛则主要是获取信息，解答问题。 基于参与活动的特性差异以及对不同类型社区的经营意义，学者又相继提出了贡献行为、分享行为、帮助行为、协作行为、共创行为和拼购行为等概念（见表 2-3）。

表 2-3　不同虚拟社区形态下参与行为表现

参与行为	界定视角	概念范围	对应虚拟社区形态	文献出处
社区参与（Community Participation）	互动视角	既包括发帖、回帖行为，也包括潜水的浏览行为	如 BBS、Online Board、Chatting Room、E-mailing List 等	Algesheimer et al.（2005）
贡献行为（Contribution）	参与程度	参与行为中的升级版，内容创造成为虚拟社区特性的重要形成因素，这不仅决定着对参与者的影响力，而且决定着个体成员的地位和影响力	UGC 社区	本书归纳
分享行为（Sharing Behavior）	知识交流	虚拟社区成员之间的互动过程	实践社区（Community of Practice），如企业知识社区	Chang 和 Chuang（2011）
协作行为（Collaboration）	集体智能	虚拟社区成员合作实现某种目标	众包社区（Crowdsourcing），如 Wikipedia、Threadless、百度知道等	本书归纳

参与行为	界定视角	概念范围	对应虚拟社区形态	文献出处
共创行为（Co-creation）	创新方式	共创行为是针对消费者社区中消费者参与到企业的共同研发新品及传播活动当中来	企业赞助社区	Wasko 和 Faraj(2005)
拼购行为（Group-buying）	经济视角	通过网络将顾客联系起来,增强他们与卖家的议价能力,以更低的价格达成交易	微信团购群、拼多多	Kauffman 和 Wang(2002)

资料来源:作者整理。

社区参与行为的类型特征是研究虚拟社区参与行为的基础,学者通过对各种不同类型社区、不同参与人群的观察来进行概念界定。

（1）参与（Participation）

网民参与是最为传统和经典的对虚拟社区参与活动的描述,它所包含的含义也最为宽泛,既包括发帖、回帖行为,也包括潜水的浏览行为。 从意愿角度来定义,顾客社区参与（Community Participation）指的是虚拟社区认同后的积极影响,即网民想要和社区成员互动、协作的内在动机（Algesheimer et al.，2005）。 在 Dholakia et al.（2004）对 6 种虚拟社区如 BBS 论坛、聊天室、邮件组等参与行为的研究中,最主要的测量指标是成员待在社区的时间,以及每天登录讨论的次数,而不计量具体的贡献内容。 社区参与意味着成员愿意帮助其他社区成员、积极参与联合活动以及在其他方面获得社区认可、提升自身或其他人价值的意愿（Volitionally）行动。

（2）贡献（Contribution）

大部分虚拟社区都是专业内容社区（Professional Content Community）,其吸引成员的关键是能够产生具有吸引力的内容,而作为一个自组织,这些内容需要成员来"贡献"。 因此,贡献行为相当于一般参与行为中的升级版。 不像传统社区,内容创造（Content Creation）成为虚拟社区特性的重要形成因素,不仅决定着对参与者的影响力,而且决定着个体成员的地位和影响力。 由于数字环境能够低成本地形成过去内容的档案,互联网成为消费者便利可及的沟通工具,虚拟社区开始成为有关个体主题的集体经验的聚集地，创建一个知识资本，从而提高其对所有成员的价值。 这样成员创造的内容同样为整合进入数字媒体广告计划提供了机会，提升了他们的可靠性和有效性（Hemetsberger，2002），明显的例子是在开放资源社区（Open-sources Community）中，全球各地的程序开发者和用户志愿开发和维护开放软件。 当然，该概念的定义更多是从社会学角度来阐释的，即在一个集体组织中如何能够让成员为集体做贡献，而不至于陷入社会困境之中。 后来学者在更一般意义上将此定义为 UGC 行为，即由用户来产生内容。

（3）分享（Sharing）

分享行为是从知识交流视角对参与行为的概念进行界定。 在传统社会形态中，知识共享不是轻易就能实现的，在实践中人们不难发现，个人往往倾向于获取他人的知识，却不愿向他人提供自己所拥有的知识。 此外，知识共享是有条件的，一方面，知识的交流、共享与学习过程本身受限于共享双方的表达与理解能力，以及双方的知识经验背景；另一方面，知识共享过程本身就是需要代价的，需要时间、脑力等的付出。 同时，主观方面众多的因素也使得知识共享难以达到令人满意的效果，这些现象就造成了知识共享的障碍。 而基于网络虚拟社区知识交流平台的产生，人类交流的能力和程度大大提升，因此 Armstrong 与 Hagel Ⅲ（1996）在其研究中指出，网络上的虚拟社区（Virtual Community）已成为现代社会最主要的知识分享平台。 虚拟社区知识分享，本质上是虚拟社区成员之间的互动过程。 社区成员之间存在相互影响的关系。 研究证实，平等、互惠是影响虚拟社区成员进行知识分享的重要因素（Chang 和 Chuang，2011；李金阳，2013）。 研究者对知识分享存在 3 种认识：第一种是行为观，即认为知识分享是向他人传播和分享有价值的知识的行为；第二种是过程观，即认为知识分享是通过信息媒介将知识转移，从而他人可以将其纳入到已有知识中去的过程；第三种是活动观，即认为知识分享是个人、团体或组织转移或扩散知识的活动。 虚拟社区则是知识传播和扩散的一个新平台，虚拟社区中所有符合这一定义的行为都属于知识分享，如虚拟社区成员的发帖求助、回复帖子、浏览帖子等行为均为知识分享行为。这一定义也说明了知识分享的双向性，即在知识转移过程中，必然有一方给予知识，另一方接受知识。 目前，关于虚拟社区知识分享的研究中，虚拟社区知识分享的测量主要包括知识分享行为和知识分享意愿两个方面。 知识分享行为（Knowledge Sharing Behavior）是指个体在虚拟社区中进行知识寻求/偿受以及给予/分享活动的频率、数量和质量等。 具体来说，虚拟社区中的知识分享行为包括发帖求助、单纯浏览、回帖、评论、转发、上传资料等（徐美凤，2011）。 知识分享意愿（Knowledge Sharing Intention）指的是个体在多大程度上愿意通过虚拟社区获取或传播信息，也即个体在虚拟社区中进行上述知识分享行为的意愿。 特别是在移动互联网的社交媒体中，分享帖子成为社区参与行为的常态，如微信朋友圈、微博、淘宝等应用的分享。 在移动互联网时代，社交媒体的分享不仅可以使得社区成员获得更广泛的信息，而且也可以使平台内商家实现经济、宣传等营销目标。

实践社区（Communities of Practices， CoPs）被认为是实现知识共享较为有效的方式之一，这种方法强调了社会网对话（人与人的接触），并且帮助人们从有经验、有技术的人那里非正式地共享到知识。 随着信息技术的迅猛发展，起源于实践社区，基于企业内部网（Intranet）、企业间网（Extranet）和互联网（Internet）的虚拟社区快速发展起来，如西门子、施乐、惠普等一些国际知名公司都已在大力推进虚拟社区的建设。 通过虚拟社区，企业员工可以在一个平等而自由的环境中进行知识交流与共享，并且可以通过毫无拘束的讨论和交锋酝酿出新的思想。 尤其对于跨地域、跨国界的大型公司而言，虚拟社区是全体员工、顾客和战略联盟伙伴进行知识共享的平台，可以摆脱地域及时差的限制。

（4）协作（Collaboration）

协作行为是对于像 Wikipedia 这种类型社区而言，它本质上是一种众包社区，开放资源社区（Opening Storage Service，OSS）中大量参与者共同协作去开发一款软件就是此种行为的典型反映。 在美国《连线》杂志 2006 年 6 月刊上，杰夫首次提出了众包的概念。 他指出，众包是指将一个传统上由专门的代理（通常是雇员）来完成的任务以公开征求的方式外包给不特定的大众的做法。简单地说，众包是指将软件开发领域中开放源代码的方法应用到其他领域。 在众包概念提出后，其新颖的模式迅速引起了业界的广泛关注和讨论。 2005 年 7月，我国学者刘峰提出了威客以及威客模式，即把人的知识、智慧、经验、技能等通过互联网转换成实际收益的互联网新模式，并将威客分为积分型威客、悬赏投标威客、知识能力出售式威客以及地图型威客。 其中，积分型威客和悬赏投标威客以及知识能力出售式威客与杰夫提出的众包中的大众智慧、大众创造是相似的。 另外，近年来兴起的众筹等社区形式也是虚拟社区协作的一种表现。

（5）共创（Co-creation）

共创行为是针对消费者社区（Consumer Community）中消费者参与到企业共同研发新品及传播活动当中来。 这里的社区很多是企业赞助社区（Enterprise-sponsored Community），它更多的是从创新（Innovate）的角度来说，虚拟社区在某种程度上是"集体智能"产生的平台。

（6）拼购行为（Group-buying）

网络团购是近十年才发展并流行起来的新型网络拍卖模式。 在本研究中，我们将网络团购定义为一种采用团购定价机制并涉及或部分涉及在线过程（如买方联盟、支付）的商务活动。 根据这个定义，我们考察了存在于过去十年所有主要的在线团购商业模式。 与最早的团购网站如 Mobshop 和 Mercata 相比，2008 年成立于美国洛杉矶、目前被吹捧为最受欢迎的团购网站之一的 Groupon，有着截然不同的商业模式。 其核心区别在于从动态折扣定价到固定折扣定价的定价机制。 综观各大洲，我们发现，与美国的网络团购业务模式相比，在亚洲发起的网络团购业务流程相对较少。 原有的网络团购业务模式具有较高的网络参与度和动态折扣定价机制。 20 世纪90 年代末出现在美国网络市场的 Mercata 和 Mobshop，是应用这种商业模式的知名主流团购网站。 这些网站在拍卖周期中推荐团购产品，拍卖周期显示开始和结束时间。 这些网站提供了一个动态的价格柱状图，显示了价格是如何随着销售量的变化而变化的，以及当前的价格在哪个层级（Kauffman 和 Wang，2002）。 因此，消费者同样可以看到价格进一步下跌所需的投标数量。 当拍卖周期结束时，消费者将支付最后的折扣价格，网站将把产品发送给每个买家。 当网站无法聚集足够数量的买家时，消费者可能会对不太优惠的价格感到不满。 Mercata 为希望指定保留价格的消费者提供了保留功能，这意味着这些消费者只会在当前价格等于甚至低于其保留价格的情况下购买产品。

作为早期研究网络团购的学者，Kauffman 和 Wang（2002）认为，网络团购是通过网络将顾客联系起来，增强他们与卖家的议价能力，以更低的价格达成交易。 与直接网上购物不同，网络团购是基于与卖家谈判的原则，为一群消费者获得折扣价格。 在商业模式层出不穷的互联网时代，团购电商早已不是什么新鲜事物。 拼团是兼具了网上零售、产品和团购特点，把那些具有相同购物意向的消费者聚集在一起，从而增加消费者群体对商家的价格谈判筹码，最终以高折扣即低廉的价格买到产品的购买模式。 团购虽然曾于2010年在中国掀起一波浪潮，甚至还出现了"千团大战"的盛况，但时过境迁便很快就沉寂了，只有美团、糯米等少数知名"强者"存活下来。 拼多多凭借以分享与拼团为核心的社交电商模式，在 BAT 三大巨头盘旋的电商市场杀出一条流量之路。

在日常交易最活跃的用户之外，我们发现其他用户群体对日常交易有一种真正的欣赏和兴趣，每个人都有很强烈的未来购买意愿。 更深入地探讨他们的购买动机，即能够尝试新体验并与他人讨论这些体验，并且获得交易的乐趣超过了所获得折扣的具体深度。 冲动在消费者的日常交易过程中没起决定性作用。 Mantian 和 Russel（2016）研究表明，团购的临界点不会刺激消费者将团购分享给他人；但临界点的信息会增加交易的购买概率，并通过消除消费者对于交易最终是否会发生的不确定性来加快交易的购买速度。

事实上，这些概念可以从两种关系角度来理解（见图 2-1）。

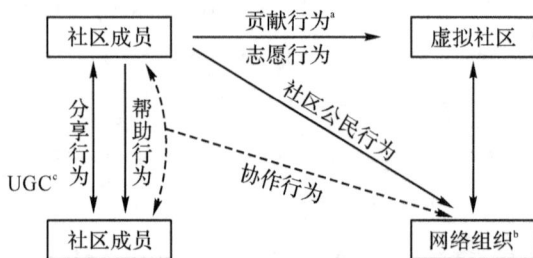

图 2-1　虚拟社区参与行为各概念描述视角的示意图

注：a 指行为的施动方向，实线指社区成员与社区的关系，虚线指社区成员之间的关系；b 指把虚拟社区视为一个提供在线服务的网络组织；c 指把 Web 2.0 环境下社区成员的分享行为称为 UGC 行为。

第一，基于社区运营者和用户之间关系的角度。虚拟社区作为一个网民在空间自发聚集而形成的社群，其存续发展依赖于用户自愿地为社区不断"贡献"内容，低贡献率是所有类型网络社区依然面临的挑战，所以有学者将参与行为的重要部分提取出来，称之为"贡献行为（Contribution）"。贡献行为发生在自由出入的社区环境中，是网民自发提供且对社区（可视为一种提供服务的网络组织）和其他成员产生积极的影响，为了解释这种为社区做贡献的自发行为，学者采用组织行为学中的公民行为视角将此称为"志愿行为（Voluntary Behavior）"或一种特殊形式的"社区公民行为（Community Citizenship Behavior）"。此关系发展极致是随着互联网科技智能提供的网络服务日益赋予网络用户能力，能够发展、评价、协作和散播互联网内容，产生了 Web 2.0 时代的诸多社区网站形式，如博客、微博、SNS 社区和视频分享网站。UGC 由此成为网民参与社区、描述网络自我书写行为和各种内容创造行为的新名词。世界经济合作与发展组织规定了 UGC 行为的 3 个特征：①Internet 上公开可用的内容；②此内容具有一定程度的创新性；③由非专业人员或权威人士创作。此概念另一层含义是相对于传统营销企业掌握营销信息传播主权，如今依赖各种虚拟社区的网民日益成为网络内容创造者和传播者。

第二，基于社区内成员之间相互关系的角度。虚拟社区本质上是一个关系社区，社区成员之间的互动交流促进了社区成员关系和社区凝聚力的形成。因此，从此视角看，社区用户在没有明确预期回报的情况下，参与社区并自愿提供信息或知识给其他成员的行为称为"分享行为（Sharing Behavior）""帮助行为（Helping Behavior）"或"协作行为（Collaboration）"。这种行为定义重点在实践社区如 OSS 社区、企业新产品开发社区，尤其适用于企业内、虚拟团队内成员之间的知识分享与协作，着重关注的是社区成员之间交换的互惠规范，以及在计算机媒介环境下如何促进团队成员进行合作，从而提高整个团队的产出效率。

2.2　虚拟社区参与行为的分类及测量

2.2.1　虚拟社区参与行为的分类

上述对社区参与行为各侧面的定义体现了学者对社区内各类具体参与的特征认识，但为探究不同社区参与行为对社区实践管理的意义，学者对参与行为进行了分类界定。目前学者对参与行为最普遍的划分方式是按参与程度，如有学者把参与行为区分为积极发帖（Active Posting）、一般发帖（Posting）和潜水（Lurking）。由于绝大多数虚拟社区内容由少数成员贡献是一个客观规律，以此视角区分出的社区内积极参与者成为社区最为重要的资产。

（1）给予与获取

在知识共享社区内，社区成员的知识分享行为引起众多学者的关注。一部分社区成员分享他们的知识和想法，另一部分个体参与社区获取这些知识，解决问题，提升个体能力等。这种知识的分享过程包括了成员贡献知识和获取知识。每一个个体在不同时间可能是一个给予者（Giver），也可能是获取者（Receiver）。对于此类虚拟社区来说，最大的挑战在于成员能够持续提供知识。所以，学者认为弄清楚个体成员为什么选择给予或者接受知识就显得十分有必要了。

（2）边缘参与与核心参与

情境学习理论的学者认为，参与"不仅是参与当地社区的活动，而且还包括成为社区实践中积极参与者和在社区中构建身份的过程"。从此角度理解，参与不仅仅是一个物理行为和事件，而且包括连接（Conne ction）。参与带来了相互认识的可能和协商意义的能力。因此，基于此理解，参与本身反映了与社区连接的远近，划分为"边缘参与与核心参与"的行为区别，这给营销学者的研究提供了另外一个视角，即关注社区用户与社区之间的心理距离，此种距离同样会影响网民的行为。

（3）初始参与与持续参与

边缘与核心是对参与行为的静态划分，没有从时间维度来识别随着成员从初始参与到后来持续参与的心理过程的变化。如果从社区持续经营的角度来看，对社区生存起关键作用的应该是持续参与，这就有了"初始参与"和"持续参与"的区别，Fang 和 Neufeld（2009）基于规范定义把参与看作是用户在"虚拟社区的一种存在"，因此把参与行为的持续性（Sustainability of Participation）界定为用户在虚拟社区存在的时间长度（Length of Presence）。而且，已经有学者注意到持续参与与初始参与激励因素并不一致。如 Shah（2006）发现，社区内短期参与者和长期参与者的驱动因素并不一样，前者主要满足软件需求，后者是因为喜欢编程，且喜欢与社区其他人互动；但是，上述研究虽然已认识到持续参与行为的特殊性，却没有从深层次考虑社区用户从初始参与到持续参与的转化机制。

（4）积极参与与消极参与

有关社会媒体的研究 Universal McCann（UM）组织从 2006 年起就发起了"全球社会媒体浪潮"（Wave Global Social Media）研究。第 5 次浪潮研究样本包含了 54 个国家 37600 个消费者。UM 研究主要调查 16—54 岁这个年龄区间，调查这些互联网积极使用者的行为和动机。根据他们在 2010 年的调查，他们画出了一个社会媒体平台上从消极到积极的行为棱镜（Lens of Passive-to-active Behaviors）。消极的社会媒体活动主要指在线的阅读和浏览，它需要很低的卷入度和认知过程；而积极的追求则包括写、创造视频、发帖等行为。总体而言，消费者更加喜欢消极的活动，因为这些活动需要更少的、有意识的努力。排在前 3 位的消极活动为：看在线视频（77%），浏览朋友社交网页（69%），阅读博客和微博（64%）。排在最后 3 位的则是积极的活动，分别为：对博客进行评论（51%），发起一个讨论主题（50%），上传照片去分享（48%）。参与最多的积极活动是"管理自己的社交页面"（62%）（Hutton 和 Fosdick，2011）。

（5）公民角色内参与与角色外行为参与

组织公民行为，理论提供了另外一个视角来理解虚拟社区中消费者参与行为的多面性，它把志愿者的行为分为角色内和角色外行为。角色内行为是指社区成员能够遵守特定社区的传统，理解什么能做和什么不能做，并且使用社区的语言。 角色外行为包括 3 种志愿行为，反映了消费者作为虚拟社区部分雇员所承担的 3 个作用：推荐（Recommendation）是指把社区推荐给其他人；帮助别人（Helping Others），反映了消费者参与虚拟社区作为人力资源的作用；提供反馈（Providing Feedback）（给社区管理者），成为社区组织的顾问，因为消费者经常被卷入虚拟社区的发展和管制中。 角色内行为主要受在线社区管理的有效性决定，而角色外行为主要受感知的参与利益决定。

（6）线上互动与线下活动

学者其实最想探讨的一个问题是，虚拟社区是网络虚拟空间的人类聚合体，那么这些聚集的人类是完全基于线上互动认识形成，还是线下社会关系的反映？ 线上的互动活动对他们线下活动会产生什么影响？ 而线下的活动又会对线上的交流产生什么影响？ 在一些基于线上组队的游戏中发现，很多线上群组完全是线下社会关系的一种反映。 不同的社区类型对此也会产生影响，相对于 BBS 类社区主要鼓励和推动的是线上的交流，基于共同组带的社区则鼓励社区之间发展私人关系，同时也允许成员在网站充分展示个人信息（Ren et al.，2007）。 Postmes et al.（2001）指出，离线的交流和个人信息的展示削弱的是对社区基于共同身份的群组依恋，对沟通主题的限制也减少个体想要更好认识对方的吸引力，这同样会减少人们从对主题的群组依恋转向对特定成员的人际依恋的可能性。

2.2.2 虚拟社区成员参与行为的测量

关于虚拟社区参与行为的操作化与测量问题，最常用的概念则是"参与程度"（Level of Participation），如果从实践角度来看，参与程度反映了社区成员在社区网站的黏着程度，最为主要的两个指标是，每天待在社区多长时间和每天登录几次。 扎克伯格在创建 Facebook 时，每天关注的就是这两个指标。

事实上，对虚拟社区成员参与行为的研究应更加关注其行为背后的心理意愿。 Porter et al.（2011）用融入（Engagement）来描述社区成员的参与行为，它比参与更加关注成员在参与行为中所投入的感情、承诺和积极心态，定义为一系列反映社区成员愿意参与和与其他成员合作为整个社区创造价值的行为，它超越了纯粹的交易性质。这种行为背后心理层面的递进在某种程度上反映了持续参与过程中的心理变化，这是需要我们在研究中引起注意的一个新的理论视角。

正因为学者们对于"参与行为"的定义理解呈现出多个层面，在测量方面也出现了各种测度的方法。目前对虚拟社区成员参与行为的测量基本有两种方法：第一，基于问卷调查法，测量社区成员每天参与社区花费的时间、频率，或者让其主观评价自己参与社区活动的积极程度（用李克特量表来测量）；第二，基于一手资料编码，直接收集社区成员档案数据，统计其在该网络社区的发帖数量和类型，来计量其参与行为的贡献程度，同时通过内容分析来表明其对别人的帮助程度和协作程度等。但就测量内容而言，多有交叉和雷同，对参与行为测度还没有形成稳健的维度结构与量表，如 Wang 和 Fesenmaier（2004）将社区参与定为两个维度——成员参与社区活动花费时间和成员积极与其他成员互动的程度；将"贡献"行为分为两个方面——回复信息发帖数量和回答张贴问题的帮助程度，前者反映对社区的贡献，后者反映对社区成员的帮助。范晓屏等（2009）则用参与水平（包括参与时间和频率）和参与层次（分为单纯浏览、积极参与、组织倡导和项目管理 4 个层次）来划分。概念测度的混乱显示各个概念本身还未能建立起准确的内涵和外延，缺少对社区成员具体参与行为的明确指向，也反映出概念建构还未能取得学者们的一致认可。

2.3 虚拟社区参与的研究脉络与视角

2.3.1 虚拟社区参与的研究脉络

虚拟社区的研究紧随互联网的发展而发展。从 20 世纪 90 年代中期起，随着互联网技术的发展和网民社区参与人数的日益增多，以及鉴于未来在企业商务活动中价值的显现，学者们开始关注并提出"虚拟社区"概念。应该说在整个 20 世纪 90 年代，学者对于虚拟社区的探讨主要从社会现象和概念分类层面进行，也就是如何去概括这种以 BBS 论坛、聊天室、邮件组等形式出现的新的基于网络技术和互联网界面出现的人类聚集部落，它与传统的人类社会社区有什么一致和不一致的地方，具体又可以分为哪些类型，这些研究使虚拟社区成为独立的研究对象成为可能。 但是，以 Armstrong 和 Hagel Ⅲ（1995，1996）在《麦肯锡杂志》《哈佛商业评论》上发表文章为标志，经济学领域的学者关注和研究的则是虚拟社区所蕴含的商业价值。 而信息系统领域的学者开始从技术架构角度来理解虚拟社区的构成要素，如有学者提出的技术性和社会性维度特征成为虚拟社区的基本框架。 在社会学者确立其独立的社会现象、营销学者肯定其营销价值、信息系统学者剖析其架构组成后，虚拟社区作为一个独立的研究对象和课题自此确立起来。

从 21 世纪初开始，越来越多的学者开始关注虚拟社区成员的参与行为。如，Schau 和 Gilly（2003）关于人们个人网址上自我展现战略的研究，着重探讨人们为什么要参与虚拟社区，也就是动机的构成，这是虚拟社区生存和维持，以及企业利用虚拟社区的前提条件。 又如 Bagozzi 和 Dholakia（2002）从社会影响的角度以及 Hertel et al.（2003）从集体角度对 OSS 社区进行研究。 这些研究开始关注特定主题的虚拟社区类型，进而探讨成员参与行为的各种动机。 信息系统的学者则探讨一个新的用户是如何接受信息系统的，为此借用 TAM 模型和动机理论提出了很多知识层面的见解。

之后，随着社区类型的复杂化和功能的日益多样化，每种虚拟社区类型的发展方式出现了各自的轨迹和商业模式，而其特定的行为也表现出更多自己的特征。 因此，一般意义上对虚拟社区的研究慢慢开始减少，对特定社区参与行为的研究则越来越多。 在营销界很多学者研究口碑社区中口碑或评论的作用，如亚马逊的评论；OSS 社区人们更多关注的则是其贡献行为；对于像 Wikipedia 这样的社区则关注其社区成员为什么能够协作；还有一部分研究创新的学者则聚焦于众包社区的共创（Co-creation）行为、学习和健康社区的相互帮助行为等。 随着社会媒体的发展，更多的学者开始关注社会媒体社区，如 Facebook、Twitter 中参与行为开始受到人际关系的影响；Wasko 和 Faraj（2005）探讨社会资本对虚拟社区内分享行为的影响。 此外，人们的参与行为也表现出新的行为方式，如 Twitter 中的成员之间的互动不同于陌生人之间的互动。 总之，人们对社区参与行为的定义更加聚焦于特定背景下的意义，而非泛泛地讨论为什么来参与。

在此过程中，学者们除了关注社区成员的行为本身外，还关注社区作为一个独立的组织，其经营要素、在线服务和模式等对其成功运营的影响。 其中，信息系统领域的学者尤其关注此方面。 如，有学者把虚拟社区作为一个信息系统，研究其经营要素对于知识贡献行为的影响；Dholakia et al.（2009）则探讨 P3 社区所传递的服务对社区成员感知利益的影响；也有学者讨论成员规模、沟通活动对社区持续性的影响等等。 由于要探讨虚拟社区的经营策略，这些研究仍以案例研究、调查问卷为主。

2010 年前后，学者对虚拟社区的研究又有了新的变化。 首先，在研究对象上，全面转向社会媒体技术，在营销学顶尖期刊如《营销科学》《市场营销杂志》上出现大量的实证研究。 其次，在研究主题上，从虚拟社区本身转向企业如何利用虚拟社区产生预期的积极效果，如 Porter et al.（2011）发表在《加利福尼亚管理评论》的文章重点探讨企业如何让消费者加入虚拟社区。最后，在研究方法上，注重要面板数据（Panel Data）的获取和分析来验证假设。

近年来，随着众筹、团购模式的兴起，许多学者开始关注此类行为。 比如，在团购社区的研究中，宁连举等（2016）发现，虚拟社区成员具有持续参与该社区自发团购的意愿，未来能够继续进行交易活动或积极推荐其他人加入此活动中。 韩金星（2016）认为，网络团购作为网络购物的一种方式，具有消费者社会互动的特性。 在进行网络团购时，消费者会受到与他们发生信息交流的其他社会成员的影响。 同时，在网络环境中，信任能够显著地影响消费者进行网络购买的意愿。 另外，一些新型的社区形式也开始出现，虚拟学术社区、虚拟养老社区和虚拟党建社区等作为重要的垂直类社区，也得到了理论界和实践界的关注（谭春辉等，2021；李圆圆等，2021；张风寒和钱云光，2021）。

2.3.2　虚拟社区参与行为的研究视角

在对虚拟社区参与行为分类描述的研究基础上，学者对虚拟社区参与行为开展了许多分析性的研究。学者主要从 3 个视角展开研究：第一，参与行为的动机，即人们为什么要参与？不同类型的虚拟社区、不同类型的参与行为其背后的驱动力是什么？第二，影响虚拟社区参与行为的因素和心理机制，即不同的管理政策和社区特征如何影响成员的参与行为？第三，虚拟社区成员的参与行为到底会对其他行为产生什么影响？

（1）虚拟社区参与动机

在一个新兴的行为引起人们关注的时候，就个体角度而言，学者首先会去探求其背后的内在驱动力，也就是进行动机研究。这些动机研究因不同的社区类型、不同的参与者类型而不一样。如，最早 Armstrong 和 Hagel Ⅲ（1996）按社区成员的目的，将虚拟社区分为交易社区、兴趣社区、幻想社区和关系社区 4 种，这 4 类社区的行为代表了网民不同的功能需求和目的，如交易社区主要满足产品和服务的交易，兴趣社区主要就感兴趣的主题进行交流，幻想社区主要是人机互动，而关系社区则是成员（熟人）之间的交流。Ginsburg 和 Weisband（2006）对网上国际象棋俱乐部社区（Internet Chess Club，ICC）进行研究，发现可识别的志愿者可以分为 3 类：帮助者（Helper）、行政角色（Admin）和版主（Manager）。通过对所参与成员的态度和行为的调查，将其分为 3 类社区活动的参与者，分别是：社交者（Socializer），这些人主要的社会性活动包括改变个人信息、阅读其他人的信息、评论其他人等；提升技能（Improve Chess）者，主要为了提升自己象棋技能；游戏者（Game Player），包括改变象棋规则、帮助别人、玩游戏等。由此可见，不同社区类型和不同参与人群，甚至在不同时间段参与的动机类型都可能不一样。如，Shah（2006）的研究就发现，OSS 社区内短期参与者和长期参与者的驱动因素并非一致。

除了从感知利益角度来研究具体的动机类型之外，一些学者试图探讨内外动机在虚拟社区内的不同作用。这些都将在本书第 4 章做详细讨论。

（2）虚拟社区参与行为的影响因素

影响虚拟社区参与行为的因素除了个人动机之外，还有就是社区组织层面的因素。从上述虚拟社区诞生的历史背景中，我们可以看到虚拟社区发展的社会学渊源和网络特性这两类因素。从社会学角度研究虚拟社区的核心是其内部人际互动的方式与形成的社会关系，强调社区共有的传统、仪式和象征意义（King 和 Courtright，2003），这些要素为社区提供了一个共同的身份，使其建立成员间长久的关系，培养对社区目标的强大承诺，然后对商业数字平台的成功做出显著的贡献，如电子商务平台、在线学习平台和知识分享系统。许多学者已经证明，虚拟社区成员和社区的联结机制将会影响其相应的行为结果，如有学者证明"虚拟社群意识"会影响网站忠诚度的形成；而后，又有许多学者用品牌认同对品牌社区的参与行为做了论证，如，Bagozzi 和 Dholakia（2006）实证了社区认同能够导致品牌认同并最终影响品牌的购买行为。另外，近年来，学者提出的品牌依恋概念也展现了消费者—品牌和人际依恋关系的相似之处，认为与人际的情感依恋能够预测关系和承诺一样，品牌依恋也能够准确地预测消费者对品牌的忠诚度，能够揭示消费者品牌之间互动的本质，能够准确预测消费者对品牌的承诺和特定消费行为（比如为了获得依恋品牌而不惜付出高价）。而虚拟社区的技术特性则强调虚拟社区作为一个技术系统，要着重考虑提升其使用性和有用性或在线服务质量，提高用户的系统接受度和使用率，这反映了虚拟社区成员参与的技术条件和系统特征。事实上，一个好的技术系统能够强化社区成员自我身份的验证，进而加深其对社区的满意度和内容贡献。虚拟社区类型也会影响社区成员参与，如 Dholakia et al.（2004）把虚拟社区分为网络型（Network Based）虚拟社区和群体型（Small Group Based）虚拟社区，发现前者参与的成员具有更强烈的目的性价值动机，而后者参与的成员具有强烈的维护人际关系、社会提升和娱乐的价值动机。

（3）虚拟社区参与行为的影响效应

当大多数学者聚焦于研究如何激励网上参与时，一些学者开始关注虚拟社区参与对其他行为造成的影响。Algesheimer et al.（2010）指出，尽管已有研究证明消费者社区能够给企业带来巨大的营销价值，但是几乎所有的研究中都已存在社区内的成员，因此很难说明由此带来的积极营销行为是由这些社区成员本身的特性带来的，还是由社区活动的参与带来的。 他们经过对 ebay 社区的研究发现，社区参与并不会直接带来相应的社区行为（如投标）或收益增长，而且社区参与对在 ebay 上花的钱和购买数量会带来负向影响。

2.4 小 结

本章作为本书的第 2 章，阐述了现象学上虚拟社区参与行为的表现和学术上所界定参与行为的关系，通过对其学术分类和研究脉络的介绍，了解目前虚拟社区参与行为在当前学科中的位置和研究价值。 本章除了梳理这些学术观点以外，还归纳了目前社区参与研究的视角和重点探讨的问题。

参考文献：

[1] ALGESHEIMER R, BORLE S, DHOLAKIA U M, et al. The impact of customer community participation on customer behaviors: an empirical investigation [J]. Marketing science, 2010, 29 (4): 756-769.

[2] ALGESHEIMER R, DHOLAKIA U M, HERRMANN A. The social influence of brand community: evidence from European car clubs [J]. Journal of marketing, 2005, 69 (3): 19-34.

[3] ARMSTRONG A, HAGEL Ⅲ J. Real profits from virtual communities [J]. Mckinsey quarterly, 1995 (3): 126-141.

[4] ARMSTRONG A, HAGEL Ⅲ J. The real value of online communities [J]. Harvard business review, 1996 (5/6): 134-141.

[5] BAGOZZI R P, DHOLAKIA U M. Antecedents and purchase consequences of customer participation in small group brand communities [J]. International journal of research in marketing, 2006, 23 (1): 45-61.

[6] BAGOZZI R P, DHOLAKIA U M. Intentional social action in virtual communities [J]. Journal of interactive marketing, 2002, 16 (2):

2-21.

[7] BAGOZZI R P, DHOLAKIA U M. Open source software user communities: a study of participation in Linux user groups [J]. Management science, 2006, 52 (7): 1099-1115.

[8] BRINT S. Gemeinschaft revisited: a critique and reconstruction of the community concept [J]. Sociological theory, 2001, 19 (1): 1-23.

[9] CHANG H H, CHUANG S S. Social capital and individual motivations on knowledge sharing: participant involvement as a moderator [J]. Information & management, 2011, 48 (1): 9-18.

[10] DHOLAKIA U M, BAGOZZI R P, PEARO L K. A social influence model of consumer participation in network- and small-group-based virtual communities [J]. International journal of research in marketing, 2004, 21 (3): 241-263.

[11] DHOLAKIA U M, VERA B, CAROLINE W, et al. Communal service delivery: how customers benefit from participation in firm-hosted virtual P3 communities [J]. Journal of service research, 2009, 12 (2): 208-226.

[12] HAGEL Ⅲ J, ARMSTRONG A. Net gain: expanding markets through virtual communities (Hardcover) [J]. Harvard Business School Press Books, 1997.

[13] HEMETSBERGER A. Fostering cooperation on the Internet: social exchange processes in innovative virtual consumer communities [J]. Advances in consumer research, 2002, 29 (1): 354-356.

[14] HERTEL G, NIEDNER S, HERRMANN S. Motivation of software developers in open source projects: an Internet-based survey of contributors to the Linux kernel [J]. Research policy, 2003, 32 (7): 1159-1177.

[15] HU M T, WINER R S. The "tipping point" feature of social coupons: an empirical investigation [J]. International journal of research in marketing, 2016, 34 (1): 120-136.

[16] HUTTON G, FOSDICK M. The globalization of social media consumer relationships with brands evolve in the digital space [J]. Journal of advertising research, 2011, 51(4): 564-570.

[17] JOHNSON E J, PAYNE J W. Effort and accuracy in choice [J]. Management science, 1985, 31 (3): 395-414.

[18] KOH J, KIM Y G, BUTLER B, et al. Encouraging participation in virtual communities [J]. Communication of the ACM, 2007, 50 (2): 68-73.

[19] LEIMEISTER J M, SIDIRAS P, KRCMAR H. Exploring success factors of virtual communities: the perspectives of members and operators. [J]. Journal of organizational computing and electronic commerce, 2006, 16 (3/4): 279-300.

[20] LI H. Virtual community studies: a literature review, synthesis, and research agenda [C] // 10th Americas Conference on information systems, New York, 2004.

[21] OKLESHEN C, GROSSBART S. Usenet groups, virtual community and consumer behaviors [J]. Advances in consumer research, 1998, 25(1): 276-276.

[22] PORTER C E, DONTHU N, WILLIAM H, et al. How to foster and sustain engagement in virtual communities [J]. California management review, 2011, 53 (4): 80-110.

[23] POSTMES T, SPEARS R, SAKHEL K, et al. Social influence in computer-mediated communication: the effects of anonymity on group behavior [J]. Personality and social psychology bulletin, 2001, 27 (10): 1243-1254.

[24] PREECE J. Sociability and usability in online communities: determining and measuring success [J]. Behaviour & information technology, 2001, 20 (5): 347-356.

[25] REN Y, KRAUT R, KIESLER S. Applying common identity

and bond theory to design of online communities [J]. Organization studies, 2007, 28 (3): 377-408.

[26] RHEINGOLD H. The virtual community: homesteading on the electronic frontier [M]. New York: Addison-wesley, 1993.

[27] RIDINGS C M, GEFEN D, ARINZE B. Some antecedents and effects of trust in virtual communities [J]. Journal of strategic information systems, 2002, 11 (3/4): 271-295.

[28] ROTHAERMEL F T, SUGIYAMA S. Virtual internet communities and commercial success: individual and community-level theory grounded in the atypical case of timezone. com [J]. Journal of management, 2001, 27 (3): 297-312.

[29] SCHAU H J, GILLY M C. We are what we post? Self-presentation in personal web space [J]. Journal of consumer research, 2003, 30 (3): 385-404.

[30] SHAH S K. Motivation, governance, and the viability of hybrid forms in open source software development [J]. Management science, 2006, 52 (7): 1000-1014.

[31] WASKO M L, FARAJ S. Why should I share? Examining social capital and knowledge contribution in electronic networks of practice [J]. MIS quarterly, 2005, 29 (1): 35-57.

[32] WELLMAN B, GULIA M. Chapter 7: virtual communities as communities [J]. Communities in cyberspace, 1998: 167-193.

[33] 柴晋颖, 王飞绒. 虚拟社区研究现状及展望 [J]. 情报杂志, 2007 (5): 101-103.

[34] 范晓屏, 马庆国. 基于虚拟社区的网络互动对网络购买意向的影响研究 [J]. 浙江大学学报（人文社会科学版）, 2009, 39 (5): 149-157.

[35] 李金阳. 社会交换理论视角下虚拟社区知识共享行为研究 [J]. 情报科学, 2013, 31 (4): 119-123.

[36] 李圆圆, 郭继志, 徐彬彬, 等. 青岛市社区虚拟养老需求现状及影

响因素的调查分析［J］.中国社会医学杂志，2021，38（1）：21-25.

　　［37］宁连举，王伟.虚拟社区自发团购用户忠诚度影响因素分析——基于顾客体验视角［J］.东北大学学报（社会科学版），2016，18（1）：36-41.

　　［38］谭春辉，王仪雯，郭洋.基于共生理论的虚拟学术社区科研合作稳定性研究［J］.现代情报，2021，41（3）：15-28.

　　［39］徐美凤.基于CAS的学术虚拟社区知识共享研究［D］.南京：南京大学，2011.

　　［40］徐小龙，王方华.虚拟社区研究前沿探析［J］.外国经济与管理，2007（9）：10-16.

　　［41］张凤寒，钱云光.大学生党建工作虚拟社区的功能与构建［J］.学校党建与思想教育，2021（4）：46-48.

3 虚拟社区参与行为的理论解释

　　虚拟社区作为一个在互联网上聚集而成的人类社群，它到底是如何生成的？ 社区成员为什么愿意在匿名环境下分享自己的信息/知识？ 随着社会媒体的兴起，熟人环境中的社会关系又将对社区成员的参与行为产生什么影响？ 这些是在虚拟社区诞生之时最初吸引学者研究兴趣的问题。 由于学者的研究领域跨越多个学科，因此其采用的理论视角也跨越了社会学、心理学、信息系统、营销学等领域。 然而，尽管各个学科已经产生很多关于社区参与（Community Participation）的研究成果，但是许多已公布的社区研究都未能明确承认或指明这种对其研究有促进作用的社会理论及其生成机制。

　　影响虚拟社区用户参与大致包括 3 个层面的因素：个体层面、社区层面以及社会网络。 从这 3 个角度对上述各个领域的理论解释进行概括，具体可分为自利视角的动机理论、身份视角的社会认同理论、IT 视角的技术接受理论、集体视角的社会交换理论和网络视角的社会资本理论。 本章将分别从理论探究问题、解释参与行为的理论机制以及实证研究成果 3 个方面来解析每个理论成果。

3.1 自利视角的动机理论

　　自利理论是从个体角度阐述虚拟社区用户为什么愿意参与网络社区的各

种活动。根据经济理性人的假设，所有人的行为都是基于对成本和收益的分析，进而决定是否发生相应的行为。因此，如果用户判断该行为能够获得净收益，那么他就会产生这种心理需求。根据行为科学家的观点，动机和人类的基本需求是所有行为的基础。当消费者希望得到满足的需要被激活时，动机就产生了。一旦某种需要被激活，就有一种紧张的状态驱使消费者试图减轻或消除这种需要。那么，网民参与虚拟社区到底是源于何种心理需求呢？

3.1.1 理论机制

动机的研究主要基于预期理论（Expectancy Theory），它解释一个决策行为的做出主要是基于人们对于回报的需求。该理论认为，人们会积极监控他们所采取行为的结果，并判断这些行为能否带来相应积极的结果，并且人们愿意去努力达成某个目标取决于 3 个因素：（1）欲求东西的价值；（2）关于自己是否有能力达到行动结果的判断；（3）通过努力和行动就能达到结果的可能性。营销学的消费者行为领域研究消费者的动机多借用此理论。因此，消费者实施购买行为的核心即是通过计算成本和收益来分析获得的回报，在消费者行为学中用"顾客价值"的大小来衡量动机的强弱。信息系统领域和营销领域的学者在研究虚拟社区参与者动机时，遵循此范式来探讨社区参与者的动机追求。

在探求虚拟社区参与动机的研究中，出现过两个重要范式：一是从营销学角度出发的顾客价值范式，其假设消费者是基于获得的价值大小选择参与社区；二是大众媒体研究的使用和满意范式（Use and Gratifications，U&G），其聚焦于个体使用和选择媒体。该范式的主要目的是解释人们为何选择某个媒体或替代某个媒体的原因，阐明人们使用特定媒体的心理需求。该范式认为用户的行为是目标导向的，并且用户知道他们自己的需求。该范式已经被应用到各种媒体，如报纸、电视、移动电话、互联网等。无论何时一旦新技术进入大众媒体，U&G 范式总是可以被用来解释用户潜在的动机和决定。近年来，该理论也被用来解释虚拟社区的参与行为。

3.1.2 实证研究

关于虚拟社区成员参与的动机研究一直在延续着。早期的研究是从社区用户能够得到的参与利益（Participation Benefits）来归纳其动机，包括功能、社会、心理和娱乐 4 类动机。Dholakia et al.（2004）则从网民获取的价值角度将参与的动机追求分为个人价值、集体价值和娱乐价值 3 类 5 种。Hertel et al.（2003）通过整合社会志愿行动和小工作团队的动机模型提出VIST 模型，并通过对 Linux Kernel 项目的调查，总共可以归类为 7 个动机：（1）对子系统的认同（开发者）；（2）总体认同（使用者）；（3）实用动机；（4）规范动机；（5）娱乐动机；（6）回报动机或社会和政治动机；（7）时间损失评价动机。在这 7 个动机中，开发者的认同动机、改进自己软件的实用动机和他们对自己时间投资的容忍度对参与介入影响最大。

对于社区内似乎没有直接回报的贡献行为，学者从成本和收益角度同样给出了解释，即增加贡献成本会显著地降低贡献意愿。然而，尽管学者同意社区贡献信息时会有成本发生，这些成本可能包括一系列会影响贡献行为的花费，但相比于实体物品而言成本很小，所以这么小的成本应不至于影响贡献的决策（Cheshire 和 Antin，2008）。有学者利用基于预期理论扩展的一个个体选择动机理论来解释自由分享信息（Discretionary Information）的贡献行为。在虚拟社区中，自由分享信息的动机受贡献报酬的价值和他/她相信从贡献中获得报酬的可能性这两个因素的联合影响。有学者同样发现，一个能够奖励重要信息贡献的奖励系统（Bonus System）能积极影响贡献行为。以往有研究表明，贡献感知价值和可能获得的报酬对贡献行为有着显著的影响，但期望值只能解释部分因变量的方差变异，而且贡献的成本并不是一个决定贡献信息与否的显著因素。另外一些研究表明，个体对贡献的自我效能（Contribution Efficacy）能够增加其对虚拟社区的贡献（Sohn和 Leckenby，2007）。还有一些学者从消费者消费和创造内容的角度来研究，认为态度因素（Attitudinal Factors）是影响贡献行为的重要因素（Daugherty et al.，2008）。在线产生内容的满足感（Gratification）和线下公民参与（Civic Engagement）对网络用户产生内容的层级有预测作用（Leung，2009）。

在动机的研究中，学者进一步借用顾客价值理论、动机导向以及内外动机理论来解释这些推动成员参与社区的缘由。由于自利的需求不仅包括直接的功能收益，而且包括一些社会收益，加之引用理论的差异，因此学者不管是用自我报告的调查问卷，还是用内容分析的归纳方法，对动机的概括往往存在缺少客观衡量和比较标准的缺陷。但是，作为社区运营者，寻找社区成员参与的内在心理需求，是通过满足这些需求以提升用户满意度，进而维护成员忠诚的必然前提。

3.2 IT 视角的系统接受理论

从信息系统（Information System，IS）角度来看，虚拟社区网站首先是一个基于互联网的电子网络系统（Wasko 和 Faraj，2005），那么人们是如何选择和接受某个社区网站（系统）的呢？哪些因素会影响这个采纳过程？对于高技术环境下人们如何选择技术系统的行为研究源始于计划行为理论，而基于计划行为理论发展起来的技术接受模型理论结合动机理论和信息系统特征解释了人们接受信息系统的行为机制。

3.2.1 理论机制

信息系统的学者为了研究人们如何接受 IT 系统，已经将预期理论运用于影响系统接受意图因素的研究（Fishbein 和 Ajzen，1975），并先后提出了一系列的理论模型，包括理性行为理论（Theory of Reasoned Aetion，TRA）（Fishbein 和 Ajzen，1975）、计划行为理论（Theory of Planned Behavior，TPB）（Ajzen，1990）、技术接受模型（Technology Accepfance Model，TAM）（Davis，1989）和创新扩散理论（Diffusion of Inovation Theory，DIT）（Brancheau 和 Wetherbe，1990）。传播领域的研究者针对人们使用媒体建立了使用和满意范式（Uses and Gratifications Paradigm）。

TPB 认为，行为受到个体意图和感知行为控制，而行为意图依赖于个体对行为的态度、感知行为控制和主观规范压力。过去的研究已经证明，TPB 能够用来解释 IT 使用行为，扩展的 TPB（Extended TPB）考虑了多个因素，如态度、规范和控制信念等。TPB 假设对行为的态度、主观规范和感知行为的控制能够预测个体行为意图。

TAM 是目前被 IS 学者广泛接受的理论。根据 TAM，接受行为由用户使用信息系统的意图所决定，该意图又由用户所相信该系统的有用性和易用性所决定，它强调用户对系统感知有用性和易用性的信念会决定用户对 IT 的使用意图。感知有用性（Perceived Usefulness）是指个人相信使用该系统会提升他/她工作的绩效，而感知易用性是指个人相信使用该系统会非常轻松。同时，该模型认为感知易用性是感知有用性的预测变量。目前，TAM 模型已经被应用到传统 IS 系统和网络系统中。

3.2.2 实证研究

虚拟社区作为一个基于网络系统，深刻地影响着个人的在线体验，TAM 理论成为解释网民在虚拟社区使用意图的重要理论。Lin（2006）使用扩展的 TPB 来解释虚拟社区的参与行为，证明在网络虚拟社区环境中，态度、社会性和感知行为控制因素会影响成员的参与意图，其中态度对行为影响最大。进一步地，他把态度的要素分解为感知有用性、感知易用性和信任，并发现这 3 个要素对态度都有影响；把感知行为控制分解为互联网自我效能和便利情况两个因素，发现这两个因素对行为意图也都有影响；而主观规范对行为没有显著影响，这也意味着在虚拟社区内他们的参与行为个人决策比其他人意见影响要大。Bagozzi 和 Dholakia（2006）针对 Linux 的 OSS 社区的参与动机研究，采用解释态度和行为关系的 TPB 和目标导向行为模型（Model of Goal-directed Bechavior，MGB）理论，后者特别强调目标导向情绪体验和社会认同的作用。

3.3 身份视角的自我呈现、社会认同和社区意识理论

虚拟社区成员在虚拟社区的参与行为除了受自身动机和个体特征影响外，是否还会像线下的社区一样受到整个虚拟社群的影响？ 如果受到影响，那么这种社会影响的机制又是什么？ 在社会学领域 20 世纪六七十年代，为解决"社会结构的参与如何影响个体行为"这一含糊的问题，社会学领域持续提出了角色和身份理论，人们在社会生活中的互动本质上就是各种身份间的谈判、对话。 虚拟社区是一个完全符号化的社会，每个人都会在虚拟社区构建一个自己的虚拟身份，也会形成一种集体意识。 涂尔干（1893）指出，社群得以形成和延续的基本行为机制在于仪式的设定，即着眼于人们的注意力、情绪的升腾和团结的共同感觉塑造。 因此，心理的社区感觉同样十分重要，社会认同和社会意识理论为此提供了一个很好的研究视角。

身份理论源于对自我身份的认识和构建，包括自我呈现理论（Self-presentation Theory）、社区意识（Sense of Community）和社会认同理论（Social Identity Theory）。 根据自我概念的定义，理想自我来自接受参考群体的角色期待。 个体以满足参考群体方式的行为是为了自己连接和权力的需要。 在虚拟环境中，个体提供高质量信息来帮助别人，可能是为了提升自己的身份和威望。 而且，给社区提供高质量的贡献会让他/她自己对社群产生影响，支持他/她自己是一个高效能人士的自我印象。

3.3.1 理论机制

（1）身份理论

从微观层面来看，社会结构最终是由个体的行为和互动构成和保持的。因而，他们开始致力于发现人际互动的基本过程，这被称为"互动论"。 对自我的认识有赖于其生活的社区和在社会群体中所力图扮演的角色，同时还有赖于社会给予各种角色的认定和地位。 正是地位，即社区对个体的承认，给予了个体以"人"的特质，而各种角色又与社会结构中的位置相联系。 在

此，社会可概念化为有明确边界的变量：各种位置间的互动和特质，以及各类与这些位置相连的期望。 社会结构可以看成是有组织的、要求个体按角色行事的期望网络。

除了"角色"，身份是对自我进行再阐述的一个重要途径。 到了 20 世纪六七十年代，身份理论成为符号互动理论的一种明确理论取向。 在身份理论学者看来，自我被看作一套和一系列对特定场景做出反应的身份，这些身份按其显要性和重要性安置在层级序列之中。 在层级序列中处于较高位置的身份对个体具有极大的影响力，使得他们极力去组织自己的行为，按照一定之规来表现自身。 角色身份最为重要的观众是个体自身——用自身理想化观念来估量他们的活动。 同时，还必须从有关的观众那里寻求角色身份的角色支持（Role Support）。 人们通过角色履行来估价自身，企图固化角色身份。与此同时，每一个个体都在不断理解他人的姿态，以便确认显著性层级中的位置高低，以及他人的角色履行是否值得角色支持和其他报酬。 从本质上看，互动是各种身份间的谈判、对话。 如此，人们基于角色履行，就某些身份——在他们各自的显要性层级中占据高位，并能获得支持或无须支持，从而演出丰富的戏剧化形象。

然而，随着这一过程的展开，互动就进入了一种真实的交换性谈判——借此，人们寻求伴随角色履行合法性而来的报酬。 麦考尔和西蒙斯区分了 3 种基本的报酬类型：第一，外部报酬，比如金钱和其他大家都可见到的激励；第二，内部报酬，主要指对个体的激励，比如满意度、自豪感和舒适度，比外部报酬较少可见性；第三，也是最重要的，是对身份的角色支持，这是所有报酬中最有价值的。 当角色身份得到他人反应的支持，人们就会经历积极的情感过程，他们的自尊心将得到加强，个体就会更加信任他人，他们也将更加适应群体和社会结构；当一个角色身份没有得到支持时，人们就会变得沮丧，其他消极情感也会随之而来，包括自尊心的下降。

总之，互动和身份理论都寻求理解个体、角色行为、社会结构和文化之间的紧密联系。 他们都主张自我和身份是核心概念。 当人们投身于社会结构和文化之中彼此确认并自己安排角色时，他们就寻求确认和反复确认他们的自我概念—— 一般性地归结为一系列在显要性上的不同，并被安置于层级序列中的身份。 这样，角色就成了自我与社会结构和文化之间的联结。 借助角色扮演，个体将与角色相关的意义、期望和他们在该情景中的身份结合起来（Burke，1991）。

在虚拟社区里，通过大量的互动活动和个人探索活动，网民在虚拟社区确立了一个虚拟身份与个性，构建了自己在虚拟空间的虚拟角色身份和虚拟社群身份。 网民在网上活动所构建的虚拟 ID 或角色、身份是网民参与网上活动的一个最为重要的入口与桥梁，这是网民在网上识别和交流的基础。 借助具体的自我表现过程和互动讨论，网民在个体、自我表现和社群集体之间建立了一种关系。 图 3-1 将详细阐述现实的个体和在空间中扮演的虚拟角色以及整个社群结构之间建立联结的心理过程，前面是一个对身份的认同过程，后面则是与虚拟社群的联结过程。

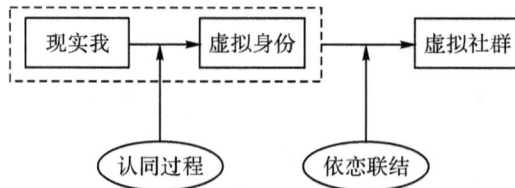

图 3-1　网民参与虚拟社区心理过程的理论原型

对于该虚拟社群的身份属性，这个共同群体身份的来源可以是消费者占有物的任何一种，如拥有的汽车、自行车、个人喜好、音乐、参加的娱乐活动、文化艺术、纹身、发型等等；也可以不是个体拥有的产品，如地方、领导人、明星、运动队等。 在定性访谈中发现，许多专题性的论坛如动漫论坛、东方神起论坛等因为成员间共同的兴趣，构建了如同现实生活中社会身份一样的虚拟社群身份；当然有的是因为共同的经历而构建成的，如一些疾病患者的社区；而品牌社区则是因为成员间共同的对某品牌的喜好等。 网民参与网络交往的过程本质上是一个自我辨认和建构意义的过程，网上虚拟身份的建立，是对该身份的心理认同过程，完成虚拟角色的定位和认知，帮助人们获取该身份的意义和经验来源。 Castlles（2005）指出，信息化社会在历史上迈开的最初几步，其特征似乎是以认同作为首要的组织性原则。 当网络开始分裂自我时，要以共享的、重构的认同为核心，追寻新的连接状态（Connectedness），寻求新的认同与精神。

（2）社会认同理论

社会认同理论源自自分类理论，个体通过一个自分类过程定义他们的社会身份，在这个过程中他们使用诸如年龄、种族、性别等类别为自己和他人分类。 社会心理学者认为，要全面理解人的社会行为，必须了解他/她是如何构建自己和他人身份的（赵志裕等，2005）。 因为身份是自我概念（Self-concept）中核心的识别成分（特纳，2006）。 在现实世界中，社会认同理论认为，自我观念（Self-concept）由包含异质特征（Idiosyncratic Characteristics）（如身体特性、能力、心理特质、兴趣）的个人身份和包含显要群体类别的社会身份组成（Taifel，1978）。 个人身份指作为个体，人们如何看待他们，而社会身份指作为他们归属的群体，人们如何看待他们。 因此，人的社会行为不仅受个人心理素质的影响，还受到所属群体认同、规范等的影响（赵志裕等，2005）。

（3）社区意识论

社区心理感（Psychological Sense of Community）理论总结了社区意识的4个要素：成员资格（Membership）、影响力（Influence）、需求满足（Integration and Fulfillment of Needs）和共享情感连接（Shared Emotional Connection）。

该理论认为社区意识的第一要素是成员资格，成员关系能划分组织的界限，使组织成员产生情绪安全，而情绪安全又能鼓励亲密关系和个人信息的公开。 人们越是感觉安全越是愿意说真话，组织对成员的吸引力就越强。 归属感来自成员信仰、组织接受和付费（或认知失调），当成员相信自己受欢迎、属于组织或者被组织接受了，组织对成员就会有更强的吸引力。 付费能赋予成员特权，成员有责任为组织做出牺牲，而牺牲能使成员产生对组织的归属感。 组织凭借成员的牺牲程度考验成员与组织的亲密度，但这种牺牲有限制，过犹不及。

第二要素是影响力，它是由信任发展而来的，信任通过组织运用权力发展，所以要想发展信任，组织首先需要解决权力分配的问题。 作者提出了2点建议：第一，建立秩序，制定规范、准则和法律来指导人们的行为，增强组织的凝聚力。 第二，决策者在组织成员中有权威。 由于领导人的意愿善变且服务于自己，只有通过法律规则约束领导人的行为才能维持组织的权威和秩序。 当组织有了权威、秩序，组织就有了信任，组织成员与领导者之间就能相互影响。

组织要奖励成员，整合成员的需求和资源。 他们认为组织的首要奖励是保护成员避免丢脸。 丢脸指成员自尊受伤害时候的反应，所以组织成员寻找有共同经历的人，寻找安全的环境，以个人独立换取避免丢脸。 因为成员有不同的需求，才有相互的交易，个人信息的公开是交易的中介，交易价值在于信息公开的风险，最有价值的交易是情感的交流，成员经历了分享共同点、建立理解到分享不同点过程，而后建立了安全感。 组织通过整合成员不同需求，提高凝聚力。 社区意识的四个要素相互联系、自我增强，共同影响社区的发展。

3.3.2 实证研究

在对社会身份理论的研究中，有两个主要的解释：一是社会认同的三维度模型；二是社会意识的四维度结构。 学者们对此都展开了许多丰富的实证研究。

Bagozzi 和 Dholakia（2002）最早开始研究虚拟社区的社会影响过程。 他们检查了在虚拟社区情境下社会影响三过程——认同（Identification）、内部化（Internalization）和遵从（Compliance）是否会同样产生作用。 结论是只有认同对虚拟社区参与有影响。 随后，他们在 2004 年的研究中进一步用大规模问卷验证了社会认同三维度对于社区参与行为的具体中介作用。 楼天阳和陆雄文（2009）认为，虚拟社区中的自我个体同样包含着个体身份和社会身份。 虚拟自我在虚拟空间的个体身份，就是指网民在虚拟空间扮演的那个虚拟的角色身份（Role Identity）。 角色身份指的是"个体规划给他/她自身的，作为对某一特定社会位置之占据的特定身份和地位"，包含"一种关于自己的想象性观念"，通常是一种理想化的自我观。 虚拟自我在虚拟社区的社会身份，称为虚拟自我的"社群身份"，是指当网络的互动形成一种社区感时，其成员将其归属为该虚拟社区中的一员，将该虚拟社区的特征内化到自己身上的过程。 Schau 和 Muniz（2002）的研究已经证明，在虚拟社区中个体身份与所在的群体身份是一个协商的过程。 个体身份与所属社群身份的显要性在不同的社区参与者中会有所不同。 随后，楼天阳和陆雄文（2011）通过实证研究证明了虚拟社区互动活动除了通过社会认同的心理机制之外，还会通过自我认同的心理机制对社区成员与社区之间的连接产生正向作用，而且自我认同对社会认同起着部分中介的作用。

有学者通过对 IRC，Usenet 和 Fidonet 3 种形式的网上互动的分析指出，与在面对面互动中一样，网上互动中成员的社会化、自我的形成、身份的建立，以及社会秩序的维持也都是通过语言、交谈来进行的。 Kauppinen et al.（1998）运用人种志方法对协作性虚拟社区的互动和形成的社区规则习俗（Conventions）进行研究，发现这些社区中的各种规则习俗如问候、对话内容方式、行为等质和性的变化都依赖于身份产生的过程。 也就是说，网民本身参与到一个身份产生（Identity Production）的过程。 群体认同（Group Identification）被认为也会降低社会困境的冲突，对解决沟通困境（Communication Dilemmas）也有特别的影响（Bonacich 和 Schneider，1992）。

虚拟社区意识产生有 3 个过程（见图 3-2），每个过程能产生多重作用，同时具有两点不同：第一，"影响力（Feelings of Influence）"在 MSN 的社区意识中没有明显表现，学者认为可能是因为相互影响过程在社区的早期发生较多；第二，MSN 社区意识还有两个重要方面，即认同（Identification）和关系（Relationship）。 成员关系是组织身份的共享，作者认为认同是区别出个人的组织身份；在现实社区中，与其他人的关系不一定会形成社区意识，在虚拟世界中就可能成为区分虚拟住区与虚拟社区的依据。 对虚拟社区的依恋情感对社区成员是否做贡献也有相似影响，依恋包括 3 个层面：首先是社区亲密（Community Affinity），反映了社区内人们连接的紧密程度；其次是从社区信息获取的利益；最后是对社区内活动和信息的兴趣。

图 3-2　由社群身份形成社区意识的逻辑

3.4　关系视角的社会交换论(礼物经济)理论

虚拟社区是 UGC 的产物，它的生存与发展依赖于社区成员能够对社区不断贡献内容，但在集体环境下，大量的潜水者只浏览该虚拟社区内容，很少会主动贡献内容。 人们更加倾向于使用这些社区信息而不做贡献，因为没有人会被要求做贡献（Bimber et al.，2005）。 常见的情况是许多网络社区中只有不到 10％的成员贡献了超过 85％的内容（Ling et al.，2005）。 那么，在虚拟社区情境下那些 10％左右的网民为什么愿意持续贡献内容呢？ 传统的经济交换模型无法解释这些没有产生经济回报的无偿贡献行为和交换系统，他们为什么能够维持存在，以及支持其内在交易的规则是什么。 Hemetsberger（2002）明确提出这是一种社会交换过程，而互惠则是在虚拟社区中支持这种交换的最为重要的社会规则。

3.4.1　理论机制

（1）社会交换理论

当现代社会处于分化状态并且行动者追逐各自狭隘与个别利益时，是什么或哪些社会力量使现代社会没有崩溃呢？ 19 世纪和 20 世纪的社会科学家们发展出了交换理论。 人们在实行交换时，既有满足自己基本需求的经济动机，也有非物质性和符号的交换需求。 法国社会学家马塞尔·莫斯指出，个体间的交换就是按照群体规范进行的，物品交换活动的产生同时巩固了社会的规范结构。

社会交换理论试图通过对物质或信息资源交换的计算来解释人类行为。在他们建立的交换系统中，最为重要的就是互惠原理（Reciprocity Principle）和公正原理（Justice Principle）。 其中，互惠原理是指交换报酬越多，越有可能产生互惠的义务并以此来支配以后人们的交换；公正原理是指人们建立的交换关系越多，就越有可能受到"公平交换"规范的制约。

人们从事社会交换是因为他们知道会得到报酬，这种认知被称为社会吸引（Social Attraction），而且假定提供报酬的人都能够得到回报。 这种回报包括 4 种等级的报酬：金钱、社会赞同、尊重或尊敬、服从。 网络交换理论认为，个体的议价能力是他们易于被网络中的传播和其他交换关系排除在外的程度的函数。 该观点认为，个体根据他们与网络中其他成员交换投资所带来的相关成本和收集的分析，建立网络连接。 这与自利理论不同，自利理论中成员不考虑他的交换价值而仅仅追求个体投资的收益最大化。 当交换发生之后，就会出现"基本的而且是普遍存在的互惠规范"来规范以后的交换活动。

在其最初的定义中，社会交换理论试图根据二元关系中每一个单元对资源的供给和需求来解释一个二元关系存在的可能性。 有学者超出了二元关系，着重回答了"个人与集体行动者之间的各种交换能否以同样的原理来理解"，行动者之间的关系成为社会分析的单位，而非行动者本身。 一些学者逐渐将这种观点发展成为现在普遍所称的网络交换理论。 在网络交换中，区别于直接交换（Direct Exchange）的称为泛化交换（Generalized Exchange）。 在这样的交换系统中，行动者向他人付出资源但并不直接接受回报，他们从行动者群体的另一部分人那里获得资源，这些人有义务传递资源。

虚拟社区的人际互动，包括了信息交换和人们之间的社会支持交换。 社会交换理论是个很好的视角可用来分析虚拟社区内的人际互动和这些交换，从主观成本—收益视角比较当前非触摸成本（Intangible Costs），如帮助别人，以及预期未来非触摸利益（Intangible Benefits），如收获尊敬。 它与经济交换有很大的不同，经济交换受明确的规则和规定支配，而社会交换没有明显的规则和协议。 因此，社会交换中的行为依赖于对另一方亲善（Goodwill）的回馈（Reciprocate），这种亲善的存在让人们相信社会交换中的投入会得到预期的收益。 因此，信任（Trust）是社会交换中的核心部分，决定着人们是否选择参与社区。

虚拟社区中的社会交换非常强大，帮助别人或对别人需求和问题的反馈都是社会投资（Social Investment）。 它会花费时间、同情和精力，但是尽管人们知道这是社会投资，但并不保证另一方会回馈，它是一种非常明显的泛化交换而非直接交换。 人们如此做是因为他们预期会以某种对他们来说重要的方式来回报，比如，某种感激的表示。 他们也可能收获感觉自己做了一件好事，获得了利他行为的满意。当然，不是所有的人都能收获感谢，一些人参与社区发布信息时是为了未来的互惠利益，可能不是同一个他所帮助的人，但是会来自该社区。

（2）礼物馈赠

也有学者认为，在虚拟社区情境下的贡献内容并非基于交换机制，而是完全地对他人的馈赠。某种程度上，在线社区的互动可以称为一个礼物经济（Gift Economy）。在线互动的交换形式比礼物馈赠更为慷慨和冒风险。他同时提出经济学中有关公共物品的特征在在线环境中，沟通和协调的成本都大大低于面对面情况。信息和建议的价值在社区内可以扩大，因为不需要限制使用该信息的人数。在传统经济环境中，一个礼物需要 3 个特征：（1）义务的转移；（2）不能转让的物品或服务；（3）两个相互的交易方。它潜在的假设是礼物的交换常常不需要明确的义务说未来会补偿该礼物。

在许多在线社区中，许多帮助和分享发生都不需要明确的回馈，很多接受者也不知道是谁来发布的。因此，传统发生在两个个体之间的义务回馈（Obligation of Reciprocity）已经不可能发生。信息礼物（Gifts of Information）常常是给予整个群体，所以，也有学者认为虽然在个体层面没有互惠的平衡，但是在社区整体层面还是存在该平衡的。

3.4.2　实证研究

从社区内贡献者和潜水者的社会交换关系出发，发帖者发布帖子或为社区做出价值；从社会交换视角来看，预期会通过影响社区特质，或知道他/她帮助他人，来收获认可，这是发帖者在虚拟社区所经历的社会情境。而潜水者以另一种方式参与社区，他们的社会交换是投入时间，收获的不是声誉或同情，因为没人知道他们，他们的收获则限制在学习到新的东西和一些有趣的事情。尽管不同的研究存在一些差别，但大量证据有力地证明了许多组织间和组织内部的传播网络是基于交换机制来创建和维持的。进一步来说，当人们和组织发现他们的交换不再有回报，或者当新的或更有竞争力的个体在交换中提供更高的理论时，连接就解除了。

对于志愿的贡献行为（Voluntary Work），有的学者基于社会交换理论

来解释，有的学者则利用礼赠理论来解释。 有学者认为志愿工作提供了与
"……个体无力明显改变他们周围世界状态……"抗争的手段，得到知识和增
加职业前景组成志愿行动的主要动机。 但是，在互联网上，当交换决策发生
时，更多的是给予而不是资源拥有，用社区的协作规范（Collaborative Ethic）来
解释网上给出有价值资源的行为，直接的报酬就是赞誉（Recognition）和社会承
认（Social Approval）。 然而，个体的经验和收到的社会报酬是不同的，交
换的认知、行为模型和礼赠模型以及自私和利他特性由个体拥有的那些资产
过剩性的程度决定。 Hemetsberger（2002）对网上开放资源社区存在的创造
行为交换研究要素发现：①动机层面基于自私和利他态度的交换同时存在，但很
少出于道德义务情感，而是强烈的回馈好处的表征规范（Descriptive Norm）；
②决定交换发生的是社区知识库，这组成了社区的自我教育系统；③贡献行为
（Contribution Behavior）由高度的社会承认所回报。 他认为，网上社区的社会
报酬结合自由、人文文化确保贡献行为的稳定，以及交换存在的自我支持系
统。 有学者通过对一个网上国际象棋俱乐部成员的态度和行为数据进行分析，
证明自愿者在便利和指引成员获取适用他们使用方式和态度的工具上扮演着关
键"黏合"的作用，他们拥有自愿者的个性特征如愿意回帖、非常重视与其他成
员关系、提供支持等，而缺少自愿者的能量将会损害用户的兴趣。

3.5 集体视角的社会团结理论

社会网络交换理论（Social Network Exchange Theory）为虚拟社区参与
行为提供了一个全面的解释，既有的社会交换理论流派对于社会交换研究聚
焦于互动方式如何受个人之见强力的社会关系影响，以及在交换关系中通过
努力来取得平衡。 互惠规范成为现实和虚拟社区中至关重要的因素。 在虚
拟社区中，缺少互惠成为在线社区的一个"社会困境（Social Dilemma）"。
当人们享受公共物品，且需求超过供给时，就产生了许多搭便车者（Free-
riders），社会困境也就发生了，特别当组成虚拟社区的人是由居住分散的人
组成。 如果人们预期他们很少会面对面相见，他们会从社区获取更多资源

（帮助、信息、支持）而不偿还。 相反，在地理网络社区背景下，由于人们在当地的线上群组互动，"搭便车"问题就不是很严重。 与此网络社会性相关的是管制规则（Governance Rules）和参与者的作用。 一些学者用"沟通困境（Communication Dilemma）"来描述人们在组织或社区中决定是否分享信息时面对的社会困境（Kalman et al.，2002）。 社区又通过什么政策来保证这种持续的贡献呢？ 相关学者从集体行为的社会团结理论中为此提供了独有的研究视角。

3.5.1 理论机制

集体行为是一个在社会科学范围内（包括组织传播）被广泛运用的词汇。它主要关注"共同利益和从协作行动中受益的可能性"，而不是个人的自身利益。 有学者用公共品理论阐明了集体所有制经济，即在特定的社会中每个人都有权利使用的实体。

公共品的定义有两个特征：非排他性和供给的不可分性。 公共品理论的关键在于如何使人们愿意为创造和/或维持公共品做出贡献，使得集体中的每个人都能使用它们。 但自利理论认为，人们将仅仅为他们能够从中获利的事情做出贡献。 这就意味着，人们最好的选择就是不为创造和维护公共品贡献任何力量，却免费使用它们，这种情形被称为"搭便车"。 大多数社会都建立了规范来鼓励人们为公共事业做贡献，可见性是决定人们是否搭便车的关键因素。 如果人们为了有价值的物品依赖于群体，为保证获得这种共有物品而制订规则与义务，就是理性的。 在为了保证行动者得到共有产品而制订规则和义务的背后，依赖性是激励因素。 如果要个体依赖群体，群体就需要拥有对个体的权力；作为这一权力的结果，规范性义务的广泛性与依赖的程度相关。 在理性选择理论中，决定集体中的个人是否愿意为公共品做贡献的 4个因素分别是公共品的特征、个人的特性、集体的特性和行为过程本身。

赫克特的群体团结理论（Theory of Group Solidarity）力图解释理性的、资源占有最大化的行动者如何创造并维持群体的规范结构。 赫克特认为，群体团结最为重要的是群体成员会遵守这些规范。 顺从与群体的"控制能力"相关，依次是如下因素的函数：（1）监控；（2）赏罚。 监控是察觉对群体规范不顺从行为的过程，而赏罚是运用报酬与惩罚来诱使群体顺从。 针对社区困境的两难问题——搭便车的成本和控制的形式化，结果是群体寻求监控与赏罚的"经济手段"，赫克特提出一系列监控的经济手段：（1）群体中个体的可见性；（2）以群体成员加入的仪式来确认承诺；（3）执行对个体行为的公共赏罚以展示群体规范；（4）使群体成员分担监控任务，如报酬给予群体而非个体；（5）通过吸收与训练，在群体成员之中营造一种同质性的文化，使其对行为的理解误差最小化。 赏罚经济化的技术手段为：通过创造声望等级和赋予不同声望等级不同的报酬来创造象征性惩罚，对群体规范的越轨行为进行公共性的赏罚，通过与其他群体的地理隔绝、强制进入群体付出不可收回的投资等来提高成员的推出成本。

虚拟社区中的公共内容，完全依赖于他人为自己生产或加入他人的生产过程。 虚拟社区完全就是向其成员提供或生产"物品"的事物。 但是，在传统集体中可以使用的强制方式从事生产，通过给予报酬来诱使他们生产，或是把哪些不从事公共产品生产的人从消费群体中排除出去，以及向消费公共产品的搭便车者收费在网络环境中都不可能。 理性选择理论认为基本社会秩序就是创造群体结构，群体要求成员做出贡献并迫使他们遵从以此来减少搭便车问题。 事实上，虚拟社区本质就是在不能对多数搭便车惩罚的情况下，如何让少数人不停地生产内容的社会控制问题。

3.5.2 实证研究

社会团结理论在学者对 OSS 社区成员的参与研究中有充分的体现。 OSS 社区作为免费开放软件社区，为什么那么多成员能够通过集体的努力把一个软件开发出来？ 如何理解 OSS 社区中社区成员参与的程度？ Hertel et al.（2003）根据两个模型基础——社会行动中的志愿模型和小团体运动中的个体动机过程，提出了扩展的 VIST 模型。 许多社会学者对社会运动中志愿参与的动机进行了研究，如人员运动、和平运动、同性恋运动等。 社会运动可以定义为"一大群人来集体解决他们共同面临的问题的努力"（Simon et al.，1998）。 OSS 社区也可以被看作一个社会运动，它们具有两个共同特征：拥有集体目标和志愿参与。 Klandermans（1997）提出了一个较为完整的社运动参与动机模型，基本也是依照参与所预期的成本和利益来衡量的，并识别出 3 种类型的利益和成本：第一种为集体动机（Collective Motive），即基于运动目标评价和达成目标的可能性，如果人们对目标评价越高，越觉得可能达成目标，这个主管的效价（Expectancy Value）就越高；第二种为社会动机（Social Motive），是指预期其他重要人员如朋友或家庭成员的反应，即这些人一起的反应越积极，参与社会运动的动机就越强，Hertel et al.（2003）把这种影响称为规范影响；第三种为奖励动机（Reward Motives），从预期收益和成本角度看就是投入时间和金钱，及结交新朋友等能够获得的收益。 但是近来的研究指出，人们在团体中的行为都有一个社会认同的过程。 Simon et al.（1998）提出了集体认同（Collective Identification）概念，指出人们不仅计算成本和收益，更加感到并把自己定义为该社会群体相关的一个成员，然后根据该群体的规范和标准来行使。 而且，认同在解释小群体社会运动时比预测大社会运动效果更好。 由此，扩展的 Klanderman 模型（EKM）包含上述 4 种类型的动机。

另外一个解释 OSS 项目的参与动机来源于小工作团队（Small Work Teams），有关此类研究也已经扩展到虚拟团队（Virtual Team）中来了（Hertel et al.，2002），它指不同地方的团队成员通过互联网和电子媒体一起工作。 在 OSS 虚拟社区中，大家一起做贡献的协作完全可以看成"虚拟协作（Virtual Collaboration）"。 但是，OSS 社区尽管有很多参与者，还是被看成一个虚拟社区或协作网络（Collaborative Network）而非团队。 三者的区别在于：社区（Community）往往是开放的，允许任何人参与，只要他遵守规则即可；协作网络则对进入政策（Access Policy）有更多的限制，更多依赖于推荐和声誉，开发更多详细的社区代码，包括制裁违反代码的行为；团队，指那种小群体的协作人员（2—20 人），具有非常清楚和稳定的边界、功能、作用和规范。 Hertel et al.（2003）指出，三者虽有不同，但是，在 OSS 开发项目中虚拟团队也会存在，所以，我们也可以通过参与小团队的动机来解释 OSS 项目的动机。 Hertel et al.（2002）提出的小团队动机有 4 种：效价（Valence）、工具动机（Instrumentality）、自我效能（Self-efficacy）和信任（Trust）。 效价被定义为对团队目标的主观评价，该理论认为团队参与动机直接指向对团队目标的评价；工具动机被定义为个人为群体贡献后能够得到的结果；自我效能是指团队成员对于完成团队任务感知的能力；信任是指他们在团队付出的努力是否会得到其他团队成员预期的回报。

一些学者通过实验法也证实了社区通过设定一些奖罚的经济手段，能够很好地影响集体的参与行为。 Ling et al. （2005）的实验研究发现社会心理因素如设定团队竞争、反馈其重要性等能够激励社区内贡献；Cheshire 和 Antin（2008）则发现反馈机制（Feedback Mechanism）同样能够激励网络信息的产生。 有学者为突破集体困境中的社会游荡，提出了集体努力模式，用社会心理学的激励方法让个人为集体做贡献。 他们通过实地实验发现了两种机制：第一，让参与者知道他们对于社区贡献的独特性，而非复制别人的成果；第二，给参与者设定具体的、有挑战性的群体目标（Group Goal）比给个人设定目标更能激励成员做贡献。

3.6　网络视角的社会资本和传染理论

随着社会网络分析技术的发展和社会媒体的兴起，学者注意到虚拟社区内成员的参与行为不仅受到个人动机或社区的集体影响，人们在社区中的关系位置和结构更加能够预测其行为。 早期研究认为，个体在传播网络中的连接良好性、联合性或中心性程度越大，他们对组织的满意度和责任感就越大。 一致性理论显示，不是个体网络的中心性或连接数，而是网络内部感知的平衡影响着个体的满意度和责任感。 在社会网络中诞生的社会资本理论、传染理论、扩散理论、物理接近性理论等都试图从社会结构的特征来推导社区成员的行为。

3.6.1　理论机制

（1）社会资本理论

社会交换理论的最初形式是试图解释人们如何根据他们所拥有和需要的资源和属性，以及网络中其他成员所拥有和需要的资源和属性，来创建、维持和解除网络连接。 这种计算意味着，人们将会选择那些能够减少他们依赖性或者增加他们在网络中的权力或中心度的连接。 网络中的位置能够为一些人在参与交换时，提供一些他人不具备的优势。 这种个人之见的关系和位置就会形成某个人在该网络中的社会资本。

社会网络加上互惠规范（Reciprocity）和信任（Trust）组成了社会资本（Social Capital）。 社会资本是指共享价值观、人们之间信任感的一种期待。 社会资本不需要面对面，但面对面的互动关系更紧密，更具有互惠性。社会资本具有两个要素，即社会联系（Social Contact）和公民参与（Civic Engagement），同时又增加了一个成分，即"社区感觉（Feeling of Community）"，这是一种对社区的情感依恋。

Adler 和 Kwon（2002）认为，社会资本存在于人们之间的社会关系，并有几个独特维度：（1）交换的是支持（Favours）或礼物；（2）交换的条款是扩散；（3）交换的条款是隐含的而非明显的；（4）交换常常是对称的。 对于社会资本产生的微观基础，Portes（1998）认为关键的问题是如何激励捐赠者在缺少立即的回报时能帮助接受者。 他对捐赠者动机进行归类后发现捐赠者有两种动机：自偿性（Consummatory）动机和工具性（Instrumental）动机。 前者根植于内在规范，由生活社会化所引起；后者基于双方交换所创立的规则。 根据理性人（Rational Actor Model）假设，研究者重申个体和集体行为有工具性动机驱动，这样，行动者培育和开发社会资本是为了自己利益；但是，社会资本有时被规范、承诺所激励，为一般性互惠而非直接的工具性动机。

随着网络社区的诞生，Mathwick et al.（2008）指出这些虚拟社区诞生了新的社会资本，形成对传统当地地理社区的补充，而这些社会资本并没有被当前的社会资本理论所解释。 在线环境下有 3 种社会资本会产生：桥资本、纽带资本和维护资本。 当人们不仅属于一个群组时创造出群组之间的弱关系（Weak Ties），这种松散的社会连接允许信息交换和扩散，常常被称为"桥社会资本"（Bridging Social Capital）。 联合成员（Joint Memberships）所形成的群体与群体之间的联系，间接地联系每个独立群组的所有成员，方便了社区内不同群组之间的信息流动，强化了社会资本不同群组之间的桥梁作用（相对应的是群组内的纽带作用）。 研究显示，那些具有桥梁作用的成员在社区卷入程度更深，并且使用互联网来支持和方便这种卷入。 纽带资本（Bonding Social Capital）发生于紧密连接社会关系的成员之间。 维护性社会资本（Maintained Social Capital）是维护既有价值的社会连接。

当营销者的焦点从消费者细分转向消费者社区时，我们必须求助于研究社区现象的社会科学，而社会资本理论可以度量面对面邻里社区的生存能力。 社会资本被描述为个体或者集体能够从他们与其他链接中获得资源的集合，它具有集体拥有、不可触摸支持的特征。 当社会支持系统的发展成为面对面邻里社区社会资本积累的主要结果时，社会资本同样带来了积极的经济利益，包括对社区产品、服务和社区机构的承诺。 这意味着社会资本在多个层面运作，影响着个体社区成员的关系质量，也影响着社区作为一个社会和经济实体的存活能力。

（2）传染理论

传染理论试图将网络解释为个体"感染"态度和行为的渠道。 传染理论基于如下假设：传播网络所提供的接触机会形成一种机制，使得个人、团体和组织会与他人的信息、态度和行为相接触。 这些接触增加了网络成员形成与其他成员相似的信念、假设和态度的可能性。 传染模型试图通过网络中与目标成员相邻的其他成员的信息、态度和行为来解释目标人物的知识、态度和行为。

传染机制被用来解释网络成员的态度和行为。 有学者对各种关于"态度的关系基础"的理论进行了全面综述。 传染机制描述了如何用各种网络的二元测量，如频数、多重性、强度和对称性来度量网络中其他人对个体的影响程度。 除了对网络传染的二元层次进行描述，它也描述了凝聚和结构对等模型。 凝聚传染指的是网络成员的态度和行为会受到与他们直接相连的其他人的影响。 结构对等传染指的是网络中拥有相似关系结构模式的人会相互影响。

传染机制，关注的是传播网络中通过凝聚或结构对等相连的个体们对彼此态度和行为的影响态度。 这些研究基于个体间的实际交互来解释其态度和行为。 认知社会结构描述个体对社会网络的感知，假定给了网络中个体对他们之间可预知的、重复发生的、相互作用的、社会共享的、结构化的、"当然事实"的认知状态，尽管这些认知和实际传播是有差距的。 个体的认知社会结构汇集成交感认知社会结构（Consensual Cognitive Social Structure）。 在这一结构中，如果网络中的其他人能够感知到这个连接，无论这两者之中是否有人承认这个连接，这两个个体之间在交感认知社会结构中都会存在一个连接。

3.6.2 实证研究

目前社会资本与消费者相关的研究已经出现多个主题，如临时消费社区、在线或离线的品牌社区、社会网络分析、个体在虚拟空间的自我展示策略和社会嵌入式消费。

Mathwick et al.（2008）认为，在网络虚拟社区中社会资本所产生的结果主要可以分为两个方面：一是信息资源，因为大部分人进入网络社区主要为的是查找和分享信息；二是社会支持，随着虚拟社区参与的持续，社会资本中的规范影响日趋加深，社区成员之间的关系和社会支持自然就会产生，最终形成社区承诺。实证发现，对于那些刚加入社区的成员，他们并没有感知到明确的社会支持系统；而对于那些加入社区时间较长的核心成员，由社会资本产生的社会价值对社区承诺具有显著的影响。SNS 的使用并不会增强关系，但是会支持弱关系的形成和维护，由此增加桥社会资本。在对一个本科生使用 SNS 的调查研究中，Facebook 使用和 3 种社会资本多有关系，特别是桥社会资本的累积。针对社区内贡献行为，Sohn 和 Leckenby（2007）发现沟通结构会有力地影响社区内沟通困境（Communication Dilemma），改变信息交换方式能够增加贡献。Smith et al.（2007）针对识别出在线网络中传递WOM 最有影响力的个体展开研究，发现中等连接的个体与高度连接的个体一样具有分享营销信息的意愿。

在组织内与组织间这两个层次上都有学者进行了大量基于传染机制的实证研究。一些研究者考察了传染能在多大程度上解释组织成员对技术的态度。组织成员对一个电子邮件系统的理解和使用情况，受他们的上司和 5 个关系最亲密的同事的态度和使用情况的显著影响。在凝聚度高的团队里，社会影响会愈加显著。个体对一个电子邮件系统的态度和使用情况，受他们所处的传播网络中其他成员的态度和使用情况的影响显著；甚至在控制了工作组和使用情况对每个组员的影响之后，这种影响虽被削弱了，但依然存在。通过分析来自一个联邦政府机构的纵向数据，个体对一个新进实施的分布式数据处理电脑网络的态度和使用情况，受他们传播网络中其他人的态度和使用情况的影响显著。 研究发现，个体对新技术的自我效能认知受与他们有直接传播关系的人的显著影响，这就是凝聚传染的理论机制。 而个体对技术的一般态度和使用情况更容易受和他们拥有相似传播模式的人的态度和行为的影响，这就是结构对等传染。 另外，对于那些自主监控力较强的人而言，传染效果会更明显。

一些实证研究显示了认识社会结构概念的解释力。 组织成员感知到的影响和他们在建议关系方面评估这个交感认知社会结构的能力显著相关。 相对于参与者自己报告的实际传播网络，个体在组织里的声誉与其在交感认知结构中的中心度关系更加紧密。 Heald et al.（1998）发现，具有相同性别、在同一个部门且有上下级关系的个体更有可能共享相似的认知社会结构。 那些由熟人和传播网络连接起来的个体也更可能共享相似的认知社会结构。

3.7　小　结

本章对阐述虚拟社区参与行为的理论进行了归纳，分别从理论所要探讨的问题、理论解释的机制和实证研究的结果 3 个方面做了完整的阐述。 应该说，营销学的顾客价值和社会学的社会认同组成了最为基本的社区成员参与动机，但是在这些动机背后，渗透着社会交换理论、集体团结理论等。 事实上，虚拟社区的参与行为需要多种理论和多种角度的解释，除了个体层面的动机和社区层面的社会影响外，引起学者更多关注的是社会网络层面的分析，在虚拟社区中个体的社会网络特征同样蕴含着其行为和态度的信息，这为多种理论的相互验证和解释提供了很好的视角。

参考文献：

［1］ADLER P S， KWON S W. Social capital： prospects for a new concept ［J］. Academy of management review, 2002, 27（1）: 17-40.

［2］AJZEN I. The theory of planned behavior ［J］. Organizational behavior and human decision processes, 1991, 50 (2) : 179-211.

[3] BAGOZZI R P, DHOLAKIA U M. Intentional social action in virtual communities [J]. Journal of interactive marketing, 2002, 16 (2) : 2-21.

[4] BAGOZZI R P, DHOLAKIA U M. Open Source Software user communities: a study of participation in Linux user groups [J]. Management science, 2006, 52 (7) : 1099-1115.

[5] BIMBER B, FLANAGIN A J, STOHL C. Reconceptualizing collective action in the contemporary media environment [J]. Communication theory, 2005, 15 (4) : 365-88.

[6] BRANCHEAU J C, WETHERBE J C. The adoption of spreadsheet software: testing innovation diffusion theory in the context of end-user computing [J]. Information systems research, 1990, 1 (2) : 115-143.

[7] BURKE P. Identity processes and social stress [J]. American sociological review, 1991, 56 (6) : 836-849.

[8] CHESHIRE C, ANTIN J. The social psychological effects of feedback on the production of internet information pools [J]. Journal of computer-mediated communication, 2008, 13 (3) : 705-727.

[9] DAUGHERTY T, EASTIN M S, BRIGHT L. Exploring consumer motivations for creating user generated content [J]. Journal of interactive advertising, 2008, 8 (2) :1-24.

[10] DHOLAKIA U M, BAGOZZI R P, PEAROB L K. A social influence model of consumer participation in network-and small-group-based virtual communities [J]. International journal of research in marketing, 2004, 21 (3) : 241-263.

[11] FISHBEIN M, AJZEN I. Belief, attitude, intention, and behavior: an introduction to theory and research [M]. Reading: addison-wesley, 1975.

[12] HEMETSBERGER A. Fostering cooperation on the internet: social exchange processes in innovative virtual consumer communities [J]. Advances in consumer research, 2002, 29 (1) : 354-356.

[13] HERTEL G, DETER C, KONRADT U. Motivation gains in computer-supported grapsl [J] . Journal of applied social psychology, 2010, 33 (10): 2080-2105.

[14] HERTEL G, NIEDNER S, HERRMANN S. Motivation of software developers in open source projects: an Internet-based survey of contributors to the Linux kernel [J] . Research policy, 2003, 32 (7) : 1159-1177.

[15] KALMAN ME, MONGE P, FULK J, et al. Motivations to resolve communication dilemmas in database-mediated collaboration [J] . Communication research, 2002, 29 (2) :125-54.

[16] KAUPPINEN A K K, ROBINSON M, FINLAND J. Identity in virtual communities [J] . Siggroup bulletin, 1998, 19 (3) : 29-33.

[17] KLANDERMANS B. The social psychology of protest [M] . Oxford: Basil Blackwell Publishers, 1997.

[18] LEUNG L. User-generated content on the Internet: an examination of gratifications, civic engagement and psychological empowerment [J] . New media & society, 2009, 11 (8) : 1327-1347.

[19] LIN H F. Understanding behavioral intention to participate in virtual communities [J] . Cyber psychology & behavior. 2006, 9 (5) : 540-546.

[20] MATHWICK C, WIERTZ C, DE RUYTER K. Social capital production in a virtual P3 community [J] . Journal of consumer research, 2008, 34 (6) : 832-849.

[21] MCALEXANDER J H, SCHOUTEN J W, KOENIG H F. Building brand community [J] . Journal of marketing, 2002, 66 (1) : 38-54.

[22] MUNIZ A M, O'GUINN T C. Brand community [J] . Journal of consumer research, 2001, 27 (4) : 412-432.

[23] PORTES A. Social capital: its origins and applications in modern sociology [J] . Annual review of sociology, 1998 (24) :1-24.

[24] RHEINGOLD H. The virtual community: homesteading on the electronic frontier [M] . New York: Addison-Wesley, 1993.

［25］SCHAU H J, JENSEN G. We are what we post? Self-presentation in personal webspace ［J］. Journal of consumer research, 2003, 30(3)：385-404.

［26］SCHAUFELI W B, SALANOVA M, V GONZÁLEZ-ROMÁ, et al. The measurement of engagement and burnout: a two sample confirmatory factor analytical approach ［J］. Journal of happiness studies, 2002, 3（1）：71-92.

［27］SIMON B, LOEWY M, STURMER S, et al. Collective identification and social movement participation ［J］. Journal of personality and social psychology, 1998, 74(3)：646-658.

［28］SMITH T, COYLE J R, LIGHTFOOT E, et al. Reconsidering models of influence: the relationship between consumer social networks and word-of-mouth effectiveness ［J］. Journal of advertising research, 2007, 47（4）：387-397.

［29］SOHN D, LECKENBY J D. A structural solution to communication dilemmas in a virtual community ［J］. Journal of communication, 2007, 57（3）：435-49.

［30］TAIFEL H. Interindividual behavior and intergroup behavior ［M］// In: Tajfel H E. Differentiation between social groups: studies in the social psychology of intergroup relations. London: Academic Press, 1978：27-60.

［31］WASKO M M, FARAJ S. Why should I share? Examining social capital and knowledge contribution in electronic networks of practice ［J］. MIS quarterly, 2005, 29（1）：39-57

［32］楼天阳，陆雄文.虚拟社区成员心理联结机制的概念模型：基于身份与纽带视角［J］.营销科学学报,2009, 5（3）：50-60.

［33］赵志裕，温静，谭俭邦.社会认同的基本心理历程——香港回归中国的研究范例［J］.社会学研究，2005（5）：202-227＋246.

4 虚拟社区用户参与动机构成

根据行为科学家的观点，动机和人类的基本需求是所有行为的基础。 虚拟社区作为一种网络的社群组织，大量网民加入其中进行基于计算机界面的人际互动，成为非常有影响力的社会性论坛，全球约有 1/3 的网民都会参与各种类型的虚拟社区组织。 那么，人类是基于何种动机和需求去参与这些活动的？ 在类型如此众多的虚拟社区中，人们的参与动机有什么异同？ 特别是社区成员对于虚拟社区大量无私的内容贡献行为，又该如何来解释？ 这是虚拟社区诞生之初引起学者广泛争议的一个问题，学者们从社会学、社会心理学、传播学和营销学等各个角度进行了解释。 那么，学者针对上述社区的研究又得出了什么结论？ 本章将主要解释此问题。

4.1 虚拟社区用户参与的心理来源

现在已有的证据表明，任何动机分类所能依据的唯一可靠和根本性的基础是其基本的目标和需要。 早期的动机研究将行为归因于本能（Instinct）。当人们希望满足的需要被激活时，动机就产生了，一旦一种需要被激活时，就有一种紧张的状态驱使消费者试图减轻或消除这种需要。

在理解人的动机结构方面，马斯洛的需求层次理论为我们提供了一个非常具有影响力的动机研究模型。 这一层次理论表明，发展的顺序是固定的。

在参与互联网社区的动机研究中，基本集中于后 3 个层次"归属和爱的需要""自尊的需要""自我实现的需要"的解释，比如，Blanchard（2004）提出的虚拟社区意识（Sense of Virtual Community）和 Bagozzi et al.（2002）所提出的社区认同，都是基于人类归属需要。

动机（Motivation）是引导人们做出某种行为的过程。 动机的研究主要基于预期理论（Expectancy Theory），该理论意味着人们采取行为的动机依赖于个体需求如何被回报。 在当前动机的研究中，有 3 个问题需要厘清：

（1）当前大部分的动机解释都集中于用认知因素而不是生物因素，来理解什么驱动了行为的发生。 期望理论（Expectancy Theory）认为，行为在很大程度上是由达成想要的结果（即正诱因）的期望牵引的，而非受内在因素推动。 就这个角度而言，网民参与到虚拟社区中到底期望获得什么？ 这些期望尽管都是心理需求，却存在不同的类型和强度，那么，这些需求可以用什么理论框架来进行概括？ 不同类型的动机强度又如何？

（2）人的行为由几类因素决定？ 动机是其中一种，环境力量是另一种，所以我们在考虑机体性质外，还必须考虑机体所处的情境或环境。 在不同的虚拟社区类型中，人们参与的动机可能是不一样的，那么，在这些不同社区中到底存在哪些普遍类似的动机？ 又有哪些动机是不一样的？

（3）人们参与社区的行为程度并不一样，有的仅是匿名参与，有的喜欢自我表达；有的被动参与，有的则能主动贡献。 驱动这些不同参与行为背后的心理来源是否一致呢？ 对于虚拟社区运营者来说，越多主动的贡献行为和协作行为对于虚拟社区的生存与发展更为重要。

4.2 虚拟社区参与的动机构成

4.2.1 动机构成的 3 种视角

目前学者对动机的研究大致分 3 种视角（Fang 和 Neufeld，2009）：第 1

种是经济学的成本和利益分析视角，围绕参与者参与该社区可以获得的交易利益和价值展开，如 Dholakia 和 Bagozzi（2004）指出，社区参与动机与成员感知到的虚拟社区所提供的价值紧密相关，第 2 种是社会心理学视角，认为社会性的驱动因素如信任、社会认同是社区成员参与的主要动机；第 3 种则是利用内部、外部动机理论来理解虚拟社区成员的参与行为。

为了更好地理解虚拟社区动机的构成，本章将选取 3 个最有代表性的维度来对虚拟社区参与动机进行系统梳理和归纳，分别是价值感知维度（功能利益和象征利益）、动机导向维度（自我导向和他人导向）和自我决定论（内部动机和外部动机），见图 4-1。

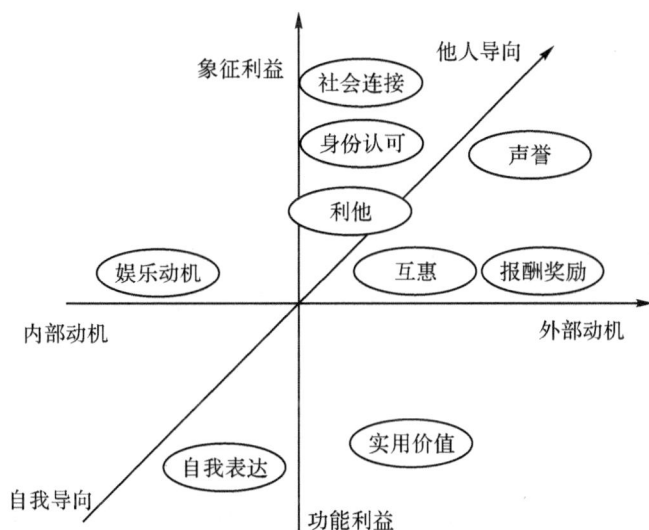

图 4-1　虚拟社区参与动机结构分类示意图

（1）功能利益和象征利益

动机的研究主要是基于预期理论。该理论认为，一个决策行为的做出主要基于人们对于回报的需求。因此，许多学者针对虚拟社区用户的动机研究从组织提供的利益视角来解释，它与成员感知到的虚拟社区提供的价值紧密相关（Dholakia 和 Bagozzi，2004）。虚拟社区具有技术性和社会性的双重属性（Preece，2001），它既是一个基于互联网的信息系统，给消费者提供在线服务；又是一个社会组织，能够让成员归属于该社会群体。因此，在目前对各种虚拟社区如游戏社区、旅游社区、口碑社区、OSS 社区、Wikipedia 等研究中归纳的社区提供的价值大致可以分为功能价值和象征价值两个维度（Holbrook，1999），前者满足如想获得信息、知识等功能性需求，而后者主要满足想获得社会归属感、友情、自尊等社会性需求。也有学者将前者定义为功利性（Utilitarian）的需要，即希望达到某种功能性或实用性的利益，而后者则聚焦于享乐性（Hedonic）的需要（即一种体验的需要，包括情绪反应或幻想）。Shah（2006）提到 OSS 社区初期参与者主要为获取功能价值，而后期更多为感知其社会价值。但是，该理论无法解释网民在虚拟社区无偿贡献内容的行为，因为用户并不能在贡献内容时获得可预期的回报。

（2）自我导向与他人导向

预期理论（Expectancy Theory）意味着从用户获得的利益视角来解释虚拟社区用户的动机研究，但是无法解释虚拟社区成员的无偿贡献行为。为此，学者进一步指出虚拟社区中存在"利他行为"模式，在虚拟社区用户参与的动机本身就有"自我导向"和"他人导向"的区别。根据 Holbrook（1999）对顾客价值维度的区分，其中一个关键维度是自我导向的/他人导向的价值。因为用户并不能在贡献内容时获得可预期的回报，所以用传统经济交换模型无法解释虚拟社区成员无偿贡献行为。此时，Hemetsberger（2002）提出一个社会交换模型，该模型是基于未来的社会支持和承认来建立交换规则，而互惠则是在虚拟社区中支持这种交换的最为重要的社会规则。因此，他将社区参与动机区分为"自我导向"和"他人导向"两个类别，Peddibhotla 和 Subramani（2007）在研究亚马逊发表评论的动机时也区分出了自我导向和他人导向两类，前者包括功能动机、娱乐动机、提升主题理解能力、自我表达、发展书写技能，后者包括利他、互惠、社会连接。而且，两类动机与贡献的质量和数量呈反相关，自我导向动机与贡献质量呈正相关，而与贡献数量呈负相关；他人导向动机与贡献数量呈正相关，与贡献质量呈负相关。这比 Dholakia et al.（2004）将虚拟社区参与的动机从个人层面和集体层面两个维度进行区分显然要更加科学，因为从测量的角度来看，很难去区分集体层面和个人层面。

（3）内部动机和外部动机

对于虚拟社区参与动机的研究，还有一个常用的框架是基于自我决定论（Self-determination Theory，SDT）（Deci 和 Ryan，1985）的内外动机区别（Von Krogh et al.，2012）。根据自我的整合程度不同，个体的动机表现为内部动机、外部动机和无动机 3 种类型。内部动机是指人们受活动本身的兴趣驱动，所推动的行为完全是自主的；外部动机是指人们为了获得某种与自我可分离的结果才去从事一项活动的倾向，是受到外在环境调节的行为驱动的；而无动机状态是指不存在任何整合，不存在动机的激发，自我处于高度分散、疏离的情况。针对 OSS 社区情境下的贡献行为，如果纯粹是为了娱乐去写编码是出于内部动机，而为了能够获得报酬去做贡献则是典型的外部动机（Roberts et al.，2006）。还有其他一些动机，如为了解决某个问题（使用价值），或提升自己身份和职业机会等，被定义为外部动机的内部化（Deci 和 Ryan，2000），这些动机是能自我调整而非外部强加的（Roberts et al.，2006）。这些研究表明，社区用户参与社区既受到内部动机的驱使，也受到外部动机的驱使。

Hemetsberger（2002）通过内容分析得出网民自愿参加在线合作项目的 5 类动机，但虚拟社区贡献的主要报酬是"社会承认"，属于外部动机范畴；Hall 和 Graham（2004）对雅虎密码破译论坛中贡献最多人群的研究也证明，他们想要的回报是个人满意度和声誉。而在对消费者参与新产品开发活动的动机研究所总结的 6 个因素中，内部动机如创新兴趣和好奇心是消费者最愿意参与开发活动的成因。Roberts et al.（2006）在把内部动机、外部动机和身份动机及使用价值动机结合起来研究时，发现内部动机并非随外部动机的出现而减弱，而且，身份动机可以提升内部动机，所以这些动机之间存在相互影响的效应。

总之，这些动机分类系统并非完全截然对立，很多存在相互交叉，除了 Deci 和 Ryan 的自我决定论的内外动机框架，其他学者也一直试图发展一个更为广阔和整合的框架，但似乎也有内外动机框架的影子。如 Hemetsberger（2002）基于虚拟社区交换过程的"自利（Self-interest）"和"他人导向（Others-orientation）"分类，其中自利部分为任务和产品相关动机（对应于内部动机）；而他人导向，包括长期功用和社会意义（对应于外部动机），进一步区分为内部化的群体目标和价值（Internalized Group Goals and Values），以及社会—情感关系（Socio-emotional Relationship）；一些研究区别出经济、社会和技术动机等，所提出的经济动机与外部动力类似，社会动机大致对应内部动机，而他们提出的技术动机——它包括了在技术最前沿学习和工作获得的利益。

4.2.2 社区参与的基本动机

如果要从动机系统的角度完整地概括出所有可能参与虚拟社区的动机类型和具体意义，而非仅凭问卷调查因子分析的语义归纳，其动机框架分类就显得非常有必要。 目前，动机研究最为成熟的是基于 Deci 和 Ryan's 自我决定论的内外动机框架。 针对虚拟社区参与的一些基本动机，可能也是研究学者在研究中提到的最为普遍、研究次数最多的动机，我们对 Von Krogh et al.（2012）的 SDT 框架回顾的动机类型逐一进行说明。

（1）内部动机之一：理念（Ideology）

理念是指某一个人所秉持的思想体系或意识形态，这种动机在 OSS 社区的开发者调查中被发现（Lakhani 和 Wolf，2005）。 学者认为参与 OSS 社区的一个主要理由是一种早期在明确开放许可下来试图写程序的内在理念。 这些贡献者所坚持理念的核心有"软件应该对所有人免费""免费修改和再发布""开放资源代码代替专有软件"。 开放资源社区开发者的社区意识（Community Ideology）（定义为开放资源规范、价值和信仰）会影响团队的效能。

（2）内部动机之二：利他（Altruism）

利他主义是对他人幸福的无私关心。 典型的利他行为包括 3 个特征：（1）指向行为本身，而非以获得利益为结果；（2）发自内心的自愿行为；（3）带来好处。 由于利他行为是自我包含（Self-containment）的，它被认为是内部动机的类别。 Hars 和 Ou（2002）报告利他激励开发者贡献：16.5% 的调查参与者对利他打分很高；学生和业务程序员对利他打分最高，占 24.2%；随之是领薪酬和合同程序员，占 11.1%，而支付报酬的程序员中只有7.7%是由利他因素驱动。

（3）内部动机之三：善意（Kinship Amity）

善意的概念与礼物经济相关，善意是 OSS 社区的动机，能够解释人们为何在 OSS 社区做贡献。 Lakhani 和 Wolf（2005）的调查中识别出善意的动机，并且是努力投入程度（每星期所花小时数）的决定因素。 但是，善意与礼物经济不同，因为前者并不承担社会关系中的互惠原则，比如，家庭中没有计算过的经济关系。 善意也不同于贡献的利他，因为它限定于它锁住的群体，如 OSS 社区。 Von Krogh et al.（2012）认为，一些相当的概念可以归于善意，如经常提到的动机包括社区认同（Community Identification）（如 Hars 和 Ou，2002）。 社区认同是一种归属于特定群体的感情，从而驱动人们帮助该群体中的其他人。

（4）内部动机之四：娱乐（Enjoyment and Fun）

娱乐或乐趣是许多虚拟社区参与的主要动机（Dholakia et al.，2004）。研究显示，许多社区参与者主要通过探索不同虚幻身份、遭遇不同情境、解决不同的挑战等来获得快乐。 如，在 OSS 社区中存在的"骇客文化"，驱动他们的主要理由是享受实验硬件和软件的乐趣。 有学者对娱乐动机做了一个最为广泛的研究，调查显示，1330 个 OSS 开发者认为娱乐因素对于他们花费在项目上的时间和未来参与继续开发的意图都有显著的影响，而乐趣能够解释所投入项目努力（时间）的 28%。 Shah（2006）认为，使用价值是形成参与的最初理由，但是随着时间的推移，乐趣逐渐成为支撑长期贡献的主要理由。

（5）内部化动机之一：声誉（Reputation）

声誉经常是指社区内部人员和潜在雇员所追求的与身份相关的名誉。 一些 OSS 社区会根据参与者对社区贡献的多少，给予他们各种身份或会员等级。 根据信号理论，那些受身份激励的开源社区贡献者会参与到社区来提升他们的编程能力，并同时发出他们拥有编程能力的信号。

（6）内部化动机之二：礼物馈赠和互惠（Gift Economy and Reciprocity）

如果把 OSS 看成是一个礼物经济，那么开发者自然预期这些送出去的代码会有回报，相对应的内部化的外部动机称为"互惠"。 Lakhani 和 Wolf（2005）在实证研究中证明互惠是虚拟社区参与的重要动机，他们在研究中发现，互惠动机主要驱动开发者平常任务，那些被其他开发者帮助过的人们一旦获得知识和经验，更愿意互惠。

（7）内部化动机之三：学习（Learning）

人们通过社区参与获得新知识和技能是重要的动机。有学者提出，学习是参与 OSS 社区所获得的主要利益。在实践社区中，情景学习本身反映了一个社区成员身份构建、融入社区的过程。因为指向未来工作机会，"技能发展"比学习更能成为目标本身。

（8）内部化动机之四：使用价值（Own-use Value）

使用价值是指人们参与社区中个人能够使用的利益，是内部化的外部价值。人们参与社区主要是为了获得和分享信息、知识，或者完成某种预先规划的特定任务（Dholakia et al.，2004）。Hars 和 Wu（2002）发现，开发者给予使用价值很高的打分，作为他们努力投入社区时间的主要因素。Roberts et al.（2006）发现，使用价值对于 OSS 项目的参与有负向作用，其中的解释是开发者受使用价值驱动工作的折中现象：他们会去匿名地修改错误后又离开，而不是停留在那里作为长期的开发者。

（9）外部动机之一：职业（Career）

有学者研究 OSS 开发者的信号行为，基于经济学认为个体软件开发者在参与 OSS 项目时会进行职业关注（Career Concern），通过发布软件，他们能够给潜在的雇主展示他们的才能，提升他们在劳动市场的价值。

（10）外部动机之二：报酬（Pay）

在 OSS 项目中，大概有 40％的人是直接支付报酬的。Lakhani 和 Wolf（2005）认为，参与的程度与金钱动机有关。他们总结，这些项目的金钱补助是稳定的。

4.3　不同类型社区参与动机的比较

4.3.1　不同技术形态虚拟社区的参与动机

（1）BBS 论坛

BBS 论坛、聊天室等作为最为基础的虚拟社区形态，大部分只有文字和

简单的图片交流。 虚拟社区参与动机分为 3 种：首先，人们参与社区主要是
为了获得信息。 虚拟社区与网站最大的不同是由成员提供内容。 因此，社区
内容的质量对于社区来说至关重要，成员产生的内容是内容吸引力的来源，
它不断吸引成员加入该社区，创造出一个循环，因为更多成员会产生更多内
容，进而吸引更多成员。 其次，除了交换信息以外，人们参与社区是为了获
得情感支持、工具帮助、伙伴、一种归属感和鼓励。 许多虚拟社区研究者发
现，社会情感内容是交流的主要类型。 最后，个体通过参与社区来做一些在线
购物活动。 购物信息对于聚焦于电子商务产品和服务类型的社区是非常重
要的。

Dholakia 和 Bagozzi（2004）将虚拟社区分为小规模社区和基于网络的虚
拟社区（Network-based Virtual Community）。 事实上，目前网络上存在的
大部分社区都是基于网络的虚拟社区。 那么，是什么因素导致那些从未见过
面、常常只有个别特征相似、分散在世界各地的个体形成一个大家认同的虚
拟社群呢？ 他们基于社会认同理论认为，主要是因为形成了一个对社会群组
的认同。 因此，针对动机的研究也是从驱动社会认同的因素展开，针对基于
网络的虚拟社区，他们提出了一个动机的框架，包括信息动机（Information
Motive）、自尊维护动机（Self-esteem Maintenance Motive）、工具动机
（Instrumental Motive）、个人资本动机（Personal Capital Motive）、社会资
本动机（Social Capital Motive）和寻找伙伴动机（Companionship Motive）。
进一步地，他们将这些动机分为象征动机（Symbolic Motive）和实用动机
（Pragmatic Motive）两类，前者涉及自我卷入度和内在动机。 也有研究指
出，只有象征动机与社会身份有关，而实用动机指向一种缺乏状态。 对于成
员来说结果比过程更重要，功能往往没有涉及认同的心理过程。

（2）博客

博客和个人网址的出现是对 BBS 论坛虚拟社区最为重要的发展，它意味着
每个人都可以在网络上建立自己的虚拟身份和页面来展示自己，而非简单的一
个符号。 而这种展示在 Web 1.0 时代的 BBS 论坛是非常有限的，它主要以互动
为主。 自我展示（Self-presentation）概念来自有关身份与社会绩效的理论
（Social Performance）。 每个社会角色（Social Actor）都会努力构建一个自己

想要的形象，这种形象通过持续的内在表现和补充行为来维护，称为印象管理（Impression Management）。每个社会角色所需要的自我展示依赖于个体呈现的表示、象征、品牌以及实践来传播想要的形象。博客和个人网址（Personal Websites）允许每个人超越地理限制在虚拟网络中 24×7 小时地展示自己。

对于博主来说，博客类似于个人日记，是一个协作空间，同时建立一系列与周围世界的联系。许多学者针对网民为什么要建立自己的博客动机做了研究，通过人种志调查得出博客动机有 5 种：书写人生体验，发表评论和观点，表达深层的情绪，通过书写阐释思想，形成和维护社区论坛。他们认为这些动机并非排他，而是往往同时起作用。上述动机也存在区别，通过访谈他们认为"表达深层的情绪"和"通过书写阐释思想"是相互交织的，事实上两者都是一种自我表达（Self-expression），并都是一个独立的、重要的动机驱动因素。

对于与博客类似的个人网址，有学者通过内容分析和询问法，识别出 3 类原初在个人网页上展示的动机：（1）触发事件（Triggering Event），是指个人或专业身份的一个显著变化，如毕业、订婚、升迁、结婚等，或外部的推动，如班级安排、管理委任等；（2）个人成长的愿望（Desire for Personal Growth），是指想要进一步受教育的尝试，个人专业上的自我提升，自我发现，完成梦想，等；（3）倡议者（Advocacy），支持引导一些人来建立喜欢艺术家、品牌或社会事件的网页。但是，他们的研究进一步指出，这些动机会进一步演化，变得更加复杂，主要分为 3 个方面：（1）想要发现更多的自我；（2）想要满足基于日益曝光带来的反馈和其他网站的期望；（3）想要增加或展现技术能力。

过去有关身份和消费的研究把自我展示看成一个抽象身份的具体子集，自我表露（Self-disclosure）或个人向他人展现信息的倾向性与自我展示相关。在计算机环境中，自我表露比现实世界更加容易，数字身份的构建让表达潜在身份更加容易。如文献中所指出的，拥有物（Possessions）和亲近物（Proximal Objects）是自我展示的工具，它们的使用需要物理呈现（Physical Presence）。但是，在计算机虚拟环境中，数字世界允许一些新的设计来表现，它也是一种社会呈现，但不需要物理呈现，它是一种远程呈现（Telepresence）。个人网址空间，由于拥有无限的数字象征，允许研究者审视消费者想要的自我。 Wiley（1994）把身份展示的价值分为运用价值（Operating Values）和理想价值（Ideal Values）。 运用价值是指在每天的行为中展现，如戴手表，提前安排；理想价值是指现实当中可能不会有的，如消费中的有趣性。 本质上，我们就是我们所展示的，但是我们同时也会拥有更多，网址给予消费者更大的自由表现身份的理想价值。

就本质而言，博客是典型的 C2C 平台（Zhao et al.，2006）。 相对于大众媒体，博客的力量引发了传统媒体的溃败，它代表了一种新的、有序的、不受控制的平台。 "信息搜寻"是存在于博客的重要动机，因为许多博客都设计成允许博客主插入其他网站或博客的链接。 他们进一步把博客主在博客的行为区分为"互动导向"和"内容收集导向"两种博客行为，发现博客中的互动行为主要受自我表达、书写人生体验和评论 3 种动机驱动；而内容收集导向的博客行为主要受评论、论坛参与和信息搜集 3 种动机驱动。 因此，许多营销者试图利用博客来进行营销沟通，如：利用博客来发动特定营销活动，购买博客的特定广告空间来接触目标受众，把广告植入 RSS 中，移植传统杂志中心插页广告的方式到博客空间中去，等等。

（3）SNS 社会媒体

互联网世界中的博客与个人网址加上真实的人际关系，就形成以Facebook、Twitter 为代表的社会媒体。 UM 研究发现，社会媒体使用动机主要是为了满足他们自己的需求，如提升自己，与他人分享新的经验，或纯粹好玩。 调查发现，不同社会媒体平台动机差异明显，如食品网站主要是为了娱乐，信息公告板主要是为了搜寻替代观点或改变其他人的观点，而博客则主要是为了自我展示和自我提升。 总体而言，排在前两位使用社会媒体的动机是：与朋友保持联系，以及结交新的朋友。 随着社会媒体的普及化，越来越多的广告投入到社会媒体中来与消费者进行沟通。 品牌经理经常运用两种营销沟通方式：互动数字广告和虚拟品牌社区。

关于社会媒体的参与动机，Chi（2011）认为主要受两种因素影响：社会资本和心理幸福（Psychological Well-being）。 社会资本是指由社会关系网络和人际关系所产生的资源，以及由其带来的价值和利益。 心理幸福指个体对自己生存质量比较稳定的认知判断，包括自尊（Self-esteem）和生活满意

（Life Satisfaction）；前者是某个人对自我形象和价值的评价，后者是某个人对自己私人生活的评价和判断。

4.3.2　几种典型专业虚拟社区的参与动机

虚拟社区划分的维度各种各样，比如按照社区特征角度来划分，可以分为创新社区（Innovation Community）和非创新社区或专业社区（Professional Community）和非专业社区；按照社区运营者性质，可以分为公司赞助社区和消费者发起社区；按照交易性质，可以分为交易型社区和纯兴趣型社区等；按照社区组织形式是否有真实的人际关系，可以分为 SNS 社区和传统的 BBS 社区；按照内容主题是否与消费相关，可以分为消费型社区和非消费型（兴趣型）社区。

就企业管理实践角度而言，从主题角度划分的具体类型社区与社区经营息息相关，许多学者也针对部分特定虚拟社区的参与动机进行了实证调查。如，旅游社区（Wang 和 Fesenmaier，2004）、游戏社区（李仪凡和陆雄文，2007）、口碑社区（Hennig-Thurau et al.，2004）、OSS 社区（Hertel et al.，2003；Bagozzi 和 Dholakia，2006）、移动社区（周涛和鲁耀武，2009）、Wikipedia 社区（Yang 和 Lai，2010）等。因此，接下来将对几个典型的主题社区的参与动机进行探讨，具体见表 4-1。

表 4-1　各学者对各类虚拟社区参与动机研究概括

作者	年份	研究社区类型和参与行为	动机描述及对参与行为的影响
Hertel et al.	2003	OSS 社区的贡献动机	由他人认同自己为开发者，提升自己软件的实用动机和时间投资容忍度
Wang 和 Fesenmaier	2004	旅游社区的参与和贡献行为	贡献行为刺激动机：工具、效能、质量控制、获取身份、预期；旅游社区参与主要受社会利益和娱乐利益驱动，积极贡献水平则由工具、效能和语气相关激励因素来解释
Dellarocas et al.	2004	ebay 的评价社区	自利、利他和互惠
Dholakia et al.	2004	基于网络虚拟社区和小规模社区的参与行为	分为个体层面目的价值、自我发现价值、群体层面的维持人际连接、社会提升，以及娱乐价值共 5 种动机

作者	年份	研究社区类型和参与行为	动机描述及对参与行为的影响
Hennig-Thurau et al.	2004	口碑社区	社会互动的渴望、经济利益的追求和自我价值的加强等是网络口碑行为的主要动机
Tsaisun et al.	2006	游戏社区分享行为	检验纯粹利他、一般互惠和声誉3种动机；赢得社会声誉是一个更强的动机因素
Bagozzi 和 Dholakia	2006	在线品牌社区的参与行为	态度、积极/消极情感、主观规范和感知行为控制
Roberts et al.	2006	OSS 开发者的参与行为	检测内部动机、外部动机、身份和机会动机、使用价值动机；发现内部动机并非随外部动机出现而减弱，不同动机对参与行为影响并不一致
Bagozzi 和 Dholakia	2006	OSS 社区的各类参与行为	把参与影响因素分为认知、情感和社会3个维度
Wu et al.	2007	OSS 社区开发者	分为4类动机：帮助、提升社会资本、职业提升、满足个人需求；显示开发者的满意度和持续意愿，受帮助别人和经济诱因所影响
李仪凡和陆雄文	2007	游戏社区的参与	八大动机包括领导、沉溺、攻击与贬低、性需求、物质需求、角色探索、亲和以及休闲与自由
Peddibhotla 和 Subramani	2007	亚马逊的 PDRs	分为自我导向动机和他人导向动机两类；两类动机贡献的质量和数量呈反相关
常静和杨建梅	2009	百度百科的 UGC	实用价值动机、兴趣动机、胜任性动机、交往动机和求知动机
范晓屏	2009	非交易类虚拟社区的参与行为	外显动机，由信息性动机和工具性动机组成；内隐动机，包括娱乐动机、审美动机、逃避现实动机、社会联系动机和社会强化动机；参与层次和参与时间主要受其内隐动机和群体层面动机（尤其是认同感）的影响，参与频率主要受到其外显动机（尤其是信息动机）的影响
Yang 和 Lai	2010	Wikipedia 社区的知识分享行为	内部动机、外部动机、基于自我概念的内/外动机；自我概念中内部动机是知识分享中的关键动机
Nov et al.	2010	在线照片分享社区	分为内部动机和外部动机两类；发现内部/外部动机都支持参与行为，但是会影响不同的信息分享形式（参与行为）

资料来源：作者整理。

（1）OSS 社区

在众多社区类型中，OSS 社区作为实践社区最为重要的表现形式，受到学者的普遍重视。 因为 OSS 社区的存在需要软件开发者主动贡献代码，帮助新来用户，但是却没有回报（Bagozzi 和 Dholakia，2006）。 Hertel et al. （2003）根据社会运动和工作团队模型理论，来解释 OSS 社区参与贡献动机，其提出的 VIST 模型认为开发者由 4 类动机构成，分别是效价（Valence）、手段性（Instrumentality）、自我效能（Self-efficacy）和信任（Trust）。 Bagozzi 和 Dholakia（2006）针对 Linux 开发社区的调查研究发现，社会认同对集体参与意图的影响最为明显，态度和感知行为控制对集体参与意图也有显著作用，但是预期的情绪体验对参与意图作用并不明显。 他们认为，针对这种 OSS 社区，由于主要不是为商业目的来完成任务，而且，这些参与行为都要花费时间，又单调乏味，那些推动 OSS 开发者的动机如个人声誉提升和威望增强对于 OSS 用户群组参与行为的解释很小。 总体而言，Hertel et al. 的 VIST 模型更加强调团队的目标和结果，而 Bagozzi 和 Dholakia（2006）更多强调社区层面对个体影响后的动机。

（2）评论社区（口碑社区）

在虚拟社区中，有一些消费类社区或交易类社区产生了大量有关消费者对产品或服务发表评论的社区，Hennig-Thurau et al. （2004）研究了针对此类在线消费者社区（Online Consumer Communities）的贡献动机。 他们利用传统口碑交流作为理论框架，检验与传统口碑交流相关的因素在多大程度上也与网络口碑交流相关。 以往研究识别出利他（Altruism）、产品卷入（Product Involvement）、自我提升（Self-enhancement）、帮助企业（Helping the Company）、消除焦虑（Anxiety Reduction）、报仇（Vengeance）和寻求建议（Advice-seeking）是传统交流的主要动机。 在 Hennig-Thurau et al. 的研究中，对其他消费者的关心（Concern for other Consumers）、帮助企业和寻求建议都是主要动机；其次，经济动机（Economic Incentives）、社会利益（Social Benefits）和平台帮助（Platform Assistance）处于中等水平；外部/积极自我提升（Extraversion/Positive Self Enhancement）和发泄负面感情（Venting Negative Feelings）得分最低。

（3）消费社区及品牌社区

与产品相关创新社区（Product-related Innovative Community）可以通过两个维度进行划分：一个维度是关于实体产品（可触摸）和非实体产品（不可触摸）；另一个维度是进行信息交换和协作的媒介，即在线和离线。

在线社区与特定主题相关，消费社区是指那些业余专家和极端用户虚拟见面的地方。 这些微小的社区特别适合整合到新产品开发程序中，常常包含了那些具有领导用户特征的潜力，显示出创新的潜力，被称为创新社区。Janzik 和 Raasch（2011）从成员加入创新社区的生命周期角度研究发现，成员在不同阶段有不同的动机，新成员加入动机的表现，主要包括获得支持，显示个人主义和创意，对该主题的热情，看其他成员定制化；对于常规成员，主要包括开发个性化产品的动机，创新和发展个体产品的动机，如提升个人需求、认同在线社区、有趣等；对于专家级成员，则主要包括发布产品的动机，如获得反馈和学习、寻找新的朋友、激励制造商等。

在线品牌社区的研究，UM 识别出 9 个动机因素：支持我喜欢的理由；与他人分享我的喜欢；与我认为酷的东西建立联系；学习更多；感觉是该社区的一部分；免费得到内容；消磨时间；因为被推荐；最先得到产品的信息。 关于消费者为什么在在线意见平台上表达他们的观点，Hennig-Thurar et al.（2004）认为主要有 4 个理由：消费者想要社会交往；想要经济奖励；对其他消费者的关心；提升自我价值潜力。

（4）调研社区

调研社区是由组织发起成立的一种社区类型，它由那些同意参与在线研究的等级网民组成。 在线样本框是一个由在某个时期书面提供了同意愿意参加研究的成员组成，经过选择、保护被试隐私的群组。 根据 Preece（2001）对虚拟社区的定义，"虚拟社区是一群基于计算机系统聚集而成的，有共享目标和政策的群体"，同时也有研究表明，在线调研框也是一个在线社区。 根据态度功能理论（Functional Sources of Attitude），一个人的态度代表了某种心理趋势，它可以通过评价某个物体和表现出某种动机，来认识态度后面的动机。 任何个体所表现出的态度总归服务于以下 4 种不同个性功能：效用功能（Utilitarian Function）；知识功能（Knowledge Function）；自我防御功能（Ego-defensive

Function）和价值表达功能（Value-expression Function）。 效用功能认为人们受在环境中能获得奖励或回避惩罚所激励，此功能本质是自利的，就在线调研社区而言，人们参与主要是为了获得现金和实物奖励。 相反，知识功能认为人们获得信息的驱动，人们需要了解自身经验之外的知识。 在线调研社区参与是为了帮助他们理解社区的某种研究或者自己。 价值表达功能是指允许个人表达自我概念或价值观，此功能被认为是为了提升个人形象。 在在线调研社区中，受此功能激励的人们会内在地对成为其中该社区成员的自尊较为满意。 自我防御功能代表了人们对内在不安全或外在威胁的保护，它代表了一种保护自我形象的内在功能。 在线调研社区的成员受此动机激励的目的是降低他们自己的自我怀疑，感到社区归属感，或可能降低没有做贡献的罪恶感。 最后，有研究发现，知识和价值表达功能是在线社区成员参与最为重要的动机。 而且，这些个体参与在线调研的态度与感知到的社区感存在显著的关系，这也意味着社区成员一旦相信他们是该社区的一部分，他们参与研究的频率和时间都会得到提升。

（5）旅游社区

针对旅游社区，研究者着重从贡献者的角度，探讨虚拟社区成员为什么在没有明显收益的情况下会提供信息和资源。 他们基于礼赠模型、社会认同理论和社会资本理论提炼出虚拟社区贡献者的5种动机，即工具性动机（Instrumental Motivation）、效能（Efficacy）、质量确保（Quality Assurance）、身份（Status）和预期（Expectancy）。 结果发现，工具性动机、效能动机和预期性动机对贡献行为具有显著的影响。 这也意味着未来预期互惠可能是驱动贡献者的一个重要因素。

4.3.3 电商社区团购的动机

网络团购是近十几年来才发展并流行起来的新型网络拍卖模式，对网络团购进行文献综述的挑战在于对网络团购缺乏明确的定义。 在本研究中，我们将网络团购定义为一种采用团购定价机制并涉及或部分涉及在线过程（如买方联盟、支付）的商务活动。 根据这个定义，我们考察了存在于过去10年所有主要的在线团购商业模式。 2008年成立于美国洛杉矶且目前被吹捧为最受欢迎的团购网站之一的 Groupon，与最早的团购网站如 Mobshop 和 Mercata 相比，有着截然不同的商业模式，其核心区别在于从动态折扣定价到固定折扣定价的定价机制。综观各大洲，我们发现与美国的网络团购业务模式相比，在亚洲发起的网络团购业务流程相对较少，原有的网络团购业务模式具有较高的网络参与度和动态折扣定价机制。20 世纪 90 年代末出现在美国网络市场的 Mercata 和 Mobshop 是应用这种商业模式的知名主流团购网站，这些网站在拍卖周期中推荐团购产品，拍卖周期显示开始和结束时间，它们提供了一个动态的价格柱状图，显示了价格是如何随着销售量的变化而变化的，以及当前的价格在哪个层级（Kauffman 和 Wang，2002）。因此，消费者同样可以看到价格进一步下跌所需的投标数量，当拍卖周期结束时，消费者将支付最后的折扣价格，网站将把产品发送给每个买家。当网站无法聚集足够多数量的买家时，消费者可能会对不太优惠的价格感到不满。Mercata 希望为指定保留价格的消费者提供保留功能，这意味着这些消费者只会在当前价格等于甚至低于其保留价格的情况下购买产品。

学者对电商社区团购动机和行为也进行了丰富的研究。Kauffman 和 Wang（2002）对网络团购的研究分析是该领域的奠基之作，他们针对当时知名团购网站 MobShop.com 的团购产品，研究其竞标量的变化，归纳出以下 3 种有趣的特征：（1）降价预期（Anticipation of Falling Prices），即消费者之所以会在价高时参团，是因为他们相信在不久之后肯定会降价，而正是自己的参团促使价格降低；（2）价格门槛效应（Before-price Drop Effect），即团购价格越接近下一低价位竞标量时，越会强烈刺激到消费者的参团意愿，成交量会急剧上升；（3）结束效应（Ending Effect），即离截止团购时间越接近时，消费者越不愿意错过，想要抓住机会，此时就会涌入大量订单。网络团购网站的产品或服务展现通常会给出原价和优惠价的对比、具体折扣，并告诉消费者节省了多少钱。

除此之外，在日常交易最活跃的用户之外，我们也发现其他用户群体对日常交易有一种真正的欣赏和兴趣，每个人都有很高的未来购买意愿。更深入地探讨他们的购买动机，即能够尝试新体验并与他人讨论这些体验，并且获得交易的乐趣超过了所获得折扣的具体深度。冲动在消费者购买了多少日常交易过程中没起多大决定性作用。 Mantian 和 Russel（2016）研究表明，团购的临界点不会刺激消费者将团购分享给他人，但临界点的信息会增加交易的购买概率，并通过消除消费者对于交易最终是否会发生的不确定性来加快交易的购买速度，而相比于其他激励机制，顺序激励机制下的程序公平程度较低。 Sharif Paghaleh（2009）证实了团购拍卖周期的长短与订单履行和收益之间存在负相关关系。 换句话说，拼团过程时间越短，成团越快，参与拼团的人支付的概率越大。

4.3.4　社区用户参与一般动机的类别比较

上述动机研究大多从组织提供的利益视角来解释，这些特定类型社区参与动机的研究为获取真正驱动参与行为的内在驱动力提供了详细的资料。 然而，对具体社区参与动机的研究，虽然能够考虑社区的特殊性，但是忽略了对人们参与一般动机的研究。 因此，目前研究方向是在前期学者获得具体动机研究的基础上开始对一般动机进行分类研究，并确定在不同情境下哪种类型的动机发挥主导作用。

对于个体参与的动机最为主要的划分是进行功能利益和社会利益的划分。 过去一些研究认为，人们参与在线社区活动主要是为了获取信息和知识（如，Hars 和 Ou，2002）等功能性价值；同时也有相关研究指出，人们参与社区活动仅仅是为了寻找朋友、取得社会支持或者获取社会地位和利益（如，Hennig-Thurau et al.，2004；Lampel 和 Bhalla，2007）。 学者已经发现，功能利益和社会利益动机对虚拟社区成员参与行为的影响并不一致。有学者发现，潜水者、一般发帖者和积极发帖者在提供信息、交换社会支持意愿等行为上存有显著差别，在信任维度上潜水者明显低于发帖者。 同时，学者开始注意到不仅两类动机都存在，而且在不同情境下对参与行为影响并非一致。 如，Dholakia（2004）发现，在小规模社区中激励网民参与行为的主要原因是社会利益，而在网络社区中主要是信息和工具价值。 付丽丽等（2009）专门针对关系型社区（以 SNS 社区为代表）展开研究，发现基于现实关系的社区参与受娱乐价值影响大，而在基于虚拟关系的社区中，目的性价值对用户的参与影响大。

总体而言，动机研究中主要存在两个问题：第一，内部动机和外部动机哪个起主导作用？ 或者在何种情境下起主导作用？ 有学者认为，内部动机中的创新兴趣和好奇心是用户最愿意参与网上社区新品开发活动的成因；而Snyder 和 Omoto（2000）认为，虚拟社区类似知识分享的贡献行为，多是由他人导向动机激发；第二，功能利益动机和社会利益动机在不同参与阶段、对于不同参与者是否具有不同的作用？ 上述横截面的调查研究忽略了用户初始参与（Initial Participation）和持续参与（Sustained Participation）的阶段区别。 而已有研究表明，在 OSS 资源社区中成员初始动机利益会随着时间的演变而衰退（Shah，2006），这也意味着激励社区长期用户参与和初始用户的因素并不一致。 因此，未来通过对虚拟社区成员持续参与过程中内部动机和外部动机、功能利益动机和社会利益动机等作用的系统研究，将有助于洞察社区成员从边缘参与者到核心参与者的转化过程。

4.4　虚拟社区参与、贡献与共创动机比较

4.4.1　贡献动机与参与动机比较

学者们基本认为，虚拟社区中成员间的互动依然是由自利（Self-interest）动力所推动的。 许多这样的互动依然是基于非计划的，被功能目标所激励，比如，想要在购买前寻找一些相关的信息。 Dholakia 和 Bagozzi（2004）从参与者为虚拟社区提供的价值感知角度，提出了形成一个社区认同的 6 种动机，而且，Dholakia et al.（2003）也证明了参与者的价值感知是虚拟社区情感依附产生的重要前置因素。

在虚拟社区中，真正贡献内容的社区成员大概占整个社区 10%，但是，他们却是虚拟社区得以成功维系的关键。 然而，在这个"公共品"的平台，通过传统的经济交换模型无法立即获得收益。 因此，洞察他们的动机进而给予有针对性的激励就显得非常有必要了。 尽管学者基于不同理论背景使用不同术语，但是有些动机还是可以通过实证研究不断被识别的。

Wasko 和 Faraj（2000）通过研究 3 个新闻组，发现人们参与社区主要出于利他和道义责任（Moral Obligation），其实道义责任与互惠意思基本接近，即人们在从其他人贡献中获得利益后有义务来做贡献，互惠被认为是另一个重要的贡献动机。 人们在虚拟社区之所以贡献是希望得到有价值信息的回报。 在在线社区中，普遍回馈（Generalized Reciprocity）比直接回馈（Direct Reciprocity）更加重要。

Wang 和 Fesenmaier（2004）在研究在线旅游社区时，发现积极贡献行为与工具性效能（Instrumental Efficacy）和预期激励（Expectancy-related Incentive）相关，但没有提到声誉。 其中有关效能激励的测量多包含"对其他人的帮助"或"分享的快乐"等，这与 Wasko 和 Faraj（2000）的利他动机相似，而预期激励则与 Kollock（1999）的互惠概念类似。 Kollock（1999）认为，声誉与互惠是在线社区贡献的主要动机。 但也有学者对消费者社区参与成功贡献评论的动机进行研究发现，声誉是用户最不看重的动机。

在新闻组和邮件组中，人们通过给出有竞争力的答案来获取身份。 有研究显示，社区成员在线下互相见面能够从他们的在线声誉中获得利益（如，从科学家的邮件列表中到现场会议见面）。 在在线社区中，评论的数量和质量完全展示在成员的个人主页上，一些社区还会给那些提供最好评论的成员冠以"专家评论者（Expert Reviewer）"或"品类领导（Category Lead）"之名。 也有学者研究了 Wikipedia 的真实贡献行为而非贡献动机，他们发现，对于登记成员而言，随着贡献数量的增加，其贡献质量也在增加，由此可以推断这些成员被声誉所激励；但同时发现，许多匿名的贡献者同样提供了高质量的内容，而这些人不为声誉所动，那么能够解释的就是利他动机了。

4.4.2 共创动机和一般参与动机比较

公司创新过程中领导用户（Lead User）的作用已经被很多学者加以研究，特别是在工业产品市场。 领导用户的个人需要预示着未来市场的需要，而他们能够从根据他们需求制定的解决方案中获益。 研究显示，创新，特别是根本式创新，经常会追踪到这些领导用户。 用户创新常常在用户开放的、志愿的和协作的活动中出现（Shah，2006）。 在新产品开发中（New Product Development，NPD）过程将创新用户整合进来，开启了另外一个新概念，即产品和问题解决方案的外部来源，能够提升公司创新成功率。

许多学者对于那么多聪明的开发者自愿为一个公共产品创造、维护和支持，大部分是从满足个人需求的角度来说明，如职业关注、学习和声誉，社区内的声誉和身份，联系与身份（Hertel et al.，2003），或者娱乐和创造性（见表4-2）。 Shah（2006）指出，这些动机的研究都是独立的，通过这些横截面的调查和检验不同动机的研究，发现支持彼此的证据，但是，到目前为止还没有想出对这些结果的内在解释，把这些动机与社会结构联系起来，理解社会结构将如何影响参与行为。 Shah（2006）的研究发现了一个开放资源开发者一个关键的动机——成为具有某种嗜好的人——他们从实际的编码撰写中获得快乐。 此外，互惠是激励社区贡献的关键动机。

社会媒体时代开启了创新的新方式，表现在社会和技术维度两个层面：在社会维度上，在线用户从原来单纯的消费者变成生产者和积极的共同设计者（Co-designer）；在技术维度上，可分成沟通和交换技术，更易进入和使用技术，虚拟分配技术等。

表 4-2　参与共同创造虚拟项目的动机类型

动机类型		描述
内在的	内在的好玩的任务	个人有助于新产品的开发,因为他们可能会认为这是好玩的、愉快的活动,为了自身的利益评价,并因此被视为内在奖励,而不是努力
	好奇心	消费者可能会在 NPD 过程中参与虚拟共同创造项目只是因为他们好奇。他们有一个渴望知识的内在原因

续　表

动机类型		描述
内在化的 外部性	利他主义—社区支持	利他主义可能激励消费者参与虚拟共同创造活动和支持创新产品的生产者
	交朋友	接触志同道合的人——消费者和员工——也许是消费者参与虚拟 NPD 的原因
	自我效能	消费者实质上对新产品的开发任务,就像何可,可能由于他们的贡献获得成就感。他们可能把共同创造活动作为一个挑战来掌握
	信息搜寻	消费者可能因为寻求创新或者产品相关信息与他们的爱好,即将推出的产品购买,或只是求新行为而参与虚拟共同创造项目
	技能提高	参与虚拟新产品开发,使消费者能够提高他们的技能,并获得额外知识。他们可能有兴趣了解更多关于新技术和新产品,并为迄今悬而未决的问题找到解决方案
	识别—可见性	消费者参与虚拟新产品开发变得可见,并且从其他参与者或者生产者那里得到认可。在线社区成员的动机是分享他们的知识和参与活动的自我满足或渴望同伴的认可
外部的	个人需求—不满	个人需求可以促使消费者参与虚拟 NPD。体育爱好者开始修改或开发自己的产品,因为他们不满意现有的产品,或者因为他们获得受益于使用他们的创新
	赔偿金—货币性奖励	即时和延迟回报,可能是消费者在 NPD 过程中参与虚拟共同创造的原因

4.5　小　结

本章从虚拟社区参与行为的心理来源的角度切入,归纳了当前学者对动机研究的视角、理论框架和分类体系。总体而言,由于内外动机理论的严谨性,许多领域的学者都借用此理论来探讨虚拟社区用户的参与动机,但是预期理论和社会认同理论也是洞察社区用户参与的重要支撑。在具体的社区类型和参与行为比较中,本章回顾了现有的动机研究结论,从中可以看出驱使人们参与不同类型社区的因素存在较大差别，而不同类型的用户参与动机也存在明显差别，这是指导社区经营者了解社区用户需求的前提。

参考文献：

［1］BAGOZZI R P, DHOLAKIA U M. Intentional social action in virtual communities [J]. Journal of interactive marketing, 2002, 16（2）: 2-21.

［2］BAGOZZI R P, DHOLAKIA U M. Open source software user communities: a study of participation in Linux user groups [J]. Management science, 2006, 52（7）: 1099-1115.

［3］BLANCHARD A L, MARKUS M L. The experienced "sense" of a virtual community: characteristics and processes [J]. ACM sigmis database, 2004, 35（1）: 65-79.

［4］CHI H H. Interactive digital advertising VS virtual brand community: exploratory study of user motivation and social media marketing responses in Taiwan [J]. Journal of interactive marketing, 2011, 12（1）: 44-61.

［5］DECI E L, RYAN R M. Intrinsic motivation and self-determination in human behavior [M]. New York: Plenum Press, 1985.

［6］DECI E L, RYAN R M. The "what" and "why" of goal pursuits: human needs and the self-determination of behavior [J]. Psychological inquiry, 2000, 11(4): 227-268.

［7］DHOLAKIA U M, BAGOZZI R P, PEARO L K. A social influence model of consumer participation in network-and small-group-based virtual communities [J]. International journal of research in marketing, 2004, 21（3）: 241-263.

［8］FANG Y, NEUFELD D. Understanding sustained participation in open source software projects [J]. Journal of management information system, 2009, 25（4）: 9-50.

［9］HALL H, GRAHAM D. Creation and recreation: motivating

collaboration to generate knowledge capital in online communities [J]. International journal of information management, 2004, 24 (3): 235-246.

[10] HARS A, QU S. Working for free? Motivations for participating in opensource projects [J]. International journal of electronic commerce, 2002, 6 (3): 25-39.

[11] HEMETSBERGER A. Fostering cooperation on the Internet: social exchange processes in innovative virtual consumer communities [J]. Advances in consumer research, 2002, 29 (1): 354-356.

[12] HENNING-THURAR T, GWINNER K P, WALSH G, et al. Electronic word-of-mouth via consumer-opinion platforms: what motivates consumers to articulate themselves on the Internet [J]. Journal of interactive marketing, 2004, 18 (1): 38-52.

[13] HERTEL G, NIEDNER S, HERRMANN S. Motivation of software developers in open source projects: an Internet-based survey of contributors to the Linux kernel [J]. Research policy, 2003, 32 (7): 1159-1177.

[14] HOLBROOK, MORRIS B. Consumer value: a framework for analysis and research [M]. London: Routledge, 1999.

[15] HU M T, WINER R S. The "tipping point" feature of social coupons: an empirical investigation [J]. International journal of research in marketing, 2016, 34 (1): 120-136.

[16] JANZIK L, RAASCH C. Online communities in mature markets: why join, why innovate, why share [J]. International journal of innovation management, 2011, 15 (4): 797-836.

[17] LAKHANI K R, WOLF R G. Why hackers do what they do: understanding motivation and effort in free/open source software projects [M] // FELLER J, FITZGERALD B, HISSAM S, et al. Perspectives on free and open source software. Boston: MIT Press, 2005.

[18] NOV O, NAAMAN M, YE C. Analysis of participation in an online photo-sharing community: a multidimensional perspective [J].

Journal of the american society for information science and technology, 2010, 61（3）：555-566.

[19] PEDDIBHOTLA N B, SUBRAMANI M R. Contributing to public document repositories: a critical mass theory perspective [J]. Organization studies, 2007, 28（3）：327-346.

[20] POSTMES T, SPEARS R, SAKHEL K, et al. Social influence in computer-mediated communication: the effects of anonymity on group behavior [J]. Personality and social psychology bulletin, 2001, 27（10）：1243-1254.

[21] PREECE J. Sociability and usability in online communities: determining and measuring success [J]. Behaviour & information technology, 2001, 20（5）：347-356.

[22] ROBERTS J, HANN I H, SLAUGHTER S. Understanding the motivations, participation, and performance of open source software developers: a longitudinal study of the apache projects [J]. Management science, 2006, 52（7）：984-999.

[23] SHAH S K. Motivation, governance, and the viability of hybrid forms in open source software development [J]. Management science, 2006, 52（7）：1000-1014.

[24] SNYDER C R, FROMKIN H L. Abnormality as a positive characteristic: the development and validation of a scale measuring need for uniqueness [J]. Journal of abnormal psychology, 1977, 86（5）：518-527.

[25] TSAISUN L, HARDIN M. Daylight visual effects: an interactive multimedia courseware prototype for beginning design students [J]. Acm siggraph computer graphics, 1996, 30（3）：51-53.

[26] VON KROGH G, HAEFLIGER S, SPEATH S, et al. Carrots and rainbows: motivation and social practice in open source software development [J]. MIS quarterly, 2012, 36（2）：649-676.

[27] WANG Y C, FESENMAIER D R. Modeling participation in an

online travel community［J］. Journal of travel research, 2004, 42（3）: 261-270.

［28］WASKO M L, FARAJ S. Why should I share? examining social capital and knowledge contribution in electronic networks of practice［J］. MIS quarterly, 2005, 29（1）: 35-57.

［29］WU C G, GERLACH J H, YOUNG C E. An empirical analysis of open source software developers' motivations and continuance intentions ［J］. Information & management, 2007, 44（3）: 253-262.

［30］YANG H L, LAI C Y. Motivations of wikipedia content contributors ［J］. Computers in human behavior, 2010, 26（6）: 1377-1383.

［31］XIA Z, WHINSTON F F. Designing online mediation services for C2C markets ［J］. International journal of electronic commerce, 2006, 10 （3）:71-93.

［32］常静, 杨建梅. 百度百科用户参与行为与参与动机关系的实证研究 ［J］. 科学学研究, 2009, 27（8）: 1213-1219.

［33］范晓屏, 马庆国. 基于虚拟社区的网络互动对网络购买意向的影响研究 ［J］. 浙江大学学报（人文社会科学版）, 2009, 39（5）: 149-157.

［34］付丽丽, 吕本富, 吴盈廷, 等. 关系型虚拟社区的社会网络特征研究 ［J］. 数学的实践与认识, 2009, 39（2）: 119-129.

［35］李仪凡, 陆雄文. 虚拟社区成员参与动机的实证研究——以网络游戏为例 ［J］. 南开管理评论, 2007（10）: 55-60.

5 虚拟社区持续参与的动力机制：基于初始和持续动机比较

　　随着各类社区技术应用如 BBS、讨论组、SNS 等的日益成熟，一大批基于 UGC 的社区网站获得快速成长，如 YouTube、Flickr、Wikipedia、百度贴吧、豆瓣等，成为网民集体分享信息和产生知识的新平台（Chen et al.，2011）。这些虚拟社区的成功依赖于成员的自愿参与与持续贡献（Ren et al.，2007），既有的一些实证研究针对虚拟社区用户"为什么要参与/贡献"的问题展开（Hertel et al.，2003；Dholakia et al.，2004；Chen 和 Hung，2010），主要从社区用户感知的利益角度来探测动机和需求，但是并没有揭示用户参与动机在参与过程中的变化（Fang 和 Neufeld，2009）。Shah（2006）在 OSS 资源社区研究中就发现，成员初始动机利益会随着时间的演变而衰退，但是上述基于内容分析的定性研究只针对个别动机，而非通过完整动机框架来研究所有可能动机的变化（Roberts et al.，2006），对于虚拟社区成员在持续参与过程中哪个动机占支配地位也没有取得共识。

　　本研究针对上述问题，以当前网民参与人数最多的用户产生内容社区（User Generated Content Community，UGCC）为研究对象，采用动机框架中的自我决定论、动机导向两个维度区分出较为完整的动机系统，进而比较其在持续参与过程中的变化。本文通过实证调查 3 个问题：（1）支持社区网民参与的动机构成（内部动机 VS 外部动机，自我导向动机 VS 他人导向动机）在初始阶段和持续阶段是否有差异？（2）在不同阶段动机对参与行为的影响是否一样？ （3）不同的动机对参与质量的影响是否也有差异？

5.1 理论回顾与假设

5.1.1 虚拟社区成员参与的动机构成

在用传统经济交换模型无法解释虚拟社区成员无偿贡献行为时，Hemetsberger（2002）提出一个社会交换模型，因为用户并不能在贡献内容时获得可预期的回报，它是基于未来的社会支持和承认来建立交换规则，而互惠则是在虚拟社区中支持这种交换的最为重要的社会规则。 因此，他将社区参与动机区分为"自我导向"和"他人导向"两个类别。 Peddibhotla 和Subramani（2007）在研究亚马逊发表评论的动机时，也区分出了自我导向和他人导向两类。

关于虚拟社区参与动机的研究，还有一个常用的框架是基于自我决定论（Deci 和 Ryan，1985）的内外动机区别（Von Krogh et al.，2012）。 根据自我的整合程度不同，个体的动机表现为内部动机、外部动机和内部化动机 3种类型。 这些研究表明，社区用户参与社区既会受到内部动机的驱使，也会受到外部动机的驱使。

上述两个动机的分类结构基于不同的视角，互有交叉重叠（Von Krogh et al.，2012）。 因此，本研究将以自我决定论和动机导向两个动机的分类框架为基础，将目前学者在研究中探测到的具体动机根据上述两个维度分类，具体见图 5-1。 然后比较在这两个维度层面动机对参与行为的影响作用，以及在参与过程中各种动机的前后变化。

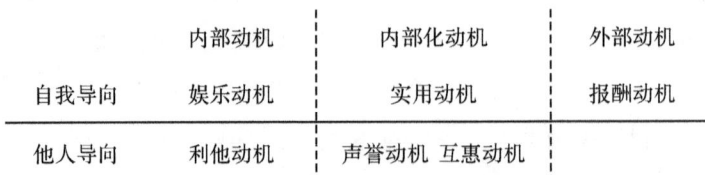

	内部动机	内部化动机	外部动机
自我导向	娱乐动机	实用动机	报酬动机
他人导向	利他动机	声誉动机 互惠动机	

图 5-1 虚拟社区参与动机结构分类示意图

5.1.2　社区成员参与动机在持续参与过程中的变化

随着参与时间的加深，有些虚拟社区成员会慢慢从初期边缘的参与者成长为活跃的参与者，甚至核心参与者，而有些成员则一直保持着潜水的身份。这其中的关键在于在他与别的成员互动过程中，能否形成该社区的团体身份。源于实践共同体（Practice of Community）的合法边缘参与理论（Legitimate Peripheral Participation，LPP）（Lave 和 Wenger，1991）对此过程提供了一个很好的理论解释：在现实实践共同体中，人们的参与行为既是一个情境式学习过程，又受到其共同体成员身份建构的影响，三者之间存在共同演化的关系。虚拟社区用户通过与其他成员的互动习得信息和知识，同时在此过程中又形成了某一共同体成员的身份（楼天阳和陆雄文，2009），这种高度情境化的学习过程和身份认同将直接影响社区用户的参与行为。许多成员刚开始加入社区都是自利导向，想要获取各种利益，如娱乐、信息、报酬等。但是，随着虚拟社区成员身份感的形成和社区感的增强，互惠的规范成为一个社群生存与发展最为基础的社会规则。在持续阶段，互惠的规范会促进更多利他行为的产生，Hall 和 Graham（2004）在对雅虎论坛上刚成立的密码破译小组的研究中发现，成员会随着时间的延续感觉到自己成为其中的一员，所形成的身份感促进其互惠行为的产生。Shah（2006）在研究 OSS 社区参与前后动机的变化中也发现，初期参与者主要是为了获得信息等功能利益，但是后期会表现出更多的社会性动机。因此，本研究提出以下假设。

H1a：虚拟社区参与的自我导向动机（娱乐、实用、报酬）在初始与持续阶段无显著差异；但他人导向动机（利他、声誉、互惠）在持续阶段要比在初始阶段强。

至于内外动机，本研究选择最能体现内部动机的娱乐动机、利他动机和最接近外部动机的金钱报酬（Roberts，2006）来进行验证。内在动机完全受自己兴趣驱动，自主参与，是一种比较恒定的内驱力。报酬动机作为外部驱动力，一个不可避免的事实是社区成员不断受到外部激励政策的诱导，如积分、会员资格、财富币等，或者发现升级会员资格后拥有更好的功能或特权等，这些激励政策将大大强化其外部动机的效应，因此我们假设报酬动机会增强。 这里必须指出的是，因为基于不同理论视角，利他动机和报酬动机的假设并不一致，我们希望实证检验哪个假设是正确的。

H1b：虚拟社区参与的内部动机（娱乐动机、利他动机）在初始阶段和持续阶段无显著差异，而外部动机（报酬动机）在持续阶段要比在初始阶段强。

5.1.3 初始动机和持续动机对参与程度的影响

本研究将以 Fang 和 Neufeld（2009）对持续参与的定义和测量为基础，把持续参与行为（Sustainability of Participation）界定为社区内用户在社区的一种临境存在状态的长度（Length of Presence），从而在对其概念进行操作化时，主要从其行为层面测量两个方面：一是在社区参与持续存在的时间；二是具体内容贡献。 同时，我们认为还需要考虑心理层面的身份感和对社区网站持续使用的意愿，因为这也会影响后续的持续参与（Jin et al., 2010）。因此，本研究测量将从 4 个维度衡量参与程度，所有测量语句均采用李克特量表来测度：（1）时间维度（浏览程度），是指每日网民在社区网站待的时间和浏览次数，这是 Facebook 创始人扎克伯格最为看重的网民参与程度的指标；（2）贡献维度，主要指发帖/回帖的数量，不管是转发还是原创；（3）身份维度（升级意愿），测试社区成员多大程度上愿意升级成为社区的高级别成员甚至版主，体现了其进一步在社区参与活动的意愿，是参与程度的未来体现；（4）范围维度（新功能使用），该社区网站成员除了最为基本的浏览、发帖/回帖外，是否愿意尝试使用社区网站不断推出的新功能，如日历、游戏等；一个社区成员只有不断使用该网站推出的新功能，才能表明该成员愿意持续留在该社区。 我们假设既然动机结构在初始阶段和持续阶段存在差异，那么它们对持续参与行为的影响也存在差异。 因此，本研究提出以下假设。

H2a：虚拟社区参与自我导向动机对参与程度的影响初始和持续阶段不存在差异；但他人导向动机对参与程度的影响初始和持续阶段存在差异。

H2b：虚拟社区参与内部动机对参与程度的影响初始和持续阶段不存在差异；但外部动机对参与程度的影响初始和持续阶段存在差异。

5.1.4　初始动机和持续动机对参与质量的影响

对于社区网站运营者来说，吸引网民参与的关键是网民能够持续不断地贡献高质量的内容。 因此，参与质量就成为除参与程度外社区运营者关心的核心问题。 本研究中的参与质量主要从发帖质量、可靠性和原创性3个方面来测量。 Peddibhotla 和 Subramani（2007）通过对亚马逊发帖评论的研究发现，自我导向动机与发帖质量呈正相关，而他人导向动机与发帖质量呈负相关。 因此，我们认为参与质量主要与动机类型有关，内部动机对参与质量的影响在前后阶段不存在差异；但是，随着社区成员在虚拟社区参与时间和参与程度的加深，他人导向动机会增强。 因此，他人导向动机对参与质量的影响在前后阶段存在差异。 故本研究提出以下假设。

H3a：虚拟社区的内部动机和他人导向动机对参与质量有正向影响，外部动机与自我导向动机对参与质量有负向影响。

H3b：虚拟社区的内部动机对参与质量的影响在初始阶段和持续阶段不存在差异；但他人导向动机对参与质量的影响在前后阶段存在差异。

5.2　研究方法

本研究中的构念测量采用多维五点李克特量表来测度。 本研究中内部动机、娱乐动机采用四项目量表（Dholakia et al.，2004），利他动机采用 Osterloh 和 Rota（2007）的量表，3个内化动机即实用、声誉和互惠动机分别采用 Hertel et al.（2003）、Chang 和 Chuang（2011）以及 Hemesberger（2002）的量表测量，外部动机报酬采用 Chen et al.（2001）的金钱奖励来测量。 参与程度及其中的各维度测量在参考 Dholakia et al.（2004）、Chang 和 Chuang（2011）的基础上开发而成。

此次我们通过收集平台网络数据（http：//www.findoout.com）来获得数据。 为了鼓励在线问卷的参与，我们给每个完整填完问卷的参与者提供10元的在线话费充值激励。 最终问卷在 2012 年 6—8 月收集，总共收集了945

份问卷，最终回收到的样本涉及百度贴吧、豆瓣网、美丽说等几十个国内知名综合性和专业性社区，符合本次研究的目的。

5.3　研究结果

5.3.1　参与动机的信度、效度分析

在检验假设前，我们首先验证问卷项目的信度，我们利用 SPSS 软件进行方差极大旋转的主成分分析（PCA），6 个因子解释了总方差的 73.72％，每个因子的负载基本大于理想水平的 0.6，除了娱乐动机的一个项目负载只有0.48，互惠动机一个项目接近 0.6，为了保持构念完整性，两个测项均给予保留。为进一步验证聚敛和区别效度，我们统计了每个构念的平均析出方差（Average Variance Extracted，AVE）（Fornell 和 Larcker，1981）。表 5-1显示，除测量参与程度的浏览程度外，所有的构念都满足这些要求。表 5-1还列举了本次调研所测变量之间的相关矩阵。

5.3.2　初始参与阶段与持续参与阶段的动机与行为比较

为了获得社区成员参与过程中的动机差异，我们需要把虚拟社区参与者按照参与时间长度分为两个群体，我们可以认为初始参与群体所测度的是最初的动机，而持续参与群体显示的则是促使其能持续参与的动机因素（Shah，2006）。我们选择"3 个月以内"和"3—6 个月"的样本作为初始参与群组（258 人）；而把"1—3 年"和"3 年以上"的参与者作为持续参与群组（351 人）。为了更好地区别初始群组和持续群组，我们删去"6 个月—1 年"的样本不列入比较。

表 5-1 模型所含构念相关系数矩阵及均值、标准差、信度及平均析出方差（全样本）

构念	平均值	标准差	α	娱乐	利他	实用	声誉	互惠	报酬	浏览程度	贡献内容	升级意愿	新功能使用	参与质量
娱乐	3.56	1.09	0.77	0.72										
利他	3.25	1.2	0.82	0.58**	0.91									
实用	3.80	1.02	0.82	0.42**	0.36**	0.89								
声誉	3.10	1.07	0.87	0.27**	0.40**	0.31**	0.92							
互惠	3.40	1.07	0.78	0.38**	0.46**	0.58**	0.57**	0.84						
报酬	2.56	1.13	0.92	0.03	0.21**	0.08*	0.50**	0.31**	0.95					
浏览程度	2.24	0.85	0.76	0.25**	0.15**	0.16**	0.10**	−0.08	−0.03	0.41				
贡献内容	2.75	1.67	0.82	0.15**	0.35**	0.07	0.30**	0.20**	0.14*	0.22**	0.69			
升级意愿	—	—	—	0.14*	0.21*	0.13**	0.36**	0.13	0.29**	0.05	0.29**	—		
新功能使用	2.66	1.61	0.58	0.11**	0.27**	0.09*	0.28**	0.23**	0.21*	0.12**	0.62**	0.23**	0.66	
参与质量	3.55	1.73	0.79	0.19**	0.28**	−0.11*	0.22**	0.22*	−0.15*	0.12**	0.54**	0.16**	0.47**	0.61

注：①对角线上为每个构念的 AVE 的方根；②升级意愿对于会员和非会员分开询问其不同升级意愿，标准差、α 和 AVE 值，故没有列出其均值、标准差、α 和 AVE 值；③
* 表示在 0.05 水平显著，**表示在 0.01 水平显著，***表示在 0.001 水平显著。

我们对两个子样本做独立样本的双尾 t 检验（结果见表 5-2），持续时间较长的群组的各种参与动机都要大于初始参与群组的。 因此，自我导向动机和他人导向动机也都在持续阶段大于初始阶段，H1a 部分得到支持。 从动机的内外角度区分，内外动机在持续阶段也都有所增强，H1b 部分得到支持。 表 5-2 显示参与行为的 4 个方面即浏览程度、贡献内容、新功能使用、升级意愿在参与持续阶段都大于初始阶段。

表 5-2 初始成员动机与持续成员动机和参与行为均值比较（全样本）

动机	初始参与群组 M（SD）	持续参与群组 M（SD）	t	p
娱乐	3.32(0.87)	3.84(0.84)	−6.61 ***	＜0.001
利他	2.99(1.05)	3.61(0.96)	−6.64 ***	＜0.001
实用	3.70(0.95)	3.93(0.87)	−2.82 **	＜0.01
声誉	2.99(0.92)	3.37(0.91)	−4.47 ***	＜0.001
互惠	3.28(0.87)	3.63(0.81)	−4.61 ***	＜0.001
报酬	2.48(1.01)	2.68(1.03)	−0.16 *	＜0.05
浏览程度	1.69(0.84)	2.24(0.96)	−6.66 ***	＜0.001
贡献内容	3.32(2.10)	3.48(1.62)	−10.01 ***	＜0.001
升级意愿	2.70(0.96)	3.10(0.96)	−4.58 ***	＜0.001
新功能使用	2.17(1.43)	3.35(1.62)	−9.88 ***	＜0.001
参与质量	2.99(1.71)	4.30(1.51)	−2.95 **	＜0.01

注：* 表示在 0.05 水平显著；** 表示在 0.01 水平显著；*** 表示在 0.001 水平显著。

5.3.3 初始参与动机与持续参与动机对参与程度的影响

为了检验假设 H2，本节利用构念所测项目的均值来做多元回归分析，对所有构念测量平均化组成合值，并对数据进行正态性、方差齐性检验，结果显示均符合要求。 本研究将持续参与行为程度的 4 个方面——浏览程度、贡献内容、升级意愿和新功能使用作为因变量。

结果见表 5-3，对浏览程度有显著影响的主要是娱乐和实用动机，声誉动机为边缘显著；对贡献内容产生作用的主要是利他和声誉动机，实用动机对其有负影响；对升级意愿产生作用的主要是娱乐、实用、声誉和报酬动机；对新功能使用产生作用的主要是利他、声誉和报酬动机。总体而言，自我导向的娱乐和实用对浏览程度和升级意愿都有显著的影响，报酬只对升级意愿和新功能使用有显著的影响；而他人导向的声誉动机和利他动机最为强大，对大部分参与行为有显著影响，但是互惠动机对参与行为没有显著影响。

表 5-3 虚拟社区参与动机对持续参与程度的影响

	浏览程度	贡献内容	升级意愿	新功能使用
娱乐（Enj）	0.16***	−0.06	0.16***	−0.06
利他（Altr）	0.04	0.33***	0.03	0.22***
实用（Uti）	0.11*	−0.10*	0.11*	−0.06
声誉（Repu）	0.09*	0.24**	0.23***	0.16***
互惠（Reci）	−0.07	0.01	0.03	0.08
报酬（Rew）	−0.05	−0.04	0.18***	0.13*
R^2	0.08	0.17	0.24	0.13
Adjusted R^2	0.07	0.16	0.25	0.12
F	9.77	23.22	38.61	16.53

注：* 表示在 0.05 水平显著；** 表示在 0.01 水平显著；*** 表示在 0.001 水平显著。

进一步地，我们比较初始群体和持续群体动机对持续参与的影响（见表5-4）。就浏览程度而言，除了和初始群体一样受到娱乐和实用动机的正向影响，持续群体成员还受到声誉动机的正向影响。就贡献内容而言，初始群体和持续群体都受到利他和声誉动机的正向影响，但在初始的群体中，娱乐动机对贡献内容是负向影响，持续群体同时还受到互惠动机的正向影响。就升级意愿而言，初始群体和持续群体都受娱乐、声誉和报酬的正向影响，差异在于前者的实用动机有正向影响，而后者的则没有显著影响。就是否使用社区网站其他新功能而言，初始群组主要受利他、实用动机的正向影响；而持续群组则受到利他、声誉、报酬动机的正向影响。

总之，自我导向动机中的娱乐动机在初始和持续阶段都对浏览程度和升级意愿有正向影响，但实用动机和报酬动机对升级意愿和新功能使用在初始和持续阶段存在差异。 他人导向动机中的利他对贡献内容和新功能使用在初始和持续阶段影响基本一致，但声誉、互惠动机在持续阶段比初始阶段对参与行为影响明显增强，故 H2a 部分得到支持。 由于利他动机、娱乐动机对参与行为影响在初始和持续阶段较为一致，可以认为内部动机对参与行为影响在初始和持续阶段没有存在差异；但是，报酬动机在持续阶段对升级意愿和新功能使用都具有显著的影响，而在初始阶段只对升级意愿有显著影响，对其他参与行为均无影响，故 H2b 得到支持。

表 5-4　初始阶段和持续阶段虚拟社区参与动机对参与程度的影响比较(全样本)

参与动机	初始群组				持续群组			
	浏览程度	贡献内容	升级意愿	新功能使用	浏览程度	贡献内容	升级意愿	新功能使用
娱乐(Enj)	0.15*	−0.24**	0.13*	−0.10	0.34***	0.02	0.22**	−0.04
利他(Altr)	−0.05	0.33***	0.04	0.21**	−0.07	0.28***	−0.01	0.18*
实用(Uti)	0.14*	0.03	0.19**	0.11*	0.20*	−0.11	0.13	−0.10
声誉(Repu)	−0.01	0.23**	0.21**	0.05	0.18*	0.18*	0.15*	0.17*
互惠(Reci)	−0.09	−0.09	−0.01	0.12	−0.11	0.16*	−0.02	0.07
报酬(Rew)	−0.06	−0.08	0.15*	−0.03	0.30	0.00	0.25***	0.17*
R^2	0.05	0.13	0.23	0.07	0.14	0.22	0.22	0.14
Adjusted R^2	0.03	0.11	0.21	0.05	0.12	0.19	0.20	0.12
F	2.3	6.02	12.31	2.99	5.81	9.98	10.42	6.26

注：* 表示在 0.05 水平显著；**表示在 0.01 水平显著；***表示在 0.001 水平显著。

5.3.4　初始参与动机与持续参与动机对参与质量的影响

我们进一步比较了各种参与动机类型对参与质量的影响，结果见表 5-5。总体来说，参与质量与利他、声誉和互惠动机呈正相关，与实用、报酬动机呈负相关。 可见，参与质量与自我导向动机如实用、报酬呈负相关关系，而与他人导向的动机如利他、互惠、声誉呈正相关关系。 从内外动机影响角度来分，虽然娱乐动机与参与质量没有直接关系，但是与利他动机有显著的正向关系，据此可以认为参与质量与内部动机（利他）为正相关关系，与外部动机（报酬）则为负相关关系，H3a 得到支持。

从初始群组和持续群组比较来看，持续群组中内部动机对参与质量影响一致；但在他人导向动机中多了互惠动机对参与质量的正向影响，且声誉动机和利他动机的影响也要比初始群组强，所以总体来说持续群组的他人导向动机对社区参与质量的影响更为强烈，H3b 得到支持。

表 5-5　初始阶段和持续阶段虚拟社区参与动机对参与质量的影响比较

参与动机	总体样本	初始群体	持续群体
娱乐（Enj）	0.02	−0.01	0.07
利他（Altr）	0.22***	0.15*	0.24***
实用（Uti）	−0.08*	−0.03	−0.20*
声誉（Repu）	0.18***	0.16*	0.21**
互惠（Reci）	0.11*	0.10	0.17*
报酬（Rew）	−0.16***	−0.12*	−0.21***
R^2	0.12	0.07	0.19
Adjusted R^2	0.11	0.05	0.17
F	9.77	23.22	38.61

注：* 表示在 0.05 水平显著；** 表示在 0.01 水平显著；*** 表示在 0.001 水平显著。

5.4　结论与启示

本文通过整合内外动机、动机价值导向理论，试图从动机演变的角度来剖析虚拟社区成员持续参与的内在动力，主要结论如下：

首先，虚拟社区参与行为的动机系统非常复杂，它们在社区持续参与过程中确实会发生变化。总体来说，持续参与群组的动机要强于初始参与群组。在初始和持续两个阶段，利他、声誉是对参与程度影响最大的动机，而且在持续阶段，社会性、利他性动机对参与行为的影响要比在初始阶段更为强大，互惠动机也在持续阶段对参与行为有正向影响。 这与 Shah et al. 的研究结论基本一致，Shah（2006）在研究 OSS 社区参与动机时发现初期参与者主要为获取功能价值，而后期会更多感知其社会价值。 虚拟社区具有技术性和社会性的双重属性（Preece, 2001），它既是一个基于互联网的信息系统，给消费者提供在线服务，同时又是一个社会组织，能够让成员归属于该社会群体。

其次，各种动机对参与行为的影响并不一致，且在初始和持续阶段也存在差异。 从自我决定论角度分析，内部娱乐动机在初始和持续两个阶段对浏览程度和升级意愿都有显著影响，对贡献内容等没有显著影响；反观外部报酬动机，它与一些浏览、贡献等参与行为无显著关系，但对一些需要激发的"跃迁"行为如升级和使用网站新功能则有显著影响，而且在初始和持续阶段都显著，在持续参与阶段更为明显。 从动机导向分析看，我们根据 Chen 和 Hung（2010）将参与行为分为给予（Give）和索取（Receive）两种，可以发现自我导向式动机如娱乐、实用更多地对索取式参与（浏览程度、升级意愿）产生显著的正向影响，在初始阶段甚至发现娱乐动机对贡献内容有显著的负向影响；而他人导向式动机如利他、声誉和互惠则更多地对给予式参与（为社区贡献内容）产生显著的影响。

最后，动机对参与质量的影响也并不一致。 内部动机（利他动机）和他人导向动机（互惠、声誉）都与质量呈正相关；而外部动机（报酬）和自我导向动机（实用）与参与质量呈负相关关系。 总体而言，相比于初始阶段，互惠动机在持续阶段与参与质量有显著的正相关关系，显示虚拟社区身份的形成再推动社区内成员互惠行为的形成，而且声誉和利他动机对质量的影响也更为明显。

上述的研究结论对虚拟社区管理者在如何维持和激励社区成员的持续参与方面具有以下启示：（1）社区成员的生命周期中，外部的报酬激励对于成员身份"跃迁"（从潜水者转化为社区成员）具有显著作用；（2）虚拟社区管理者通过控制社区规模、组织线下活动、建立社区标志/形象等强化社区成员在持续阶段他人导向动机的形成；（3）参与质量更多依赖那些真正凭自己兴趣来参与的少数志愿人群，所以真正为这些少数人群提供各种服务和便利而非报酬应成为社区管理的重点。

参考文献：

［1］CHANG H H, CHUANG S S. Social capital and individual motivations on knowledge sharing: participant involvement as a moderator ［J］. Information & management, 2011, 48 (1): 9-18.

［2］CHEN C J, HUNG S W. To give or to receive? Factors influencing members' knowledge sharing and community promotion in professional virtual communities ［J］. Information & management, 2010, 47 (4): 226-236.

［3］CHEN C S, CHANG S F, LIU C H. Understanding knowledge-sharing motivation, incentive mechanisms, and satisfaction in virtual communities ［J］. Social behavior and personality an international journal, 2012, 40 (4): 639-648.

［4］QIANG Y, LAW R, GU B, et al. The influence of user generated content on traveler behavior: an empirical investigation on the effects of e-word-of-mouth to hotel online bookings ［J］. Computers in human behavior, 2011, 27 (2): 634-639.

［5］CHEUNG C, LEE M. Understanding the sustainability of a virtual community: model development and empirical test ［J］. Journal of information science, 2009, 35 (3): 279-298.

［6］DECI E, RYAN R. Intrinsic motivation and self-determination in human behavior ［M］. New York: Plenum Press, 1985.

［7］DHOLAKIA U M, BAGOZZI R P, PEARO L K. A social influence model of consumer participation in network- and small-group-based virtual communities ［J］. International journal of research in marketing, 2004, 21 (3): 241-263.

［8］FANG Y, NEUFELD D. Understanding sustained participation in open source software projects ［J］. Journal of management information system, 2009, 25（4）: 9-50.

［9］BAGOZZI R P. Evaluating structural equation models with unobservable variables and measurement error: a comment ［J］. Journal of marketing research, 1981, 18（3）: 375-381.

［10］HALL H, GRAHAM D. Creation and recreation: motivating collaboration to generate knowledge capital in online communities ［J］. International journal of information management, 2004, 24（3）: 235-246.

［11］HEMETSBERGER A. Fostering cooperation on the Internet: social exchange processes in innovative virtual consumer communities ［J］. Advances in consumer research, 2002, 29（1）: 354-356.

［12］HERTEL G, NIEDNER S, HERRMANN S. Motivation of software developers in open source projects: an Internet-based survey of contributors to the linux kernel ［J］. Research policy, 2003, 32（7）: 1159-1177.

［13］JIN X L, LEE M, CHEUNG C. Predicting continuance in online communities: model development and empirical test ［J］. Behavior and information technology, 2010, 29（4）: 383-394.

［14］LAVE J, WENGEREE. Situated learning: legitimate peripheral participation ［M］. Cambridge: Cambridge University Press, 1991.

［15］OSTERLOH M, ROTA S. Open source software development——just another case of collective invention? ［J］. Research policy, 2007, 36（2）: 157-171.

［16］PEDDIBHOTLA N B, SUBRAMANI M R. Contributing to public document repositories: a critical mass theory perspective ［J］. Organization studies, 2007, 28（3）: 327-346.

［17］PREECE J. Sociability and usability in online communities: determining and measuring success ［J］. Behaviour & information technology, 2001, 20（5）: 347-356.

［18］REN Y, KRAUT R, KIESLER S. Applying common identity and

bond theory to design of online communities [J]. Organization studies, 2007, 28 (3): 377-408.

[19] ROBERTS J, HANN I H, SLAUGHTER S. Understanding the motivations, participation, and performance of open source software developers: a longitudinal study of the apache projects [J]. Management Science, 2006, 52 (7): 984-999.

[20] SHAH S K. Motivation, governance, and the viability of hybrid forms in open source software development [J]. Management science, 2006, 52 (7): 1000-1014.

[21] VON KROGH G, HAEFLIGER S, SPEATH S, et al. Carrots and rainbows: motivation and social practice in open source software development [J]. MIS quarterly, 2012, 36 (2): 649-676.

[22] 楼天阳，陆雄文.虚拟社区成员心理联结机制的概念模型：基于身份与纽带视角 [J].营销科学学报，2009，5 (3): 50-60.

6 虚拟社区成员心理联结机制的实证研究：基于认同与纽带视角[①]

6.1 引　言

营销者已经越来越认识到网络虚拟社区在企业营销计划中的价值（Miller 和 Fabian，2009），这种价值来源于虚拟社区给消费者提供了分享产品知识、与企业协作创造价值以及影响其购买决策的巨大机会。就社区经营者角度而言，网络虚拟社区的生命力在于成员对其的承诺感与主动参与（Ren et al.，2007），其凝聚力形成和维持的核心在于成员之间必须拥有某种相互连接的关系纽带（Brint，2001），进而形成对社区强烈的情感依附和共享的社群意识。既往的社会学者认为传统社区依赖于地理、出生、血缘及人际友谊等有形的社会性纽带。近来一些研究指出，商业协会或组织与成员之间的关系是一种类似承诺和认同的心理纽带（Bhattacharya et al.，1995）。然而，对于在网络空间自发形成的虚拟社区，网民愿意参与并贡献社区的心理来源是什么？网民对虚拟社区的认同感所表征的个体与社群的心理联结机制是一个什么过程？其心理纽带又会对网民的社区行为产生什么影响？目前鲜有相关研究。

本研究的目的是要发展一个能理解在虚拟环境下社区影响和鼓励网民集

① 本章内容根据两篇已发表文章修订。楼天阳、陆雄文：《虚拟社区成员心理联结机制的概念模型：基于身份与纽带视角》，《营销科学学报》，2009 年第 5 卷第 3 期：第 50—60 页。楼天阳、陆雄文：《虚拟社区与成员心理联结机制模型与实证：基于认同与纽带视角》，《南开管理评论》（CSSCI 收录），2011 年第 14 卷第 2 期，第 14—26 页。

体参与的社会心理过程，以及这种心理机制对其参与行为的影响。 我们利用国内多个城市的大样本调查数据验证了模型假设，证明了网民参与虚拟社区心理认同的来源以及连接成员和虚拟社区的纽带系统。 同时，我们发展和验证了模型中与心理社区相关构念的新量表，如自我认同、人际依恋、群组依恋等，这些变量对于未来有关虚拟社区的研究测量具有一定的使用价值。

6.2　理论框架与研究假设

为了能准确地理解虚拟社区与成员之间连接的心理机制，我们首先必须对解释社群集体行为的社会认同理论（Taifel，1978）和解释社群形成的纽带理论（Ren et al，2007）进行讨论。

社会认同理论由于其对社群行为的强大解释力，已经被广泛运用于组织行为、品牌忠诚、族群冲突等领域。 社会认同理论认为，一旦社群成员将自我归类于某个社会群体，其群体成员的身份意识将会影响其群体内的偏私行为（Taifel，1978），其核心的解释是个体为了满足自身自尊的需求激发了其社会认同的动机，突出的是身份意义的价值层面。 然而，第一，在网络虚拟社区，由于网民多是匿名参与，因此并不存在身份在群体比较时给个体带来自尊提升的价值意义，必须认识到网民在虚拟社区群体认同过程中心理的差异；第二，社会认同理论虽然抓取了追求心理归属的认同过程，但忽略了网民构建虚拟身份用来满足自我呈现的需求（杨宜音等，2000）；第三，网民在虚拟社区除了进行基于群体身份的交流与互动之外，还会形成基于个体互动产生的私人之间的关系纽带（Ren et al.，2007），这与身份认同机制有着显著的差别。 但是，当前的纽带理论主要是对传统社区依赖于地理、血缘、兴趣爱好等而形成的有形纽带的揭示，或者是 Berry 和 Parasuraman（1991）对交易活动中企业与顾客之间关系纽带（Relationship Bonding）的研究，而对于基于网络虚拟社区而形成的心理纽带的特性、类型等还缺乏相关的研究。

因此，我们根据网络虚拟社区的实际情况，整合和深化社会认同理论和纽带理论，从而更好地解释网民在虚拟社区的参与行为。 一方面，我们将深化社会认同理论，引入新的前置变量"自我认同"，以便更好地解释网民为什么要参与虚拟社区以及怎样影响他/她与社区建立关系纽带；另一方面，借助纽带理论对社会认同理论进行补充，同时从个体和群体层面解释虚拟社区凝聚而成的原因，以及情感纽带类型如何影响网民参与社区活动的意图。 本文理论的贡献在于提出和检验一个能够洞察和解释虚拟社区网民集体参与行为的整合框架。 从实践视角看，网络社区经营者想要激发网民对于社区的承诺感和参与行为，除了塑造社群共识培养社群身份外，还必须积极鼓励网民加强自身对虚拟身份的认同感，以及与其他网民个体之间的线上/线下互动。接下来的理论综述首先将讨论扩展至基于社会认同理论的虚拟社区参与的身份构建过程，然后再整合纽带理论，讨论网民与虚拟社区之间的情感联结纽带。 图 6-1 概括了本章所提出的理论模型。

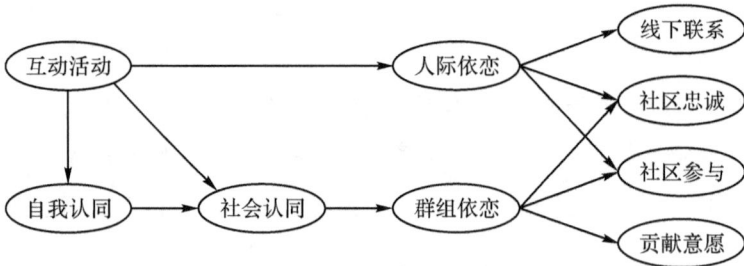

图 6-1　基于认同与依恋的虚拟社区成员联结模式

6.2.1　基于虚拟身份的认同过程

在虚拟的网络空间中，人们参与社区交流的前提是为自己建立一个虚拟身份即 ID 符号。 通过这个化身（Avatar），网民利用自由扩展的符号工具（文本、图像、音频和视频）来构建和表达自己，那些个人的网址就是想要表达跨越时空复杂意义的自我表达（Self-expressive）工具（Schau 和 Gilly，2003）。 人们在参与虚拟社区过程中，与现实社区一样，同时存在满足归属感和保存个性的双重动机，即所构建的虚拟身份拥有个体身份和社群身份两种属性。 这两种角色的构建反映了现实社会中网民两种认同的需要：一是通过寻找"我"和"我们"的差异获得自我认同；二是通过寻找"我们"与"他们"的差异获得社会认同。 在虚拟社区中，网民对个体虚拟角色的认同反映的是一个虚拟自我的认同过程；而对虚拟社群的身份类化则反映的是虚拟社群的认同感，其本质是一种群体归属感。

我们的模型起始于 George Homans 的经典理论，即一个社群的形成建立在活动、交往和情感的基础之上。 人们共同进行的活动越多，交往的次数就会越多，他们相互之间的情感也会越强烈。 虚拟社区所提供的互动环境和互动支持，促进了社区成员之间的交流活动，帮助成员形成自我以及获得和展示个人身份。 一旦社区成员在互动中得到别人的角色支持，这喻示着自我展示取得了预期响应，从而建立对虚拟角色的自我认同；同时，研究者已经证明社区成员之间的互动会让成员：（1）感觉社区更加有吸引力（Dutton et al.，1994），（2）产生对社区的归属感（Okleshen 和 Grossbart，1998），这些增加的互动活动，促使成员把自己看成该虚拟社区中的一分子。 因此，虚拟社区中的互动活动（Interaction）构成了网民认知、身份建立和情感联结的基础。 由此，本研究提出以下假设。

H1：虚拟社区支持的互动活动程度越高，成员获得的自我认同感越强。

H2：虚拟社区支持的互动活动程度越高，成员获得的社会认同感越强。

在虚拟社区中，自我展示是完成自我认同最主要的手段，虚拟社区平台为虚拟社区成员提供了一个前所未有的自我展示机会，网民通过虚拟身份和他人互动，就会建立对虚拟角色的自我认同。 Burke（1991）指出，自我认同对其的身份感会加强，会流露对其的情感依赖，最终也会更加适应群体和社会结构。 网民在虚拟环境中建立每个身份的意义就在于：这些虚拟身份成为社会场景下识别自我的核心符号和人际交往的基础。 因此，自我认同感的获得使得个体更加适应虚拟角色，也更加融入虚拟社区和其他网民建立同类意识。

H3：虚拟社区中网民的自我认同感越强，其在该社区的社会认同感也会越强。

6.2.2 基于心理纽带的联结机制

社区与成员关系纽带建立的方式，从根本上解释了一个社群凝聚的原因。 对此社会心理学有两种观点：在社会认同理论出现之前，大部分学者都是从群体的个体观念去理解，把群体理解为个体部分的简单加总，因此认为社区的凝聚力来自人际吸引力（Personal Attraction）；而由 Taifel et al. （1978）提出的社会认同理论则认为，即使是由最简标准所形成的共享身份，也会让个体产生群体内外的区别，内群体成员会相互更加喜欢，这来自基于群体原型特征的社会吸引（Social Attraction）。 也就是说，在这个群体内，尽管成员之间缺少相互直接的联结纽带，但是只要他们拥有一个共同的群体身份，他们仍然会表现出群体内偏好的行为，这证明了人们与群体之间还存在着一种区别于人际关系的联结纽带，即群体身份。 据此，学者认为，每一种社区中成员与社群的关系都存在这种关系的联结，依赖不同的社区情景或者网民的个体特征，这两种联结的强度会有所变化（Ren et al.，2007；楼天阳和陆雄文，2009）。 在虚拟社区中，网民与虚拟社区的联结既有基于共同身份的群组依恋（Identity-based Attachment to the Community），也有基于共同纽带的人际依恋（Bond-based Attachment to the Member），这两种对社区的依恋并非一维的两极，而是存在两个维度。

（1）虚拟社区人际纽带联结的形成

虚拟社区中的互动活动为人们提供相互认识、熟悉和建立信任的机会（Ren et al.，2007）。 在虚拟社区中，随着互动活动频次和互动程度的增加，社区成员之间相互喜爱的程度也会增加，社区成员与其他人互动活动的程度是他们建立关系的决定因素（McKenna et al.，2002）。 而且，在个人主页和网络交往中揭示的私人信息，包括个人电子邮件和实时交流工具——既是人际联结的一个缘由，也是一个结果（Collins 和 Miller，1994），并提供机会给成员以建立社会联结并创建双方的喜爱与信任（Ren et al.，2007）。

H4：虚拟社区支持的互动活动程度越高，社区成员基于人际纽带的依恋程度越高。

（2）虚拟社区身份纽带联结的形成

当网民察觉到自己归属于某一虚拟社区，将引发一个虚拟社区身份的类化过程，激活他/她的群体身份，形成该社群的集体意识。 已有学者证明（如 Postmes et al.，2001），由于计算机环境中的匿名性抽象了个人特征和人际差异，减少人际关系的相对重要性，社群整体的特征成为关注焦点。因此，匿名性可以增加群体身份的显要性和群体认同。Postmes et al.（2001）发现，匿名群体会增加群体成员的认同，然后显示出更加强烈的社会影响（对群体规范的遵从）。Stets 和 Burke（2000）指出，当人们成为群体成员时，人们一律对群体做出积极的评价。比如，社会认同学者发现，认同群体的个体对群体的整体有一种强烈的吸引，独立于群体内的个体依恋。因此，本研究提出以下假设。

H5：虚拟社区参与者社会认同的程度越高，对社区基于共同身份的群组依恋就越高。

6.2.3 两种心理纽带对网民社区行为的影响

虚拟社区与成员之间的两种关系纽带对其网民社区行为既有共同的影响，也存在不一致的影响。共同身份的群组依恋与共同纽带的人际依恋对社区成员的参与行为与忠诚度具有相似的影响，因为两者基于对其身份的认同和所建立的情感纽带，社区成员会更加喜欢社群内的其他成员，也会对他们的群体做出更积极的评价（Hogg 和 Turner，1985）。同时，网民一旦与社区建立基于身份的心理纽带，对该社区的归属感和心理依附情感会促使他/她对社区投入更多的时间、精力来贡献力量，其参与组织的公民行为就会越多（Bergami 和 Bagozzi，2000）。而在共同纽带群组中，由于在社区当中形成了私人联系，成员间会有意愿进行线下的私人联系。因此，本研究提出以下假设。

H6a：网民对该虚拟社区共同身份的群组依恋越强，对该社区的关系持续意愿越高。

H6b：网民对该虚拟社区成员共同纽带人际依恋越强，对该社区的关系持续意愿越高。

H7：网民对该虚拟社区共同身份的群组依恋越强，对社区贡献内容意愿就越强。

H8a：网民对该虚拟社区共同身份的群组依恋越强，对该社区的参与度越高。

H8b：网民对该虚拟社区成员共同纽带人际依恋越强，对该社区的参与度越高。

H9：网民对该虚拟社区成员共同纽带人际依恋越强，线下联系的意愿就越高。

6.2.4　社区类型的调节作用

从管理视角看，考虑不同社区特征对社区成员与社区之间的联结机制和强度，是否会产生不同的影响是重要的。为此，我们分别选择社区类型特征来验证模型的不同解释度，而该特征具有可视性，可以进行管理，对于经营者所采取的行动能提供特别指导。虚拟社区在发展过程中，最为显著的变化是从以 BBS 社区为代表形式的 Web 1.0 时代发展到以交友社区为代表形式的 Web 2.0 时代的变迁，结合虚拟社区现状和 Prentice et al.（1994）基于群组（Group）内联结方式的划分标准，本文将虚拟社区划分为两类：第一类是基于共同身份的虚拟社区（Common-identity Groups），主要以 BBS 社区为研究样本；第二类是基于成员纽带的虚拟社区（Common-bond Groups），主要以交友社区、SNS 社区为研究对象。两类社区的重要差别是社区内成员之间的联结方式显著不同，前者的成员共处于一个兴趣和价值体系之内，匿名参与，很少进行成员之间的联系，主要由成员对整个群组的依恋维系；后者基本上发展的是一对一的相互成员关系，带有更多的个人展示和自我表现形式，从而促进成员之间的联结，主要由成员之间的依恋维系。

因此，我们预测相比于 BBS 社区，交友社区的自我认同对社会认同的影响，以及基于共同纽带的人际依恋对社区参与、关系维持和线下联系的影响将更显著；而在基于共同身份的群组依恋对社区参与、关系维持和社区贡献的影响上，BBS 社区要比交友社区显著。因此，本研究提出以下假设。

H10：关于虚拟自我认同对社会认同的正向影响，交友社区要比 BBS 社区强。

H11：关于虚拟社区群组依恋对社区贡献、社区参与和关系维持的正向影响，BBS 社区要比交友社区强。

H12：关于虚拟社区人际依恋对线下联系、社区参与和关系维持的正向影响，交友社区要比 BBS 社区强。

6.3 研究方法

6.3.1 研究对象选择

本文主要研究网络虚拟社区，根据中国互联网络信息中心统计数据显示，中国网民主体是 30 岁以下的年轻人，占上网总人数的 68.6%，其中年龄结构在 18—24 岁的网民占所有网民人数的 30.3%，而这基本是在校大学生的年龄。其实，中国网民身份主体也是学生，达到 7600 万人，占 30%；同时定性调研显示，现在的大学生基本从高中就开始上网，有的甚至在初中（2000年左右）即上网，并参与社区或者开博客，他们经历了我国网络经济的发展期，是非常成熟的网民，因此选择在校的二、三年级大学生作为研究对象，符合本研究中调查对象的要求。

6.3.2 构念测量

本研究根据 Nunnally 和 Bernstein（1994）的建议采用多维量表、七点李克特量表来测度研究模型中的构念。为有效地概念化和操作化这几个概念，我们做了以下 4 个方面的工作：（1）对虚拟社区经营者做了正式访谈；（2）查找了相关主题的文献；（3）对社区参与者做了焦点小组访谈；（3）真实参与并观察虚拟社区的讨论，提高内容效度；（4）在正式进行问卷调查前做了两次预调研。

互动活动（Interactive Activities, Ina）主要采用 Porter 和 Donthu（2008）的测量量表。虚拟社区中自我类化主要借用 Bergami 和 Bagozzi（2000）测试组织认同的三维度量表，分别采用视觉量表（Visual Scale）和自报告量表两部分来进行测度，并同时进行符合虚拟社区情景的改进。关于情感依附的测量，由 Brennan et al.（1998）编制的"亲密关系经历量表"（Experiences in Close Relationships Inventory, ECR），反映的都是人际之间亲密的依恋关系。因此，本研究针对虚拟社区中基于共同纽带的人际依恋

（Common-based Attachment to Member）程度将建立在上述测量项目的基础上。 组织行为学的学者在定义组织认同的情感意义时，测度的是对组织的情感依恋（Attachment），如 Bergami 和 Bagozzi（2000）（"这个组织对我具有很大的个人意义"看上去抓住了身份的显要性），再加上情感承诺（Commitment）的测度，如（"我非常高兴将我剩余的职业生涯给这个组织"）。 基于以上的考虑，本文所开发的量表在参照 Prentice et al.（1994）的量表和 Sassenberg 和 Postmes（2002）测度网上论坛量表的基础上进行修正。

虚拟社区参与（Participation）、关系维持（Relationship Continuience）意愿采用 Algesheimer et al.（2005）的单项目构念测度，分别为"我想要积极参与该社区的各种讨论与活动"和"如果该社区会员要收费，我愿意付钱成为其会员停留在该社区，而不是去别的社区"。 社区贡献（Contribution）是基于 Porter 和 Donthu（2008）的测量量表，包括两个测度项目："我愿意与社区网站的经营者一起，共同设计该社区网站新的功能/服务"和"我经常为我的社区成员提供有用的信息/知识"。 私下联系（offline Contact）为自己开发量表，由两个问项组成，包括"我愿意积极参与该社区成员的'线下'聚会"和"我会和该社区认识的好友进行电话/QQ 联络"。

6.3.3 样本情况

本研究基于大规模调查的需要，采用问卷调查法来获取样本。 尽管很多针对虚拟社区的研究都通过网上收集问卷，但具有回收率低、样本控制难等问题。 因此，本调查在教室内完成，首先由指导老师说明调查目的和内容，引导学生选择自己参与的虚拟社区类型，然后让学生作答，并当场回收，从而保证问卷完成的质量。

最后，进行正式调研和大规模的正式问卷调查。 研究者在北京、杭州、上海、深圳、昆明几大城市的高校分别采样，时间跨度为 2008 年 4—5 月。采用现场发放问卷现场回收的方式，在正式让学生填问卷前，由老师给予必要的填问卷引导，告知他们所参与的社区类型，共发放问卷 1500 份，回收问卷 1456 份；再对问卷进行必要的甄别，剔除掉明显答题不认真、重复填某选项、反转问题回答矛盾的问卷，剩下有效问卷 1028 份，有效率占 68.5%（见表

6-1）。 由于现场回收问卷，不存在非响应误差（Nonresponse Bias）。

表 6-1 样本的基本描述性统计

变量	类别	样本数	比例（%）
性别	男	388	37.7
	女	640	62.3
社区类型	BBS 类社区	326	31.7
	交友类社区	702	68.3
每天社区浏览时间	A. t≤0.5 小时	369	35.9
	B. 0.5<t≤1 小时	324	31.5
	C. 1<t≤2 小时	205	19.9
	D. t>2 小时	130	12.7
持续浏览社区经历	A. t≤6 个月	237	23.1
	B. 6<t≤1 两个月	347	33.8
	C. 12<t≤24 个月	269	26.2
	D. t>24 个月	175	16.9
社区规模	A. size≤50 人	196	20.8
	B. 50<size≤200 人	423	40.4
	C. size>200 人	409	39.8
社区参与度	A.经常发帖、回帖,贡献较大	75	7.3
	B. 偶尔发帖,较多回帖,有贡献	384	37.4
	C.经常浏览,从不发帖或回帖	508	49.4
	D. 偶尔浏览	61	5.9

6.4 研究结果

6.4.1 测量模型评价

根据 Anderson 和 Gerbing（1988）建议的两步分析方法，首先应用

AMOS 5.0 软件对测量模型进行验证性因子（CFA）分析。 测量模型的卡方（χ^2）=792.55（df=254，p<0.001），绝对拟合指数 GFI=0.939，相对拟合指数 CFI=0.908，TLI=0.892，近似误差均方根 RMSEA=0.045，上述结果显示模型拟合良好，可以接受。 所有测量的特征和样本测量的问项信息见表 6-2 和表 6-3。 表 6-2 中信度检验 Cronbach α 系数显示，除了 cta、ctr 和 soid 外，其他构念的 α 系数都超过 0.70 的可接受水平，但作为自己开发的量表超过0.50 也是可以接受的。 需要指出的是，变量"社区参与"与"社区忠诚"采用单个问项来测量。 这个变量的负载系数固定为 0.85，误差方差（Error Variance）限定为 1 减去测项方差信度次数（Bollen 和 Long，1992）。

效度检验主要看收敛效度和区别效度。 潜变量的标准化负载系数的统计显著性是收敛效度的有力证据，意味着该问项对于构念的有效测量至少适度地与它们相关，说明问项指示这些构念是充分的（Hair et al.，1998），一般要求标准化负载系数达到 0.70 以上，对于新开发的量表来说，0.50 或 0.60 也都是可以接受的。 表 6-2 中所有构念上的标准负载系数都超过了 0.50 的最低要求，相应的 T 值最低为 10.382（p<0.001），统计显著。 区别效度验证每个构念的 AVE 值必须满足以下两个条件：（1）大于 0.50；（2）大于构念之间相关系数的平方（Fornell 和 Larcker，1981）。 从表 6-3 中可以看出，所有构念的 ρv 值的平方根基本都大于该构念与其他构念之间的相关系数，显示不允许相关的测量确实没有相关性。 总的来说，这些结果证明，本研究所提出的测量模型可以进行进一步的分析。

表 6-2　测量构念的参数估计

构念	问项	非标准载荷系数	标准化载荷系数	T 值	ρ_c[c]	AVE[d]
互动活动[a] (α=0.728)[b]	ina1	1.021	0.65	14.539	0.788	0.577
	ina2	0.915	0.64	14.983		
	ina3	0.822	0.50	12.361		
	ina4	1.000	0.63	—		
	ina5	0.915	0.54	13.315		

续　表

构念	问项	非标准载荷系数	标准化载荷系数	T 值	ρ_c[c]	AVE[d]
社会认同[a] ($\alpha=0.556$)[b]	soid1	1.088	0.52	10.382	0.763	0.519
	soid2	1.000	0.50	—		
	soid3	1.198	0.61	11.806		
自我认同[a] ($\alpha=0.713$)[b]	seid1	0.929	0.62	13.043	0.769	0.545
	seid2	1.000	0.62	—		
	seid3	0.929	0.59	14.538		
	seid4	1.036	0.59	11.570		
群际依恋[a] ($\alpha=0.715$)[b]	ag1	1.076	0.62	12.268	0.797	0.501
	ag2	1.000	0.50	—		
	ag3	1.021	0.62	12.097		
	ag4	1.292	0.76	14.353		
人际依恋[a] ($\alpha=0.737$)[b]	ap1	0.737	0.59	16.989	0.737	0.585
	ap2	0.890	0.61	16.966		
	ap3	1.000	0.75	—		
	ap4	0.954	0.65	18.378		
线下联系[a] ($\alpha=0.598$)[b]	cta1	1.000	0.58	—	0.613	0.446
	cta2	1.118	0.60	12.599		
社区贡献[a] ($\alpha=0.533$)[b]	ctr1	0.903	0.56	11.355	0.616	0.464
	ctr2	1.000	0.65	—		
社区参与[ae]	part	—	0.85	—	—	—
关系持续[ae]	loy	—	0.85	—	—	—

注：a 所有的测量构念为七点量表；b 是潜变量的 Cronbach Alpha 系数；c 是测复合信度；d 是测平均方差析出量；e 该变量只有单个问项测量，所以 ρ_c 和 AVE 值没有估计值。

表 6-3　潜变量 AVE 值与相关系数比较

构念	ina	soid	seid	ag	ap	cta	ctr	AVE
ina	—							0.759
soid	0.579	—						0.720

构念	ina	soid	seid	ag	ap	cta	ctr	AVE
seid	0.339	0.550	—					0.738
ag	0.307	0.619	0.409	—				0.708
ap	0.341	0.647	0.550	0.635	—			0.765
cta	0.268	0.504	0.456	0.467	0.708	—		0.668
ctr	0.266	0.522	0.536	0.411	0.630	0.686	—	0.682

6.4.2　结构模型估计

结构方程分别对全模型（H1—H9）进行拟合检验，基于共同纽带人际依恋社区和基于共同身份群组依恋社区两个分模型的比较，则采用多组分析方法来检测 H10—H12。 表 6-4 列出了全模型拟合统计数据和内生变量 R^2 值。中介效应和与竞争模型的比较在全模型中来检验其稳健性。

所有拟合统计数据信息和路径显著性见表 6-4。 首先对全模型进行拟合，结构模型的卡方（ χ^2 ）＝913.8（df＝243，p＜0.001），绝对拟合指数 GFI＝0.944，近似误差均方根 RMSEA＝0.045，相对拟合指数 CFI＝0.907，TLI＝0.892，上述结果显示模型拟合良好，可以接受。 所有的路径系数估计都显著。

接下来对两类社区（基于共同身份群组依恋社区和基于共同纽带人际依恋社区）的子样本分别进行模型拟合，具体见表 6-5、表 6-6。 以 BBS 社区为样本的基于共同身份群组依恋社区结构模型的卡方（ χ^2 ）＝532.7（df＝243，p＜0.001），绝对拟合指数 GFI＝0.901，近似误差均方根 RMSEA＝0.052，相对拟合指数 CFI＝0.882，TLI＝0.863；以交友社区为样本的基于共同纽带的人际依恋社区结构模型的卡方（ χ^2 ）＝756.1（df＝243，p＜0.001），绝对拟合指数 GFI＝0.935，近似误差均方根 RMSEA＝0.047，相对拟合指数 CFI＝0.902，TLI＝0.886。 两个分样本模型所有的路径系数估计都显著。 总体来说，交友社区比 BBS 社区模型拟合得更好。

在全模型的假设验证中，首先考虑自我认同和社会认同，虚拟社区的互动活动对自我认同有显著的正向影响（ β＝0.298，S. E. ＝0.04），H1 得到支持。 同时，虚拟社区的互动活动对社会认同正向影响的路径同样显著（β ＝0.276，S.E.＝0.04），支持 H2。 而且，自我认同也显著地正向影响社会认同（β＝0.436，S.E.＝0.05），H3 也得到支持。 虚拟社区的互动活动解释了自我认同近 11.6％的方差，社会认同的前置因素解释了其 53.3％的方差。 这些结果显示，自我认同对于社区互动活动影响社会认同的路径有着部分中介效应。 图 6-2 概括了上述信息和后续结果信息。

对于假设 H4，我们发现社区互动活动显著地正向影响虚拟社区的人际依恋（β＝0.696，S.E.＝0.07），因此 H4 得到支持，并解释了人际依恋 32.0％的方差变异。 社会认同对虚拟社区成员的群组依恋影响显著正相关（β＝0.961，S.E.＝0.09），假设 H5 得到验证，且群组依恋方差的 50.5％得到解释。

接下来，考虑群组依恋对于社区参与行为意图的影响，检验 H6—H7。我们发现群组依恋对社区参与意图（β＝0.553，S.E.＝0.06）和关系维持的影响（β＝0.384，S.E.＝0.07）都是正向显著的，假设 H6a 和 H6b 都得到验证。 群组依恋对社区贡献的路径影响也显著（β＝0.435，S.E.＝0.05），故支持假设 H7，社区贡献方差 26.9％的方差得到解释。

最后，检查人际依恋对虚拟社区参与行为意图的影响。 虚拟社区人际依恋显著地正向影响社区参与意图（β＝0.270，S.E.＝0.05）和关系维持（β＝0.216，S.E.＝0.07），支持 H8a 和 H8b。 这样，虚拟社区参与意图和关系维持被其前置因素分别解释了 24.7％和近 8.6％的方差。 此外，人际依恋显著地影响线下联系意愿（β＝0.625，S.E.＝0.05），H9 得到支持，且解释了其 47.8％的方差。

表 6-4　总模型的参数拟合与假设检验

路径	假设	非标准化参数值	标准误差	T 值	标准化参数值	结果
ina→seid	H1	0.298	0.070	3.009	0.340	显著***
ina→soid	H2	0.276	0.074	4.228	0.377	显著***
seid→soid	H3	0.436	0.066	2.877	0.512	显著***
ina→ap	H4	0.696	0.094	3.884	0.577	显著***

路径	假设	非标准化参数值	标准误差	T 值	标准化参数值	结果
soid→ag	H5	0.961	0.206	5.455	0.710	显著***
ag→part	H6a	0.553	0.057	9.032	0.405	显著***
ag→dura	H6b	0.384	0.070	4.878	0.235	显著***
ag→cti	H7	0.435	0.049	7.837	0.520	显著***
ap→part	H8a	0.270	0.050	4.924	0.212	显著***
ap→dura	H8b	0.216	0.065	2.817	0.146	显著**
ap→cta	H9	0.625	0.054	9.908	0.690	显著***

注:***表示 0.001 显著性水平,**表示 0.01 显著性水平。

表 6-5　基于共同身份群组依恋 BBS 社区模型的参数拟合与假设检验

路径	假设	非标准化参数值	标准误差	T 值	标准化参数值	结果
ina→seid	H1	0.212	0.070	3.009	0.250	显著**
ina→soid	H2	0.313	0.074	4.228	0.471	显著***
seid→soid	H3	0.191	0.066	2.877	0.242	显著***
ina→ap	H4	0.363	0.094	3.884	0.327	显著**
soid→ag	H5	1.122	0.206	5.455	0.770	显著***
ag→part	H6a	0.423	0.134	3.154	0.448	显著***
ag→dura	H6b	0.677	0.120	5.632	0.234	显著**
ag→cti	H7	0.495	0.116	4.274	0.477	显著***
ap→part	H8a	0.357	0.094	3.791	0.271	显著***
ap→dura	H8b	0.387	0.118	3.270	0.245	显著**
ap→cta	H9	0.730	0.111	6.575	0.707	显著***

注:***表示 0.001 显著性水平,**表示 0.01 显著性水平。

表 6-6　基于共同纽带人际依恋交友社区模型的参数拟合与假设检验

路径	假设	非标准化参数值	标准误差	T 值	标准化参数值	结果
ina→seid	H1	0.228	0.049	4.655	0.293	显著***
ina→soid	H2	0.477	0.063	7.601	0.574	显著***

路径	假设	非标准化参数值	标准误差	T 值	标准化参数值	结果
seid→soid	H3	0.321	0.063	5.091	0.301	显著***
ina→ap	H4	0.513	0.068	7.590	0.462	显著***
soid→ag	H5	0.882	0.099	8.940	0.672	显著***
ag→part	H6a	0.456	0.069	6.587	0.350	显著***
ag→dura	H6b	0.304	0.087	3.499	0.187	显著***
ag→cti	H7	0.393	0.059	6.658	0.524	显著***
ap→part	H8a	0.273	0.065	4.220	0.213	显著***
ap→dura	H8b	0.206	0.085	2.436	0.129	显著**
ap→cta	H9	0.536	0.065	8.198	0.641	显著***

注：***表示 0.001 显著性水平，**表示 0.01 显著性水平。

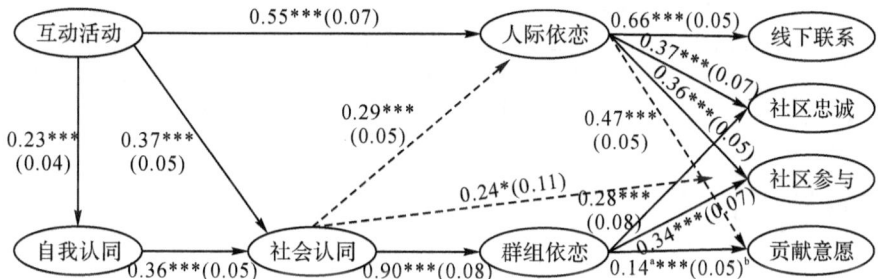

图 6-2　基于认同与依恋的虚拟社区成员联结模式

注：虚线为在模型修正中发现统计显著的路径；a 为非标准系数，b 为标准误；***表示 0.001 显著性水平，**表示 0.01 显著性水平，* 表示 0.05 显著性水平。

6.4.3　竞争模型的比较与中介效应

尽管模型的统计数据拟合性可以接受，但是修正指数建议添加两条路径以产生更好的拟合模型，分别是社区社会认同到人际依恋和人际依恋对于社区贡献意愿的路径，两个模型卡方的变化值显著（$\Delta\chi^2 = 154.1, \Delta df = 2, p < 0.001$），模型拟合效果更好，增加的路径社会认同对人际依恋影响为正向（$\beta = 0.292$, S. E. $= 0.051$），人际依恋正向显著地影响社区贡献意愿（$\beta =$

0.468，S. E. ＝0.050），内生变量人际依恋与社区贡献意愿的 R^2 值在增加额外的显著路径后，分别从 0.320 变为 0.327，从 0.269 变为 0.444。

为了进一步支持模型的有效性，而不是利用各构念之间都相关的饱和模型作为基准，并检测模型中没有包括的额外直接路径是否显著，对模型中所有可能的路径进行中介效应的检测。本研究主要确认了 3 个中介效应。第一，自我认同是虚拟社区的互动活动影响社会认同的中介变量；第二，社会认同是虚拟社区互动活动和群组依恋的中介变量；第三，虚拟社区的群组依恋和人际依恋是网民参与虚拟社区行为的中介变量。

由于虚拟社区互动活动对自我认同和社会认同的路径影响显著，自我认同对社会认同的统计也显著，所以自我认同是虚拟社区互动影响社会认同显著的部分中介变量（见表 6-7）。

表 6-7　修正后虚拟社区全模型的参数拟合与假设检验

路径	假设	非标准化参数值	标准误差	T 值	标准化参数值	结果
ina→seid	H1	0.226	0.043	5.306	0.261	显著***
ina→soid	H2	0.365	0.047	7.811	0.473	显著***
seid→soid	H3	0.357	0.049	7.252	0.402	显著***
ina→ap	H4	0.552	0.065	8.504	0.440	显著***
soid→ag	H5	0.906	0.088	10.294	0.650	显著***
ag→part	H6a	0.334	0.071	4.704	0.251	显著***
ag→dura	H6b	0.284	0.068	4.164	0.175	显著***
ag→cti	H7	0.145	0.044	3.279	0.182	显著**
ap→part	H8a	0.370	0.057	6.496	0.281	显著***
ap→dura	H8b	0.359	0.067	5.333	0.224	显著**
ap→cta	H9	0.658	0.058	11.336	0.733	显著***
soid→part		0.236	0.108	2.180	0.127	显著*
ap→cti		0.468	0.053	8.759	0.598	显著***
soid→ap		0.292	0.051	5.703	0.268	显著***

接下来，检测增加社区互动活动（ina）到群组依恋（ag）额外路径的系

数是否显著。 两个模型的卡方变化值为 $\chi^2(1)=2.1$，$p>0.05$，意味着这条增加路径的检验差异不显著，据此可以推断：社区互动到群组依恋的直接路径是不显著的。 因此，社会认同发挥着从互动活动到群组依恋的中介效应，假设得到验证。

最后，我们增加了互动活动、社会认同到 4 个行为的直接路径（共计 8条），对于其中的每条路径进行逐条检验。 在所有 8 条潜在路径中，结果显示，互动活动到 4 个行为的路径都不显著，这说明人际依恋确实是互动活动到网民参与行为的中间心理过程变量。 社会认同到 4 个行为的路径中有 1 条路径是显著的，从社会认同到社区参与路径系数显著大于 0（$\beta=0.236$，S.E.$=0.108$，见图 6-2 中的虚线），模型卡方变化值为 $\chi^2(1)=4.7$，$p<0.05$。修改后扩展模型的拟合统计指数为：$\chi^2=754.2$（$df=240$，$p<0.001$），RMESA$=0.040$，GFI$=0.952$，CFI$=0.927$，TLI$=0.914$。 内生变量社区参与的 R^2 值在增加额外的显著路径后，从 0.247 变为 0.263。 其他的路径系数都不显著，为我们提供了模型稳健的证据，显示群组依恋在社会认同影响虚拟社区的各种参与行为中起着中介作用。

6.4.4　调节效应

我们对基于群组依恋和人际依恋的两类样本做了多组分析，以检验社区类型调节效应。 为检验 H10—H12，我们分别建立 BBS 社区/交友社区子样本的结构模型，运用多群组分析来检验调节效应，决定各自的路径系数是否存在显著差异，分析结果见表 6-8。

首先考虑表 6-8 的第一个检验。 为了检验假设 H10，即关于自我认同对社会认同的路径影响，交友社区要比 BBS 社区更强，建立了两个样本的模型。 在第一个模型中，两个群组的所有路径都是非限制的，即为表 6-8 中的非限制（No Constraints）或基准（Baseline）模型。 在第二个模型中，自我认同对社会认同的路径系数在两个群组中限定为相等，即"相等路径模型（Equal Paths Model）"。 这两个模型的卡方值变化为 $\chi^2(1)=1.77$（一个自由度），检验了两个群组中路径的等同性。 由此我们推断，自我认同到社会认同的直接路径在交友社区和 BBS 社区中不存在显著差异，故 H10 没有得到支持。

表 6-8　多群组调节效应分析(BBS 社区 VS 交友社区)

假设	非限制模型的路径系数	卡方变化值的检验结果
基准模型,$\chi^2(488)=1387.96$		非限制模型:
H10:自我认同→社会认同的路径 交友社区大于 BBS 社区	seid→soid: γ(identity)$=0.20^a(0.07)^b$ γ(bond)$=0.32(0.06)$	路径等同模型:$\chi^2(489)=$1389.43,检验 H10:$\chi^2(1)$$=1.77,p>0.18$
H11:群组依恋→社区贡献、社区参与和关系维持的影响 BBS 社区大于交友社区	ag→ctr: γ(identity)$=1.12^a(0.07)^b$ γ(bond)$=0.37(0.05)$	路径等同模型:$\chi^2(489)=$1444.18,检验 H11:$\chi^2(1)$$=56.22,p<0.001$
	ag→part: γ(identity)$=1.01^a(0.15)^b$ γ(bond)$=0.49(0.06)$	路径等同模型:$\chi^2(489)=$1397.09,检验 H11:$\chi^2(1)$$=9.13,p<0.01$
	ag→loy: γ(identity)$=0.61^a(0.16)^b$ γ(bond)$=0.27(0.07)$	路径等同模型:$\chi^2(489)=$1390.62,检验 H11:$\chi^2(1)$$=2.66,p\approx0.10$
H12:人际依恋→线下联系、社区参与和关系维持的影响 交友社区大于 BBS 社区	ap→cta: γ(identity)$=0.55^a(0.04)^b$ γ(bond)$=0.51(0.06)$	路径等同模型:$\chi^2(489)=$1388.30,检验 H11:$\chi^2(1)$$=0.34,p>0.56$
	ap→part: γ(identity)$=0.33^a(0.07)^b$ γ(bond)$=0.28(0.05)$	路径等同模型:$\chi^2(489)=$1388.21,检验 H12:$\chi^2(1)$$=0.25,p>0.61$
	ap→loy: γ(identity)$=0.35^a(0.07)^b$ γ(bond)$=0.26(0.06)$	路径等同模型:$\chi^2(489)=$1388.38,检验 H12:$\chi^2(1)$$=0.42,p>0.52$

注:a 为非标准化系数;b 为标准化系数。

对于 H11,群组依恋对社区贡献的正向影响在 BBS 社区($\gamma=1.12$, S. E. $=0.07$)要大于交友社区($\gamma=0.37$, S. E. $=0.05$, $p<0.001$),群组依恋对社区参与的正向影响在 BBS 社区($\gamma=1.01$, S. E. $=0.15$)大于交友社区($\gamma=0.49$, S. E. $=0.06$, $p<0.01$),而群组依恋对于关系维持的正向影响在 BBS 社区($\gamma=0.61$, S. E. $=0.16$)边缘大于交友社区($\gamma=0.27$, S. E.

＝0.07，p≈0.10）。 这样，H11 得到支持。 总体来说，关于群组依恋对社区参与行为意图的影响，BBS 社区要大于交友社区。 但 H12 没有得到支持，即在不同虚拟社区类型中基于共同纽带的人际依恋对成员行为的影响基本一致。

6.5 讨论与结论

本研究通过对虚拟社区参与人群的大样本调查，发现了网民参与虚拟社区活动的两种心理来源于自我认同与社会认同，且网民与虚拟社区之间会受到基于共同纽带的人际依恋和基于共同身份的群组依恋的影响。 进一步地，我们比较了代表 Web 1.0 时代的 BBS 社区和 Web 2.0 时代的 SNS 社区之间的差异，前者凝聚的主要方式为群组依附，后者主要为人际依附。 一些具体的结论、发现和讨论如下。

第一，网民参与社区活动的归属趋向同时受到自我表现的影响。 本研究证明了网民在虚拟空间自我认同是虚拟社群参与社会心理过程的一个中介变量，并且正向影响社会认同。 这是符合社区参与活动现实的。 在虚拟的网络空间中，人们参与社区交流的前提是为自己建立一个虚拟身份即 ID 符号，网民对虚拟角色的自我展示和认同程度直接影响其对该社区的归属趋向。 这与杨宜音等（2000）专门针对中国网民社会心理调查研究的报告结果一致，在他们对众多用户心理需求的研究中（总结为 7 个层面），中国网民上网需求中的"自我呈现需求"和"合群需求"的相关程度最高。 也就是说，当网民自我认同度越高，他们在虚拟社区的身份越显要，或者说虚拟自我本身也就越独立，从而在参与虚拟社群时对该社区的认同度越高，随之对该社区的依恋程度和参与行为也会有正向的影响。

这说明虚拟社区中网民"身份"形成机制是非常重要的，虚拟身份是网民自我概念的核心组成，忽略个体虚拟身份认同的中介变量来解释网民参与社区的社会心理过程是不完整的。 对于社区经营者来说，给予网民充分的自我表达工具，如声誉、地位、级别等，进而建立个人网址页面，方便网民进行自我展示和虚拟空间的印象管理，是社区发展的一个方向。 因此，虚拟社区的经营者在促进网民的社会认同管理时，必须同时激发网民的自我认同需求。

当然，我们必须指出，一个社区的互动程度直接影响着网民在社区的心理认同程度，互动程度越高意味着网民在该虚拟角色卷入程度越高，参与网民之间的关系就会越亲密。 自我认同依赖于互动中他人的角色支持，社群的认同需要自我的类化，而自我角色得到他人的确认程度将直接正向地影响其对该社群的类群感知，背后的原因是中国背景下网民的自我展示虽然有个性表现的需要，但同时与合群需求一样包含有社会趋向的价值需求，即为了获得别人认可。 从管理视角看，这进一步说明虚拟社区的组成要素中互动活动所占据的核心地位，管理者可以通过互动活动和水平的政策控制来影响网民心理认同的形成，未来可进一步研究互动的各个特性，如沟通实时性、信息的类型对网民感知互动性的影响。

第二，网民参与虚拟社区活动，既受到社会认同的群组依恋影响，也有人际纽带的情感依恋存在。 虚拟社区与现实社区的一个最大区别，便是打破了亲缘、地缘的界限。 它是以心灵相沟通、以情感为纽带而形成的社会集合体。 许多学者指出，网民与所参与的虚拟社区之间的关系恰如自我（Self）与占有物（Possession）之间强烈的情感连接（Connect）（Sassenberg 和 Postmes，2002；Ren et al.，2007）。 本文从基于自我与占有物之间强烈的情感互动关系，将虚拟角色及其附带的活动和社会关系看成是自我的新的虚拟占有物，从而将依恋理论从人际关系应用、消费者与品牌关系应用拓展到虚拟社区与成员之间的联结纽带。 这也是对先前滕尼斯传统社区中真实的地理纽带系统、基于共同身份的纽带以及关系纽带这 3 种类型的有益补充。 这种情感联结系统显然与过去学者试图定义虚拟社区参与行为的心理过程为社区意识、社会认同等基于身份认知的联结纽带是完全不同的，也与传统社区强调人际血缘、邻里关系的联结纽带和虚拟社区中人际信任—承诺的联结纽带完全不同。

产生人际依恋的机制主要是虚拟社区的角色认同和相互之间的互动交流。 Ren et al.（2007）指出，除了人际间的互动会产生人际依恋外，还有其他的因素如私人信息的分享（因为提供了自我表露和自我展示的机会），以及个人之间的相似性如偏好、态度和价值等，都会推动人际依恋的形成。 研究同时表明，群组依恋机制前置因素是自我类化和社会认同，虚拟身份的社群属性在认知上把虚拟我类化成某个社区的一员，从而激发社群凝聚的作用，这与现实社区、族群和组织认同的结果是一致的。 而且，修正模型表明，这种社会认同不仅促进了成员对群体的认同，也能促进人际关系纽带的建立。这说明虚拟社区促进社区认同的政策与促进个人交往的政策是相辅相成的，而非相互冲突。

而且，本文提出的认同到依恋的机制为学界提供了虚拟社区参与心理过程从认知到情感的一个新的理论视角，把社会学的符号互动、身份构建与社会认同和消费情感的依恋理论在虚拟社区的情景下进行了联系。 这与Dholakia et al.（2004）提出的完全基于社会认同的虚拟社区参与过程，以及Koh 和 Kim（2003）把虚拟社区意识作为参与的中介变量都完全不同。 理由是，认同到依恋的联结机制不仅反映了虚拟社区成员从现实身份到虚拟身份的转变，而且反映了其与虚拟社区之间的联结机制，是一个完整的从个体角色身份到虚拟社群的联结纽带系统。

第三，网民在虚拟社区的贡献行为同时受人际依恋和群组依恋的影响，但线下联系只有在社区内产生人际依恋时才会出现。 研究表明，群组依恋和人际依恋对社区忠诚和社区参与都有着相同的影响。 但是，研究同时证明，群组依恋对社区贡献的影响显著，而对线下联系并没有显著影响；人际依恋对线下联系影响显著。 这表明，成员感知的与社区的关系类型对参与行为的影响并非一样。 群组依恋产生的是对整个社区的依恋，感觉到自己是虚拟社群中的一员，然后有责任来为社区的维持和发展做出贡献（Sassenberg 和Postmes，2002）。 线下联系产生的前提是个体之间的信任，需要成员由虚拟身份向真实身份发生转化，此时，人际之间的亲密关系是不可或缺的。Rothaermel 和 Sugiyama（2001）通过对 TimeZone 网站手表爱好者的人种调查也发现了相同的现象：网民线下的交流对网上交易活动有正向的影响。 该调查的实践意义是，在经营设计上让社区成员更加开放地展示自己的个人信息，甚至组建各种线下的活动来提高线上的活跃度和凝聚力。 但是，本文的修正模型发现，人际依恋对社区贡献同样也有直接的显著作用，这与 Koh 和

Kim（2007）发现，线下互动（off-Line Interaction）对虚拟社区网民的发帖活动有直接正向影响，而社区有用性对浏览活动有直接影响的结论一致。 这可能是因为人际的依恋强烈促进了整个社区的凝聚力，使社区成员更加愿意为社区做出自己可能做的贡献。 这同时也说明了人际依恋对于社区的成功是非常重要的。

第四，BBS 类社区和 SNS 社区中成员的联结机制并不一样。 本文发现，虚拟社区成员与社区之间的心理连接存在两种形式，这是对虚拟社区意识（the Sense of Community）理论重要的补充。 通过对 BBS 社区和交友社区两种类型的对比，BBS 社区中群组依附对成员参与行为影响要大于交友社区，但是人际依附对成员行为的影响在两类社区中没有明显差异。 在中国发展甚为红火的 BBS 社区，由于多数是匿名参与和内容聚集，参与者之间的关系是"人—物（内容）—人"，虚拟社区内常常没有直接的成员之间的关系，成员与虚拟社区之间只不过是人与社区整体氛围之间的关系。 这个心理群体的标志是一种共同身份的形成。 因此，在 BBS 类社区中的联结机制是基于共同身份的群组依恋。 交友类社区作为 Web 2.0 技术的代表，它支持用户间的协作，促进成员相互之间的了解并建立互动关系。 这里的主导联结机制是成员之间的相互关系所形成的基于共同纽带的人际依恋，该纽带可能是真实的人际关系。 Sassberger 在对德国两种聊天室的研究中，同样证明存在共同身份的群组和共同纽带的群组，前者讨论内容比较聚焦，关注的是内容本身；而后者讨论的主题比较分散，关注的是讨论的对象，且发现前者社区的成员比后者更加愿意遵从群体的规范（Sassenberg 和 Postmes，2002）。

这两种联结方式的存在给虚拟社区经营者提出的一个问题就是需要以哪种联结方式为主，因为这会导致不同的虚拟社区的设计政策。 比如，如果发展的是以人际联结为主的社区，那意味着必须促进社区成员与成员之间的关系形成，也就意味着仅有线上的互动是不够的，还必须鼓励成员之间线下的互动。 相应地，需要成员之间更为直接地展露私人信息。 但是，在 BBS 社区，实证结果表明：群组依恋对社区参与、忠诚和贡献等更为重要，那就意味着对社区经营者编辑内容的能力要求非常高，即社区经营者必须能够时时引导、控制和创造出新的内容，来留住这群留恋整个社区的参与者。

本文主要探索了网民参与虚拟社区行为背后的社会心理过程以及建立个体、虚拟角色和虚拟社群之间的联结机制，从虚拟社区成员与虚拟社区之间的互动特征和情感特征出发，构建了基于共同纽带的人际依恋和基于共同身份的群组依恋的双维度情感联结系统。本研究虽然在学术理论和管理实践方面做出了有益的探索和补充，但受条件所限，仍存在一些较为明显的问题：（1）基于理论探索的目的，本研究选择以学生为样本进行问卷调查，这对于研究结论的现实适用性具有一定的限制，特别是随着虚拟社区参与者的日趋多元化，参与的真实动机和心理过程同样也可能存在差异；（2）本研究发展的自我认同、群组依恋和人际依恋量表，为了配合结构方程的分析方法，从类型测度转向维度测度，这几个问项能否完整地测度出群体中的两种情感维度，仍然需要在现实场景以及多种社区类型中进行进一步的检验。

参考文献：

［1］ALGESHEIMER R, DHOLAKIA U M, HERRMANN A. The social influence of brand community: evidence from European car clubs ［J］. Journal of marketing, 2005, 69（3）: 19-34.

［2］ALLPORT F H. A structuronomic conception of behavior: individual and collective ［J］. The journal of abnormal and social psychology, 1962, 64（1）: 3-30.

［3］ANDERSON J C, GERBING D W. Structural equation modeling in practice: a review and recommended two-step approach ［J］. Psychology Bulletin, 1988, 103（3）: 411-423.

［4］BERGAMI M, BAGOZZI R P. Self-categorization, affective commitment and group self-esteem as distinct aspects of social identity in the organization ［J］. British journal of social psychology, 2000, 39（4）: 555-577.

［5］BERRY L L, PARASURAMAN A. Marketing services: Competing through quality ［J］. Journal of marketing, 1992, 56（2）: 132-134.

[6] BLANCHARD A L, MARKUS M L. The experienced "sense" of a virtual community: characteristics and processes [J] . ACM sigmis database, 2004, 35 (1) : 65-79.

[7] BOLLEN K A, LONG J S. Tests for structural equation models: introduction [J] . Sociological methods and research, 1992, 21 (2) : 123-131.

[8] BRENNAN K A, CLARK C L, SHAVER P R. Self-report measurement of adult attachment: an integrative overview [J] . Attachment theory and close relationships, 1998, 46-76.

[9] BRINT S. Gemeinschaft revisited: a critique and reconstruction of the community concept [J] . Sociological theory, 2001, 19 (1) : 1-23.

[10] BURKE P. Identity processes and social stress [J] . American sociological review, 1991, 56 (6) : 836-849.

[11] COLLINS N L, MILLER L C. Self-disclosure and liking: a meta-analytic review [J] . Psychological bulletin, 1994, 116 (3) : 457-475.

[12] FORNELL C, LARCKER D F. Evaluating structural equation models with unobservable variables and measurement error: a comment [J] . Journal of marketing research, 1981, 18 (3) : 375-381.

[13] GRUEN T W, SUMMERS J O, ACITO F. Relationship marketing activities, commitment, and membership behaviors in professional associations [J] . Journal of marketing, 2000, 64 (3) : 34-49.

[14] HAIR J F, BLACK W, BABIN B J, et al. Multivariate data analysis [M] . 5th ed. Prentice-hall, Upper Saddle River, NJ, 1998.

[15] HOGG M A, TURNER J C. Interpersonal attraction, social identification and psychological group formation [J] . European journal of social psychology, 1985, 15 (1) : 51-66.

[16] KOH J, KIM Y G. Encouraging participation in virtual communities [J] . Communication of the ACM, 2007, 50 (2) : 68-73.

[17] KOH J, KIM Y G. Sense of virtual community: a conceptual

framework and empirical validation [J]. International journal of electronic commerce, 2003, 8 (2): 75-93.

[18] MCKENNA K Y A, GREEN A S, GLEASON M E J. Relationship formation on the Internet: what's the big attraction? [J]. Journal of social issues, 2002, 58 (1): 9-31.

[19] MILLER K D, FABIAN F, LIN S J. Strategies for online communities [J]. Strategic management journal, 2009, 30 (3): 305-322.

[20] NUNNALLY J, BERNSTEIN I. Psychometric theory [M]. 3rd ed. New York: Mcgraw-Hill, 1994.

[21] PORTER C E, DONTHU N. Cultivating trust and harvesting value in virtual communities [J]. Management science, 2008, 54 (1): 113-128.

[22] POSTMES T, SPEARS R, SAKHEL K, et al. Social influence in computer-mediated communication: the effects of anonymity on group behavior [J]. Personality and social psychology bulletin, 2001, 27 (10): 1243-1254.

[23] PRENTICE D A, MILLER D T, LIGHTDALE J R. Asymmetries in attachment to groups and to their members: distinguishing between common-identity and common-bond groups [J]. Personality and social psychology bulletin, 1994, 20 (5): 484-493.

[24] REN Y, KRAUT R, KIESLER S. Applying common identity and bond theory to design of online communities [J]. Organization studies, 2007, 28 (3): 377-408.

[25] ROTHAERMEL F T, SUGIYAMA S. Virtual internet communities and commercial success: individual and community-level theory grounded in the atypical case of timezone. com [J]. Journal of management, 2001, 27 (3): 297-312.

[26] SASSENBERG K, POSTMES T. Cognitive and strategic processes in small groups: effects of anonymity of the self and anonymity of

the group on social influence [J]. British journal of social psychology, 2002, 41 (3): 463-480.

[27] SCHAU H J, JENSEN G. We are what we post? Self-presentation in personal webspace [J]. Journal of consumer research, 2003, 3: 385-404.

[28] STETS J E, BURKE P J. Identity theory and social identity theory [J]. Social psychology quarterly, 2000, 63 (3): 224-237.

[29] TAIFEL H. Interindividual behavior and intergroup behavior [M] // In: Tajfel H E. Differentiation between social groups: studies in the social psychology of intergroup relations. London: Academic Press, 1978: 27-60.

[30] 楼天阳, 陆雄文. 虚拟社区成员心理联结机制的概念模型: 基于身份与纽带视角 [J]. 营销科学学报, 2009, 5 (3): 50-60.

[31] 杨宜音, 陈午晴, 徐冰. 中国网民社会心理分析——第一份来自社会心理学家的专业研究报告 [J]. 信息世界, 2000 (4): 5-12.

7 虚拟社区成员持续参与行为的心理机制研究

7.1 引　言

在虚拟社区里，社区成员的参与问题一直是众多学者和经营者关注的焦点（Valck et al.，2009；Dholakia et al.，2004）。由于绝大多数虚拟社区的内容知识、社会支持、友情和娱乐内容都依赖于社区成员的自愿贡献（Ren et al.，2007）。因此，社区用户的自愿参与被认为是社区存在和延续的核心以及衡量在线社区绩效的重要指标（Bagozzi 和 Dholakia，2002）。就商家及服务提供者的角度（Koh 和 Kim，2007）而言，社区成员的参与率直接决定着社区网站的商业价值和盈利潜力。如何激励并长久地维持虚拟社区用户的积极参与，成为当今企业成功开展在线社区营销计划的关键所在（Dholakia et al.，2009）。本研究是在前人对虚拟社区认同、持续参与行为及自我决定理论的研究基础上，从社会认同的视角探讨虚拟社区成员持续参与行为的心理机制，即在虚拟社区环境下，虚拟社区的环境特征与社区成员的内在动机和其持续参与行为之间的关系；并进一步探讨参与者不同类型的自我构建对其内在心理需要的满足、虚拟社区认同及持续参与行为的调节作用。

7.2　理论模型与研究假设

7.2.1　理论模型

　　根据上述的文献回顾，本研究提出了如图 7-1 所示的理论模型，即虚拟社区的环境特征影响虚拟社区参与者在虚拟社区参与过程中感知到的 3 种内在心理需要的满足程度，进而加强参与者的虚拟社区认同，最后促进其在社区中的持续参与行为；并探讨了虚拟社区用户不同类型的自我构建作为调节变量能否影响这一过程。

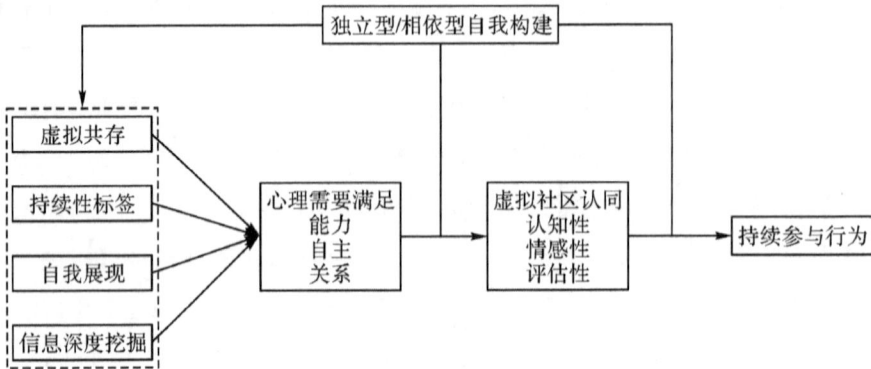

图 7-1　理论模型

7.2.2　研究假设

　　（1）虚拟社区的环境特征与用户内在心理需要的满足。 Ma 和 Agarwal（2007）从身份验证的角度考察了虚拟社区的环境特征对参与者知识贡献的影响，研究发现虚拟社区的 4 类技术特征，即支持虚拟共存（Virtual Copresence）的技术、支持用户持续性标签（Persistent Labeling）的技术、支持用户自我展现（Self-presentation）的技术以及支持用户资料深度挖掘（Deep Profiling）的技术，能够加强用户的身份验证进而促进其知识贡献。

H1a：支持虚拟共存的环境特征能够加强虚拟社区用户内在心理需要的满足。

H1b：支持用户持续性标签的环境特征能够加强虚拟社区用户内在心理需要的满足。

H1c：支持用户自我展现的环境特征能够加强虚拟社区用户内在心理需要的满足。

H1d：支持用户资料深度挖掘的环境特征能够加强虚拟社区用户内在心理需要的满足。

（2）用户内在心理需要的满足与虚拟社区的认同。　自我决定理论的一个分支理论——基本心理需要理论，提出了 3 种内在心理需要，即能力需要、自主需要和关系需要，并指出这 3 个心理需要的满足对于个体心理的健康发展和幸福（Psychological Development and Well-being）至关重要。　这 3 种需要的满足为内部动机和外部动机的内化提供了支持。　满足这 3 种心理需要的社会情境能够促进外部动机的内化，促使个体更长久地坚持某项活动，使个体能够保持积极的心理状态，能够更好地成长，产生更积极的行为结果。　而那些阻碍这 3 种需要满足的环境通常会降低个体的自主动机、工作成绩和幸福感。　许多自我决定理论的研究关注人们在特殊社会情境领域（如工作、学校、运动等）中动机对行为的影响，但从未有过研究涉及在网络社区里虚拟环境是如何影响参与者的心理需要满足的。

本研究设想，虚拟环境与真实环境类似，当虚拟社区的环境使得参与者的自主需要、能力需要、关系需要得到满足，即当参与者获得了心理上的满足时，是否也能够使其维持积极的心态，增强其内部动机，加强其对虚拟社区的认同，以此得到如下假设。

H2：虚拟社区用户内在心理需要（自主、能力、关系）的满足能够加强其虚拟社区的认同。

（3）虚拟社区认同与持续参与行为。　Ellemers et al.（1999）提出了构成社会认同（Social Identification）的 3 个组成成分：认知性（Cognitive）成分、情感性（Affective）成分和评估性（Evaluative）成分。　Massimo 和 Richard（2000）用实地观察的方法发现，在组织背景下员工社会认同的 3 个维度能够促进其组织公民行为及对组织具有正向的影响作用。 以前的研究学者也表明，在网络环境下身份认同的这一自我分类过程同样存在并且适用（Spears 和 Lea，1994）。

Fang 和 Neufeld（2009）在一项以 OSS 网站为背景的研究中提出了持续参与行为（Sustained Participation）的概念，并从合法边缘参与（Legitimate Peripheral Participation，LPP）的理论视角分析了持续参与行为。 源于情境学习研究中的合法边缘参与理论（Lave 和 Wenger，1991；张振新和吴庆麟，2005）认为：LPP 由情境学习（Situated Learning）、身份构建（Identity Construction）及持续参与行为（Sustained Participation）3 个部分构成，主张情境学习和身份构建相互影响，并且一起为持续参与行为做贡献。 通过情境学习，成员能力被社区（通过身份调整）和其他成员（通过身份活动）逐渐认可，身份提升（Enhanced Identity）带来的合法性和机会，则促使他或她更多地加入情境学习（同时为其他成员情境学习做贡献），此过程最终促进参与者的持续参与行为。 这一过程也说明了虚拟社区用户的身份构建对其持续参与行为具有一定的促进作用。

在 Ma 和 Agarwal（2007）的研究中，他们把虚拟社区参与者对社区的知识贡献作为其持续参与行为的表现，从身份验证的角度考察了虚拟社区的环境特征对参与者持续参与行为的影响。 身份验证源于自我验证理论（Self-Verification Theory），主要强调个体身份得到团体中其他成员的识别并认可，从而达成认知共鸣的过程。 那么，在虚拟环境下，用户可以通过对自己在团体中成员身份的认知，并对这种成员身份形成情感上的联系和价值判断上的认可，进而促进其在虚拟社区里的持续参与行为。 故本研究提出以下假设。

H3：在虚拟环境下，用户对虚拟社区的认同能够促进其持续参与行为。

（4）自我构建的调节作用。 目前，自我构建理论的最受广泛研究的分类标准依旧是二重自我构建理论：独立型自我构建（Independent Self-construal）和相依型自我构建（Interdependent Self-construal）。 前者注重自身独特性，追求个人的独立自主，与之相联系的自我表征多涉及个人特质、能力和偏好；后者注重自己与他人的联系，渴望获得良好人际关系，其自我表征多以人际交往为背景（Markus et al.，1991）。 具有不同类型的自我构建倾向于在许多方面表现出不同的行为，包括人际交往、消费动机、消费选择和行为等（Eugenia，2011；White et al.，2012；Yang et al.，2012）。

在虚拟环境下，当用户评估虚拟环境的特征能否加强其内在心理需要的满足时，具有相依型自我构建的参与者因考虑到其他用户以及整个社区，往往会弱化自己原先的评估标准，评价结果倾向于对社区有益的方向，更易于使其内在心理需要得到更大的满足；而具有独立型自我构建的参与者因更关注自身的感受，往往会依据内心真实感受或者原先的评估标准，甚至提高标准来评价虚拟社区，并不会因考虑到社区的利益而弱化自己的标准，从而使其内在心理需要更难以得到更大的满足。 因此，本研究提出以下假设。

H4a：相依型自我构建对虚拟社区的特征与用户内在心理需要的满足之间的关系具有正向的调节作用。

H4b：独立型自我构建对虚拟社区的特征与用户内在心理需要的满足之间的关系具有负向的调节作用。

当虚拟环境能够满足用户的内在心理需要时，具有相依型自我构建的参与者更会关注与他人的关系和互动，以及自己所属社区的利益和长期发展，因而能够加强其虚拟社区的认同；而具有独立型自我构建的参与者此时更多考虑自身的利益和满足，追求自身个性，较少关注其他成员和整个社区的利益，因而会减弱其虚拟社区认同。 因此，本研究提出以下假设。

H5a：相依型自我构建对虚拟社区用户的内在心理需要的满足和虚拟社区认同之间的关系具有正向的调节作用。

H5b：独立型自我构建对虚拟社区用户的内在心理需要的满足和虚拟社区认同之间的关系具有负向的调节作用。

相依型自我构建更注重自己与他人的联系，渴望获得良好的人际关系；而独立型自我构建更关注自身独特性，追求个人的独立自主与自身的个性特质及偏好。 同样，在虚拟环境下，具有相依型自我构建的参与者更多关注与他人的联系和整个社区的利益，因而更愿意为社区贡献出自己的力量，能够加强参与者虚拟社区认同对其持续参与行为的影响；而具有独立型自我构建的参与者比较注重自身的利益和满足，追求自身个性，较少关注其他成员和整个社区的利益，因而会减弱参与者虚拟社区认同对其持续参与行为的影响。因此，本研究提出以下假设。

H6a：相依型自我构建对虚拟身份认同和持续参与行为之间的关系具有正向的调节作用。

H6b：独立型自我构建对虚拟身份认同和持续参与行为之间的关系具有负向的调节作用。

7.3 研究设计与分析

因本研究的研究对象是虚拟社区，因此参照 Armstrong 和 Hagel（1996）提出的分类标准，选择了两种类型的虚拟社区作为本次研究对象的代表。这两类虚拟社区分别是基于兴趣/信息交换的虚拟社区——豆瓣网和基于关系/情感支持的虚拟社区——新浪微博。本研究所涉及的调查问卷测项包括 2 部分内容：被调查者的基本信息测项和研究中所涉及的变量测项。本文针对豆瓣网（基于兴趣的虚拟社区）及新浪微博（基于关系的虚拟社区）两种类型的社区，采取问卷调研的方式来收集数据，对来自豆瓣社区的 43 两个持续参与者的问卷及来自新浪微博的 191 份问卷，用 AMOS 软件进行了结构方程模型的分析，从而对本研究所提的假设进行验证，如表 7-1 所示。

表 7-1 模型假设检验结果

研究假设	路径说明	结论
H1a：支持虚拟共存的环境特征能够加强虚拟社区用户内在心理需要的满足	虚拟共存→心理需要满足	支持
H1b：支持用户持续性标签的环境特征能够加强虚拟社区用户内在心理需要的满足	持续性标签→心理需要满足	不支持
H1c：支持用户自我展现的环境特征能够加强虚拟社区用户内在心理需要的满足	自我展现→心理需要满足	支持
H1d：支持用户资料深度挖掘的环境特征能够加强虚拟社区用户内在心理需要的满足	信息深度挖掘→心理需要满足	支持
H2：虚拟社区用户内在心理需要（自主、能力、关系）的满足能够加强其虚拟社区的认同	心理需要满足→虚拟社区认同	支持

续　表

研究假设	路径说明	结论
H3：在虚拟环境下，用户对虚拟社区的认同能够促进其持续参与行为	虚拟社区认同→持续参与行为	支持
H4a和H4b：自我构建对虚拟社区的特征与用户内在心理需要的满足之间的关系具有调节作用	调节作用不显著	
H5a和H5b：自我构建对虚拟社区用户内在心理需要的满足和虚拟社区认同之间的关系具有调节作用	调节作用不显著	
H6a和H6b：自我构建对虚拟身份认同和持续参与行为之间的关系具有调节作用	调节作用不显著	

7.4　结　论

本研究在回顾虚拟社区用户持续参与行为已有研究的基础上，从社会认同理论的视角，探讨了在虚拟社区环境下，虚拟社区用户的内在心理需要如何通过认同过程影响用户持续参与行为的心理机制，并探讨了用户不同类型的自我构建对这一心理机制的调节作用。研究发现，支持虚拟共存、自我展现及用户资料深度挖掘的虚拟社区环境能够加强虚拟社区用户的内在心理需要的满足，而虚拟社区用户内在心理需要（自主、能力、关系）的满足能够促进其虚拟社区认同；并进一步说明在虚拟环境下，用户的虚拟社区认同能够促进其持续参与行为。然而，随着信息技术的飞跃发展，虚拟社区里的元素越来越丰富，已拓展至线下活动、同城活动、活动小组等，Porter et al.（2011）的研究也表示可以通过增强社区成员的相互联系进而促进其社区成员的持续参与，如鼓励用户根据所在地点、共同兴趣或其他要素形成更小的圈子；也可鼓励社区成员面对面交流，增加线下接触机会，增加社区成员之间的关系及情感联系，进而促进社区成员的主动持续参与。因此，后续的研究可以考虑从对虚拟社区元素的进一步挖掘中，探讨在虚拟社区环境下如何更有效地促进用户的主动持续参与。

参考文献：

[1] ARMSTRONG A, HAGEL J. The real value of online communities [M] // LESSER E, FONTAINE M, SLUSHER J. Knowledge and communities. London: Routledge, 2000: 134-141.

[2] BAGOZZI R P, DHOLAKIA U M. Intentional social action in virtual communities [J]. Journal of interactive marketing, 2002, 16 (2): 2-21.

[3] DHOLAKIA U M, BAGOZZI R P, PEAROB L K. A social influence model of consumer participation in network-and small-group-based virtual communities [J]. International journal of research in marketing, 2004, 21 (3): 241-263.

[4] DHOLAKIA U M, VERA B, CAROLINE W, et al. Communal service delivery: how customers benefit from participation in firm-hosted virtual P3 communities [J]. Journal of service research, 2009, 12 (2): 208-226.

[5] ELEMERS N, KORTEKAAS P, OUWERKERK J W. Self-categorization, commitment to the group, and group self-esteem as related but distinct aspects of social identity [J]. European journal of social psychology, 1999, 29 (2/3): 371-389.

[6] FANG Y L, NEUFELD D. Understanding sustained participation in open source software projects [J]. Journal of management information systems, 2009, 25 (4): 9-50.

[7] LAVE J, WENGER E. Situated learning: legitimate peripheral participation [M]. New York: Cambridge University Press, 1991.

[8] MA M, AGARWAL R. Through a glass darkly: information technology design, identity verification, and knowledge contribution in online communities [J]. Information systems research, 2007, 18 (1): 42.

[9] MARKUS H R, KITAYAMA S. Culture and the self: implications for cognition, emotion, and motivation [J]. Psychological

Review, 1991, 98（2）：224-253.

[10] MASSIMO B, RICHARD P B. Self-categorization, affective commitment and group self-esteem as distinct aspects of social identity in the organization [J]. British journal of social psychology, 2000, 39（4）：555-557.

[11] SPEARS R, LEA M. Panacea or panopticon? The hidden power in computer-mediated communication [J]. Communication research, 1994, 21（4）：427-459.

[12] WHITE K, ARGO J J, SENGUPTA J. Dissociative versus associative responses to social identity threat: the role of consumer self-construal [J]. Journal of consumer research, 2012, 39（4）：704-719.

[13] YANG X, MAO H, PERACCHIO L A. It's not whether you win or lose, it's how you play the game? The role of process and outcome in experience consumption [J]. Journal of marketing research, 2012, 49（6）：954-966.

[14] 楼天阳，陆雄文.虚拟社区与成员心理联结机制的实证研究：基于认同与纽带视角 [J].南开管理评论，2011（2）：14-25.

[15] 张振新，吴庆麟.情境学习理论研究综述 [J].心理科学，2005（1）：125-127.

8 虚拟社区激励政策对成员参与动机的影响：是强化还是削弱？①

8.1 引 言

过去 10 年基于用户产生内容的虚拟社区（User Generated Content Community，UGCC）获得快速增长，如 YouTube、Flickr、百度贴吧、豆瓣网等，各种社区内的在线群组已经成为企业与消费者沟通、传递在线服务、建立品牌社群并进而提高销售（Anderson，2005；Fader 和 Winer，2012）的重要营销工具。因此，越来越多的社区运营者以及商业公司增加在线营销投入，给予社区参与者以报酬，以期增加社区内容的吸引力来维护社区成员的活跃度。然而，不同于企业组织，虚拟社区依赖于社区成员的积极参与和自愿贡献而非受雇佣员的劳动。因此，传统的激励—报酬（Incentive-pay）机制能否激励虚拟社区成员持续参与的潜在动机成为社区运营的关键问题（Roberts et al.，2006；Fang 和 Neufeld，2009；张喆等，2013）。

过去大量的实证研究探讨了网民参与各种类型社区如实践社区、OSS 社区、内容社区、品牌社区等的具体动机类型以及对参与行为的影响（如，Hertel et al.，2003；Dholakia et al.，2004；Wasko 和 Faraj，2005；Zhang 和 Ke，2009；Nov et al.，2010）。基于个体需求满足角度归纳出动机类

① 本章内容根据已发表文章修订。楼天阳、范钧、吕筱萍等：《虚拟社区激励政策对成员参与动机的影响：强化还是削弱？》，《营销科学学报》，2004 年第 10 卷第 3 期，第 99—112 页。（曾被人大复印资料《市场营销？理论版》2015 年 2 月全文转载，第 37—47 页。）

型，或将外部动机和内部动机并列作为影响参与行为的前置变量，上述研究存在的缺陷主要有两个：（1）没有从一个完整的动机框架研究动机之间的关系，对虚拟社区参与的研究假设这些动机是独立的、互补的或相互强化的，但事实上一些动机与其他动机可能是负相关的，增加这些动机的水平可能削弱其他参与动机（Roberts et al.，2006）；（2）没有将虚拟社区的激励政策进行分类处理。以往研究探讨虚拟社区外部动机和内部动机关系时常将外部动机定义为金钱报酬（Roberts et al.，2006）；事实上虚拟社区中参与的网民更加注重内在的兴趣和自愿参与。因此，金钱报酬和非金钱报酬是否都存在挤出效应（Crowding Theory）（Frey 和 Jegen，2001），目前的研究结论并不一致。

本研究将聚焦于用户产生内容的在线社区，针对上述研究中存在的缺陷展开：（1）从社区成员视角转向虚拟社区运营者视角，研究社区外部激励政策对社区成员参与动机的影响；（2）基于完整的内外动机连续谱框架来考察动机系统之间的相互作用，特别是外部激励政策对内部动机以及内部化动机的作用；（3）进一步将虚拟社区的激励政策如积分系统、财富币、特权、身份头衔等区分为货币式和非货币式激励政策两类，验证其对参与动机的不同激励效应。此问题的厘清将有利于社区的运营者在管理实践活动中，选择合理的管理手段（外部激励政策），有针对性地提升社区成员的贡献程度。

8.2   文献回顾与理论框架

本研究模型利用组织和心理学中动机、行为与绩效的模型框架（Mitchell 和 Daniels，2003）。在该框架中，动机会随个体而发生变化，并结合其知识、技能和能力产生与任务相关的行为。这些行为进而对个体的绩效产生影响。这里有必要区别两组关系：一是激励政策与动机的关系，激励政策是指网民感受到的虚拟社区的管理政策，而动机则是指个体的心理状态，政策对动机会产生影响是因为当他们受到激励时会专注于特定的任务成分，进而会产生特别的动力；二是动机与行为之间的关系，其中动机是指向某个任务的心理状态（Psychological State），而行为则是动机心理驱力产生的结果。

8.2.1 虚拟社区参与的内外动机

对于虚拟社区参与动机的分类，学者提出了各种框架，其中最常用的框架是基于自我决定论（SDT）（Deci 和 Ryan，1985）的内外动机区别（Von Krogh et al.，2012）。自我决定理论基于有机的视角，假定每个个体都有一种先天的内在的建设性地完善与整合自我的意识；也就是说，所有个体都具有一种使得自我心灵的各部分成为整体，并与他人或周围社会成为整体的倾向。根据自我整合程度不同，人们完成任务的动机分为内部动机、外部动机和内部化动机 3 个类别（Ryan 和 Deci，2000）。内部动机是指激发任务本身的潜在性（Lepper 和 Henderlong，2000），即人们受活动本身的兴趣驱动，所推动的行为完全是自主的。外部动机是指人们为了获得某种与自我可分离的结果才去从事一项活动的倾向，是受到外在环境调节的行为驱力。比如，OSS 社区情境下的贡献行为，如果纯粹是为了娱乐去写编码是出于内部动机，而为了能够获得报酬去做贡献则是典型的外部动机（Roberts et al.，2006）。还有一类动机如为了解决某个问题（使用价值），或提升自己身份和职业机会等，这些被定义为外部动机的内部化（Ryan 和 Deci，2000）。事实上研究表明，OSS 社区的开发者既受到内部动机驱使，又受到外部动机驱使（Hars 和 Ou，2002；Roberts et al.，2006；Wu et al.，2007），但也有研究表明参与虚拟社区的动机存在内外的差异（Hertel et al.，2003）。

UGC 社区依赖于用户不断贡献内容，随着各种类型 UGC 社区对消费者行为影响的不断扩大，如各兴趣 BBS 论坛、口碑评论社区、OSS 资源社区等，UGC 社区对企业营销实践的影响越来越大（Fader 和 Winer，2012）。因此，越来越多的公司将 UGC 社区整合到企业的营销计划中。为了激励社区成员能不断贡献内容，社区运营者或赞助公司都提供了各种奖励或激励政策。这里的激励政策是指社区组织者在社区内管理社区成员的具体制度和措施，某种程度上是强化运营者想要行为的激励措施，如声誉或级别制度，甚至一些公司社区会给予金钱奖励。在虚拟社区情境下，这些激励政策可以分为两种类型：一种是金钱补偿或准货币的补偿。尽管虚拟社区并非赢利组织，但往往会提供类似金钱的奖励如虚拟币，这些虚拟币可以用来实际购买或交换产品和服务，如在优酷发布的原创视频中，可以根据点击率直接转化成金钱收入；另一些虚拟社区为了激励版主的长期管理行为，会给予版主直接的金钱报酬。 另外一种激励措施则是非货币的奖励措施，如身份和级别制度、准入特权等，更加偏向于社会利益而非货币补偿。 这些激励政策都可以看作对参与者绩效的回报（Pay for Performance），常常是为了取得随后伴随的物质或自我卷入的结果，因此可以看成是外部动机。 特别是货币式的激励政策，可以看作类似金钱补偿（Monetary Compensation），具有严格的外部动机特征（相比较于其他的外部激励而言）。

内部动机与人类自主和胜任的需求满足相关（Deci，1985）。 虚拟社区是一个网民完全来去自如的地方。 相比于其他组织背景，虚拟社区允许网民自主地享受其中的浏览体验以及发帖/回帖带来的成就感。 比如，Osterloh和 Rota（2007）区别出了基于娱乐的内部动机和基于义务或社区的外部动机。 虽然这是一个理论观点，但 Lakhani 和 Wolf（2005）通过问卷调查证明内部动机与外部动机一样都会影响工作效果。 因此，在虚拟社区参与中，满足成员这种自主和胜任的需求最为主要的是两个：一是浏览过程中能够消磨时间的娱乐价值（Nov et al.，2010），被认为是网络社区贡献内容最为突出的理由（Roberts et al.，2006）；二是利他主义，如分享内容、帮助别人是驱动社区成员参与的一个重要原因，由于利他行为是自我满足（Self-contained）的，也被认为属于内部动机的类别（Von Krogh et al.，2012）。

内部化动机是指存在内外动机连续谱中的一些中间动机（Deci 和 Ryan，1987），它是个体同化或重组外部激励，试图将社会赞许的道德态度和要求转化成为个体赞同的价值与自我调节的一种积极、自然的过程。 主要通过内射（Introjected regulation）和认同（Identification）两种方式把这些外部激励转化成他们自己的动机，所以他们感觉这是自我调节（Self-regulating）的行为而非外部强加的（External Impositions）（Roberts et al.，2006）。 但这些动机推动的行为仍然是为了达到对个体而言非常重要的结果，如社会的价值或存在的意义，而不是单纯以兴趣或乐趣为出发点。 在虚拟社区中，这些内部化的外部动机主要表现为声誉（Reputation）和实用价值（Own-use Value）（Von Krogh et al.，2012），声誉是指个体从其他社区成员获得的才能信号，而实用价值主要指社区成员个人能够从社区中获得的信息价值。

在本研究中，我们来检验外部激励策略与内部动机的关系，总体框架模型见图 8-1。 心理学中已经有充足的研究证明外部动机能够取代内部动机。特别在激励依赖于绩效，或者个体希望获得报酬，或者可触摸的激励类型情况下，外部激励会削弱内部动机，并将此概括为"挤出效应（Crowding-out Effect）"（Frey 和 Jegen，2001）。 Osterloh 和 Frey（2000）对 OSS 的研究认为，外部动机可能会挤出软件和其他知识的自愿分享程度。 但是，Eisenberger 和 Cameron（1996）基于元分析指出，奖励对内部动机的任何削弱效果都能够避免，奖励可以增强个体的创造性（张剑和郭德俊，2003）；Roberts et al.（2006）的研究也发现，外部动机对内部动机没有挤出效应，一些调查也表明 40% 的 OSS 贡献来自有报酬支付的工作时间（Hars 和 Ou，2002）。 我们假设这不一致的结论与社区提供的激励类型有关，虚拟社区与严格雇佣的组织背景不同，是一个社区成员自主参与、自愿贡献的社区组织。因此，他们的参与和分享行为主要受自己的兴趣驱动。 根据社会交换理论，他们主要收获别人的赞誉和感谢。 心理学研究表明，这种无形的外在奖励（如口头的、社会的）较有形的奖励产生更多的促进作用与更少的削弱作用（张剑和郭德俊，2003）。 因此，我们认为以此为基础的非货币性激励政策（如积分头衔、等级系统）能够强化这种自主的参与和利他行为。 相反，对于直接指向社区参与行为的外部货币性激励政策，根据挤出效应逻辑，会削弱受激励参与者在社区参与行为的自主性和自由性，这种侵蚀效应在外部激励是金钱补偿情况下特别厉害，任何对这种参与任务自主性的限制与内部动机都会表现出负相关关系。 因此，本研究提出以下假设。

H1a：虚拟社区非货币式激励政策与内部动机（娱乐、利他）正相关。

H1b：虚拟社区货币式激励政策与内部动机（娱乐、利他）负相关。

处于认同调节阶段的内部化动机，即人们认识到了并且认可行为的潜在价值，并内化为自我的一部分，相比较于纯外部动机具有更好的自主性，但仍然是工具性的。 心理学研究发现，一些外部动机即使已经内部化，仍然对内部动机有挤出效应。 实用动机是驱动社区成员参与的主要动力之一（Hertel et al.，2003；Dholakia et al.，2004），是用户感知到的外部利益，但从心理学角度来看使用价值已经把虚拟社区的价值内化为个体认可的价值（Roberts et al.，2006）。 因此，虚拟社区用户通过使用价值认同该社区，并出于内心的互惠义务感为社区贡献内容，因此与利他内部动机正相关。 但是，Ryan 和 Deci（2000）认为，这种认同与个体其他信念和价值仍然是分离的，自主程度较低。 如，一个社区成员可能基于认同该社区而去完成某项任务而非出于内在兴趣或乐趣，因为能够给社区其他人提供价值。 Rossi（2004）认为，使用价值很好地解释许多程序员尽管不能感受内在快乐，却仍然在 OSS 社区中去完成那些不感兴趣的和乏味的任务。 因此，本研究提出以下假设。

H2a：内部化动机（实用动机）与内部动机（利他动机）正相关，与内部动机（娱乐动机）负相关。

处于内射调节的动机指的是个体通过自我价值（骄傲）与威胁（犯罪与羞耻）的感觉对自己的行为进行调节，是与自尊伴随的调节。 外在调节和内射调节的外部动机因为更少的自我决定而被称为控制性动机，如获取报酬、逃避惩罚、避免内疚羞耻或得到价值的感觉，由控制性动机推动的行为常常是为了随后伴随的物质的取得或自我卷入的结果（张剑等，2010）。 组织心理学研究表明，基于内射调节的内部化动机如自我提升也会降低内部动机。 在虚拟社区中，个体可能为了获得声誉而发展技能，导致许多社区成员为了尽快提高自己在虚拟社区的身份而不断去产生内容，而非自己确实对此有看法或者有兴趣，因此基于内射调节的声誉动机并非完全自主调节，与内部娱乐动机是负相关的。 同时，在虚拟社区中社区成员并非受组织雇佣，当他们的发帖/回帖等行为受到他人积极反馈的时候，认知评价理论会促使他们产生对自己行为的胜任感和自尊感觉，而社区组织给予的各种声誉正是基于其他人的承认，由此提高个人内在动机水平。 因此，本研究提出以下假设。

H2b：内部化动机（声誉动机）与内部动机（利他动机）正相关，与内部动机（娱乐动机）负相关。

对于外部激励和内部化动机之间的关系，Ryan 和 Deci（2000）认为，那些能够促进自主决定感觉的外部激励能够促进外部动机的内部化。 依赖绩效的激励（如报酬）能如其他动机一样在绩效考核期间影响个体去完成任务，因为这些激励能在个人水平上增加完成好任务的重要性，这意味着激发个体努力胜任的激励能够扩充和提升他们其他的外部动机。 根据此逻辑，我们认为虚拟社区成员的参与行为受到的奖励与其他外部动机包括实用动机和声誉动机是互补的，因为社区参与如分享和评论信息提高社区使用价值证明了其胜任性，而且这种胜任会得到各种奖励。 相对于货币式激励，在自愿参与的虚拟社区情境中，我们认为网民会更加看重自己的积分、头衔等非货币式的激励政策。 Daugherty et al.（2011）已经证明现金激励是最差的。 随着参与度的加深和社区感的建立，对于那些深度嵌入社区的成员，现金报酬被认为是一种侮辱，他们更喜欢被给予专项的感谢礼物（Porter et al.，2011），比如某种特权。 因此，本研究提出以下假设。

H3a：虚拟社区外部激励政策（货币式与非货币式）都与实用动机正相关，且非货币式激励政策对实用价值动机的影响要大于货币式激励政策。

同样，那些因为参与社区被奖励的个体会具有更高的声誉动机，因为获得声誉的提升能证明个体的胜任性，而且这种胜任性会获得各种奖励和报酬。 同样，我们预期在虚拟社区情境中，网民会更加看重自己的积分、头衔等非货币式的激励政策。 因此，本研究提出以下假设。

H3b：虚拟社区外部激励政策（货币式与非货币式）都与声誉动机正相关，且非货币式激励政策对声誉动机的影响要大于货币式激励政策。

8.2.2 动机对参与行为的影响

我们预期那些在虚拟社区体验到更高使用价值的个体，在虚拟社区会有更高的参与水平。 对于虚拟社区中的实用动机，最为主要的是能够获取信息，或者帮助解决问题，这给参与者提供了一个强大的动机来浏览或发帖/回帖等。 因此，具有越高的使用价值动机会导致越高水平的社区参与。 因此，本研究提出以下假设。

H4a：社区参与者的实用动机与他们的社区参与程度正相关。

同样，声誉动机对社区参与行为有驱动作用。 虚拟社区的参与者在向社区网站贡献内容时，如何解释在并没有明确的利益回报情况下的自愿贡献行为。 后来，学者基于交换理论证明声誉是一个重要的动机（Wasko 和 Faraj，2005）。 因此，虚拟社区的非货币性激励政策如积分等级、头衔等系统正是对此动机的直接指向，只要预期的声誉奖励能够超过其成本，社区成员就会努力去参与。因此，本研究提出以下假设：

H4b：社区参与者的声誉动机与他们的参与程度正相关。

组织心理学的文献建议最理想的工作动机是基于工作本身。这样，卷入到任务本身就能直接满足个体的目标。一些研究表明，个体出于内部动机去完成一些活动时会履行得更加认真。在虚拟社区的情境中，出于内部动机的浏览和贡献行为当然会具有更高程度的参与，因为他们喜欢发帖/回帖、分享自己的观点。因此，本研究提出以下假设。

H5a：社区参与者的内部动机（娱乐动机）对社区参与程度有正向作用。

H5b：社区参与者的内部动机（利他动机）对社区参与程度有正向作用。

8.2.3　参与程度与绩效的关系

虚拟社区参与者的绩效评价（Performance Ranking）与他/她之前的参与（贡献）水平相关。参与行为与绩效是不同的，因为绩效常是别人对个体行为结果的评价，它是评判个体完成任务好坏的程度（Kanfer，1990）。在虚拟社区中，人们基于各种动机参与社区的贡献，这些动机进而会影响他们的参与行为。假以时日，一些社区会定期对社区成员的参与行为和贡献进行评价和反馈，这些评价反映了参与者实际的参与水平，这种绩效的评价会导致社区内贡献者级别变化。因此，本研究提出以下假设。

H6：社区成员的参与程度与参与绩效正相关。

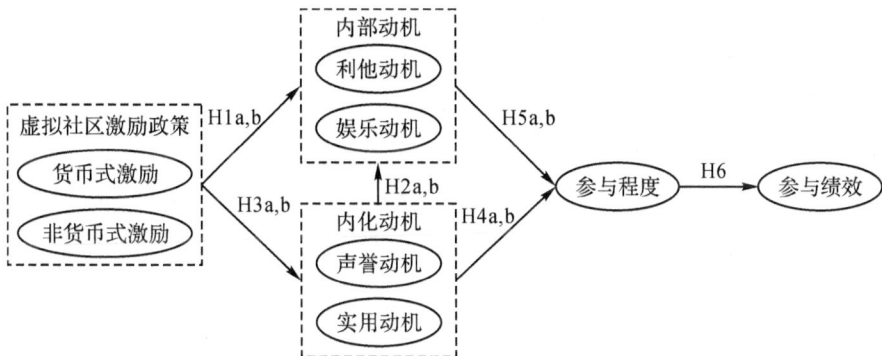

图 8-1　虚拟社区激励政策对成员内部参与动机的激励效应模型

8.3　研究方法

8.3.1　样本与数据收集

在对相关网上行为的研究中，一般认为采用网络问卷方法比传统打印问卷收集在相对信度、效度和质量控制上更好，而且可以减少数据偏差。 此次我们通过网络数据收集平台（http：//www.findoout.com）来收集，该平台为国内专业的调研网站，其目标浏览客户主要来自国内各内容社区网站，与本次调研对象一致。 为了鼓励调研对象参与在线问卷的填写，我们给每个完整填完问卷的参与者提供 10 元在线话费充值激励。 在正式发放问卷前，我们在网站平台做了一次小规模 120 多人的预调研。 最终问卷在 2012 年 6—8 月收集，总共回收了 945 份问卷，为避免重复完成问卷我们剔除掉来自同一 IP 地址的问卷，然后对问卷进行完整性和逻辑性的基本检验，最后收集有效问卷 715 份，其中男性和女性比例分别为 45.1％和 54.9％，社区注册会员占 53.2％，回答者中浏览所填写社区超过 1 年的占 49.6％。 本次调查主要对象为非 SNS 类的网络社区，因此在问卷中做了甄别排除，最后回收到的样本涉及百度贴吧、豆瓣网、美丽说等国内几个典型的综合性和专业性用户产生内容社区，符合本次研究的要求。

8.3.2　构念的测量

本研究我们采用 Amos 17.0 和 SPSS 19.0 作为主要统计工具。 为有效地概念化和操作化这几个构念（见表 8-1），一方面我们采用相关研究中成熟的测量量表，另一方面我们对自己开发的构念（主要是社区激励政策测量）通过预调研进行测试，主要目的是对前测量表中意思不明确或情景不适用构念项目的语句或表达方式进行适当调整。 本研究中的构念测量采用多维七点李克特量表来测度。 本研究采用内外动力的连续谱理论来进行区分，两个内部动机娱乐动机采用 Dholakia et al.（2004）的四项目量表，利他动机采用 Osterloh 和 Rota（2007）的三项目量表，两个内部化动机和实用动机用 Hertel et al.（2003）的二项目量表，声誉动机采用 Wasko et al.（2005）的 3 项目量表。 参与程度测量主要参考 Dholakia et al.（2004）的测量，主要测度社区成员的参与程度、贡献水平；参与绩效测量主要参考 Roberts（2006）的量表。 关于货币激励和非货币激励两个概念的测量，本研究将从社区成员所感知到的管理政策进行定义，我们以 Chen（2012）所提出的金钱、社会和活动 3 种类型激励政策为基础，根据国内虚拟社区实际提供的激励政策和定性访谈进行调整，以确保其内容效度，最后分别用四项目量表和五项目量表进行测量。

8.4　研究结果

8.4.1　测量模型的检验

内部一致性。 我们用两种方法来评价构念的内部一致性。 组合信度 ρ_c 是 α 系数的相似测量，而方差析出量（Average Variance Extracted, AVE）则估计了测量构念所抓取的误差相对于随机测量误差的比例（Fornell 和 Larcker，1981）。 通常认为达到内部信度的标准是 ρ_c 大于 0.60 和 AVE 大于 0.50（Bagozzi 和 Yi, 1988）。 如表 8-1 所示，所有的值都达到了相应的标准，显示了较好的内部一致性。

表 8-1　测量构念的均值、标准差、信度和内部一致性统计

构念	测量项目数	均值	标准差	组合信度 ρ_c	平均析方差 AVE
娱乐动机	4	3.56	1.09	0.61	0.82
利他动机	3	3.25	1.2	0.63	0.83
实用动机	2	3.80	1.02	0.67	0.79
声誉动机	3	3.10	1.07	0.65	0.85
货币式激励	4	2.09	1.12	0.91	0.72
非货币式激励	5	2.47	1.23	0.89	0.65
参与程度	3	2.57	1.69	0.88	0.71
参与绩效	3	2.45	1.06	0.93	0.83

区别效度检验。 我们用两种方法来检验效度。 首先对测量模型的 8 个构念进行验证性因子分析。 测量模型的卡方（ χ^2 ）＝600.06（df＝245， p＜0.001）， 绝对拟合指数 GFI＝0.936， 相对拟合指数 CFI＝0.971， TLI＝0.965， 近似误差均方根 RMSEA＝0.045。 上述结果显示， 模型拟合良好。 所有潜变量的相关系数见表 8-2。 检验区别效度第一步， 每个构念的 AVE 值必须满足以下两个条件：（1）大于 0.50；（2）大于构念之间相关系数的平方。 由表 8-1 可知， 所有构念的 AVE 值明显大于构念之间相关系数的平方。 除此之外， 对于每一对因子， 我们比较测量受约束相关系数等于 1 和没受约束的基准模型卡方变化值。 我们用卡方值的变化来测试每一个因子（总共 28 个测试）， 每一个组关系都导致显著的变化， 显示测量模型中所有构念的测量达到了区别效度。

表 8-2　全样本潜变量的相关系数矩阵

	娱乐动机	利他动机	实用动机	声誉动机	货币式激励	非货币式激励	参与程度	参与绩效
娱乐动机	1							
利他动机	0.548**	1						
实用动机	0.524**	0.389**	1					
声誉动机	0.264**	0.410**	0.308**	1				
货币式激励	－0.045	0.215**	0.047	0.444**	1			
非货币式激励	0.098*	0.293**	0.149**	0.528**	0.791**	1		
参与程度	0.071	0.342**	0.061	0.367**	0.415**	0.411**	1	
参与绩效	0.217**	0.419**	0.179**	0.431**	0.358**	0.357**	0.469**	1

注：* 表示在 0.05 水平显著；**表示在 0.01 水平显著。

8.4.2　结构模型

结构方程分别对全模型（H1—H6）进行拟合检验， 所有拟合统计数据信息和路径显著性见图 8-2。 首先对全模型进行拟合， 结构模型的卡方（ χ^2 ）＝772.08（df＝258， p＜0.001）， 绝对拟合指数 GFI＝0.919， 近似误差均方根 RMSEA＝0.053， 相对拟合指数 CFI＝0.958， TLI＝0.950。 上述结果显示模型拟合非常好，可以接受。大部分路径系数估计都显著。

在全模型中的假设验证，首先考虑激励政策和内部动机的影响，货币式激励与内部娱乐动机有显著的负相关关系（β＝－0.083，S.E.＝0.035），与内部利他动机关系不显著；非货币式激励政策与娱乐动机关系不显著，但与利他动机有显著的正相关关系（β＝0.107，S.E.＝0.044）。假设 H1a 和 H1b 都部分得到支持，这说明货币式和非货币式激励政策对不同内部动机的影响不一致，总体可以说明货币式激励对内部动机更多表现为负向影响，而非货币式激励对内部动机更多表现为正向影响。接下来，我们考虑内部化动机与内部动机之间的关系。实用动机与娱乐动机有显著的正相关关系（β＝0.522，S.E.＝0.045），与利他动机也有显著的正相关关系（β＝0.369，S.E.＝0.048）；声誉动机与娱乐动机有显著的正相关关系（β＝0.156，S.E.＝0.043），与利他动机也有显著的正相关关系（β＝0.237，S.E.＝0.048）。H2a 和 H2b 都只有一半得到支持，假设中认为两个内部化动机与娱乐动机是负相关关系，但结果显示为正相关关系。总体而言，这些外部策略对内部动机的影响解释了内部娱乐动机 31.4% 和利他动机 25.6% 的变异。

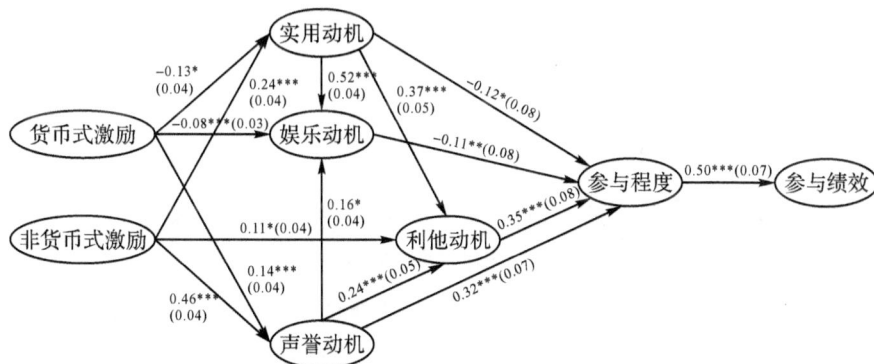

图 8-2　估计模型

注：每条路径所标为非标准系数，括号内为标准误；***表示 0.001 显著性水平，**表示 0.01 显著性水平，*表示 0.05 显著性水平；不显著的路径直接在图中省略。

其次，至于 H3，我们考虑外部激励与内部化动机的关系，货币式激励政策与实用动机有显著的负相关关系（β＝－0.131，S.E.＝0.040），非货币式激励政策与实用动机有显著的正相关关系（ $\beta = 0.240$，S.E. $= 0.040$），H3a 得到部分支持。 货币式激励政策与声誉动机有显著的正相关关系（ $\beta = 0.136$，S.E. $= 0.040$），非货币式激励政策与声誉动机也有显著的正相关关系（ $\beta = 0.457$，S.E. $= 0.040$），且从路径系数看其影响作用远大于货币式激励政策，H3b 得到完全验证。 声誉动机 22.3％和实用动机 7.8％的方差得到解释。 总体而言，激励政策对实用动机的影响很小。

最后，关于动机和参与行为之间的关系，实用动机与参与行为之间为边缘显著的负相关关系（ $\beta = -0.116$，S.E. $= 0.085$），H4a 不被支持；声誉动机对参与行为有正向的显著影响（ $\beta = 0.313$，S.E. $= 0.066$），H4b 得到支持；两个内部动机中，娱乐动机与参与行为之间负相关关系边缘显著（ $\beta = -0.102$，S.E. $= 0.085$），H5a 不被支持；利他动机对参与行为有正向的显著影响（ $\beta = 0.344$，S.E. $= 0.086$），H5b 得到支持，这些动机因素总体解释了参与行为 24.3％的变差。 参与行为与参与绩效之间的关系为显著的正相关（ $\beta = 0.494$，S.E. $= 0.066$），H6 得到支持，解释了参与绩效评价 23.4％的方差。

8.4.3　竞争模型比较

判断模型好坏的一个重要标准是与竞争模型的比较效果（Bagozzi 和 Yi，1988）。 我们所提出的模型基于详尽的理论构建了一个构念之间的法则关系。 如，我们所提出的模型并没有允许外部激励政策与参与行为之间有直接的关系，这样外部激励政策对参与行为的影响主要由内部动机和内部化动机承担中介作用，来检验外部动机对内部动机的作用。 一个非收敛竞争模型（Nonparsimonious Rival Model）会假设所有动机与参与行为之间的直接关系，见图 8-3。

我们用以下标准来比较假设模型和竞争模型：总体拟合度、模型统计显著性参数的比例、路径的理论解释和内生变量的解释方差。 竞争模型的总体拟合度指标如下： $\chi^2 = 1127.6$（df $= 264$，p < 0.001），RMSEA $= 0.069$，GFI $= 0.884$，CFI $= 0.930$，TLI $= 0.918$。 从各个指标来看，竞争模型比我们提出的理论模型明显要差一些。 在我们提出的模型中，70.6％（17 条路径中 12 条）的路径显著，但是竞争模型中只有 67％（12 条路径中 8 条）的路径

显著；而且路径的理论解释不能显示外部激励政策通过个体动机进而对行为产生影响。最后，对于结果变量参与程度的解释，竞争模型为 20.0%，也小于理论模型的 24.3%。上述结果使我们增加了对概念模型法则关系的信心。

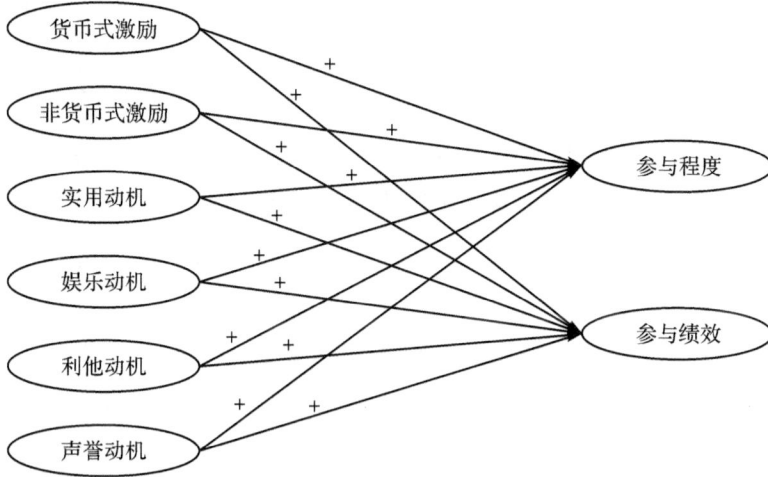

图 8-3　竞争模型

8.5　结论与启示

本研究检验了基于用户产生内容虚拟社区中激励政策、动机与参与行为之间的关系，一些具体的结论、发现和讨论如下。

虚拟社区的外部激励政策对社区成员参与行为的激励效应并不一致，货币式激励对内部娱乐动机有显著的削弱作用，说明存在挤出效应；而非货币式激励与内部利他动机为正相关关系，存在相互补充作用。这与我们的预想部分一致。在西方经济学中激励动机最常表现为金钱补偿，货币式激励作为最为明显的报酬激励，在虚拟社区中对社区成员内在的参与意愿同样有削弱作用。Roberts et al.（2006）在对 OSS 社区的研究中发现，虽然没有直接的证据证明存在削弱作用，但是其结构模型中路径系数也为负只是并不显著，我们的研究证明了 Osterloh 和 Rota（2007）的观点在一般性的用户产生内容社区中同样适用。 而且，我们的研究结果显示了内部化动机与内部动机之间的关系。 首先，声誉动机对内部动机都有强化作用。 这与 Roberts et al.（2006）的研究结果较为一致，一个潜在的解释外部激励（非货币式激励）能够促进、调节和维持完成任务的兴趣（Sansone 和 Smith，2000）。 Daugherty et al.（2011）对参与调研社区成员激励手段的研究表明，那些资深的成员更加喜欢被给予某种类似特别身份的礼物如特权，而非金钱奖励。 因此，如果该虚拟社区成员在参与过程中级别和积分能够不断得到提升，这会不断提升他参与该社区的兴趣。 其次，我们同样发现实用动机对内部动机也有强化作用，这可能是使用价值的满足让虚拟社区成员满意，这种满意也能保持他对虚拟社区的参与兴趣。

我们同样检验了外部激励政策与内部化动机之间的关系。 总体来说，外部激励政策对内部化动机都有显著的强化作用，出乎我们意料的是货币式激励政策与实用动机为负相关关系。 Roberts et al.（2006）在证明 OSS 社区中外部动机（支付报酬）与实用动机之间关系时，也惊讶地发现二者之间为负相关关系。 我们的研究结果为此关系提供了进一步的佐证材料。 其解释是，当一个社区成员被外在激励来参与贡献内容时，与社区之间更像是一个雇佣关系，因此该社区对其自身的实用价值反而会减少。 一个替代的解释是，那些因为自身实用价值来参与社区因而获得奖励的成员，在未来享受实用价值的同时也会要求相应的奖励。 这其实证明了一个对内部化动机的挤出效应，内部化动机和外部动机之间也存在相互调整，金钱激励并不永远会增加公共物品的供给（Frey 和 Jegen，2001）。

最后，我们发现并非所有的动机对参与行为都有相同的影响。 关于动机与参与行为之间的关系，许多研究虽然都证明了内外动机对参与行为的不同驱动作用（如：Hertel et al.，2003；Wasko 和 Faraj，2005；Zhang 和 Ke，2009；Nov et al.，2010；Yang 和 Lai，2010），但都是在个体获取利益层面进行独立动机的测量，并未考虑动机之间的相互关系。 不过，这并不妨碍我们比较动机与参与行为之间的关系。 声誉动机和利他动机对参与行为都有显著的正向影响，这与 Wasko 和 Faraj（2005）、Robers et al.（2006）、Osterloh 和 Rota（2007）以及 Nov et al.（2010）的结论一致，但与我们预测的不一致的是，内部娱乐动机对参与程度并未有正向影响，而是有负向影响。Robers et al.（2006）针对 OSS 社区的研究结果是动机和参与行为之间没有显著的关系；Wasko 和 Faraj（2005）发现，实践社区内部动机与知识分享行为是边缘显著关系，而 Yang 和 Lai（2010）对 Wikipedia 中知识分享行为研究发现内部动机与分享的关系是负相关的，但并非显著。可能的解释是那些受内部动机激励去贡献编码的参与者更加自主和加强自我管理，他们不受参与绩效的影响，自然也不会对参与水平产生影响。也就是说，他们愿意花时间和精力去做他们感兴趣的工作，并不会因为绩效报酬而做大量他们不感兴趣的工作。由于我们本次研究中参与水平的测量接近于贡献内容，我们同样可以发现受内部娱乐动机去浏览社区的人，大部分是纯粹的浏览行为，而非贡献内容，他们并不会因为外部激励而去贡献内容；相反，如果参与该社区的成员有利他动机，那么，这就会对其贡献式的参与有正向影响。另外，我们发现实用动机对参与程度也是负向影响，这与 Hertel et al.（2003）研究中认为实用动机对 OSS 社区软件开发贡献行为有正向影响不一致，与 Roberts et al.（2006）的结论一致。这个发现的解释是，人们参与虚拟社区主要受实用价值的激发，想要获取内容、信息或者解决某个问题，一旦他们的问题得到解决或需求得到满足，他们就失去了进一步参与的兴趣。Sansone 和 Smith（2000）认为，在一些参与活动中没有激励来帮助维持兴趣，该兴趣随着时间的推移会降低。这个发现对于支持社区成员参与的管理具有重要意义，那些受实用动机激励的社区成员需要随后的激励来维持其参与水平。

总之，理解虚拟社区参与的不同动机是一致的还是不一致的十分重要，因为参与者的动机会结合其知识、技能和能力，产生参与者的行为和绩效（Mitchell 和 Daniels，2003）。本研究在虚拟社区成员参与的研究中具有以下贡献。首先，我们的理论模型和实证结果提升了对外部激励政策、参与动机和参与行为之间关系的理解。这与大部分研究把动机作为独立的前置变量研究与参与行为之间的关系具有很大不同，我们考虑了动机之间的相互关系，了解动机系统对于成功吸引和维持社区成员是非常有必要的。我们的研究结果表明，在虚拟社区情境中，内部动机与外部动机是一种共存的关系，外部动机既可能削弱内部动机，也可能对内部动机产生促进作用，其所产生的影响是由外部动机的类型决定的。 非货币式激励政策对内部动机更多表现出强化作用，而货币式激励政策更多表现为削弱作用。 其次，如果将动机区分为自我导向动机和他人导向动机，我们可以发现货币式激励政策对自我导向动机（如娱乐、实用）都有削弱作用，而对他人导向动机（利他、声誉）都有显著的强化作用；而非货币式激励政策对所有动机几乎都有显著的强化作用。 最后，我们的研究表明，动机与参与水平之间的关系并不一致，能够提升社区参与水平的动机主要为利他动机和声誉动机，基于自我导向的娱乐动机和实用动机对参与水平并没有积极的作用。

该研究对于虚拟社区的经营者来说具有以下意义：（1）社区经营者为了吸引和留住社区成员，实行外部激励政策是非常有必要的。 目前一些虚拟社区为版主支付工资报酬的做法，由于可以激发他们的互惠和利他动机，应该能够强化他们的责任意识。 但是对那些受实用动机和娱乐动机驱使的网民，给予货币激励则是完全错误的导向。 （2）在虚拟社区中拥有较好声誉的人往往是能够持续参与和贡献的人群。 因此，虚拟社区管理者可以通过采用除了积分、级别外的其他非货币式激励政策，如独特标志、荣誉身份来维持这种声誉动机。

本章研究对象主要聚焦于用户产生内容的网络社区，这是目前企业官网中采用历史最为悠久、功能最为齐全的社区模式，如小米的 BBS 官网社区，其目的也是能够比较清晰地研究激励政策对动机和参与行为的影响。 但本章的研究结论带有一定的局限性。 具体而言，本章在研究方法上主要采用网络平台自填问卷的方法，也未必能完全测度出消费者的动机需求，而且动机在社区参与过程中会随着时间的推移而发生演变，因此未来可以用纵贯数据来揭示社区成员不同阶段激励政策的效应。

参考文献：

[1] ANDERSON P H. Relationship marketing and brand involvement of professionals through web-enhanced brand communities: the case of Coloplast [J]. Industrial marketing management, 2005, 34 (3): 39-51.

[2] BAGOZZI R P, YI Y. On the evaluation of structural equation

models [J] . Journal of the academy of marketing science, 1988, 16 (1) : 74-94.

[3] CHEN C S, CHANG S F, LIU C H. Understanding knowledge-sharing motivation, incentive mechanisms, and satisfaction in virtual communities [J] . Social behavior and personality an international journal, 2012, 40 (4) : 639-647.

[4] DECI E L, RYAN R M. Intrinsic motivation and self-determination in human behavior [M] . Boston: Springer-Verlag, 1985.

[5] DECI E L, RYAN R M. The support of autonomy and the control of behavior [J] . Journal of personality social psychology, 1987, 53 (6) : 1024-1037.

[6] DHOLAKIA U M, BAGOZZI R P, PEARO L K. A social influence model of consumer participation in network- and small-group-based virtual communities [J] . International journal of research in marketing, 2004, 21 (3) : 241-263.

[7] FADER P S, WINER R S. Introduction to the special issue on the emergence and impact of user-generated content [J] . Marketing science, 2012, 31 (3) : 369-371.

[8] FANG Y, NEUFELD D. Understanding sustained participation in open source software projects [J] . Journal of management information systems, 2009, 25 (4) : 9-50.

[9] BAGOZZI R P. Evaluating structural equation models with unobservable variables and measurement error [J] . Journal of marketing research, 1981, 18 (1) : 375-381.

[10] FREY B S, JEGEN R. Motivation crowding theory [J] . Journal of economic surveys, 2001, 15 (5) : 589-611.

[11] HARS A, QU S. Working for free? Motivations for participating in open-source projects [J] . International journal of electronic commerce, 2002, 6 (3) : 25-39.

[12] HERTEL G, NIEDNER S, HERRMANN S. Motivation of software developers in open source projects: an Internet-based survey of contributors to the linux kernel [J]. Research policy, 2003, 32 (7): 1159-1177.

[13] KANFER R. Motivation theory and industrial and organizational psychology [M]. CA: Consulting Psychology Press, 1990: 75-170.

[14] KE W, PING Z. Motivations in open source software communities: the mediating role of effort intensity and goal commitment [J]. International journal of electronic commerce, 2009, 13 (4): 39-66.

[15] LAKHANI K R, WOLF R G. Why hackers do what they do: understanding motivation and effort in free/open source software projects [M] // FELLER J, FITZGERALD B, HISSAM S, et al. Perspectives on free and open source software. Boston: MIT Press, 2005.

[16] LEPPER M R, HENDERLONG J. Turning "play" into "work" and "work" into "play": 25 years of research on intrinsic versus extrinsic motivation [C] // SANSONE C, HARACKIEWICZ J M. intrinsic and extrinsic motivation: the search for optimal motivation and performance. San Diego: Academic Press, 2000: 257-307.

[17] BORMAN W C, ILGEN D R, KLIMOSKI R J. Handbook of psychology: industrial and organizational psychology [M]. New York: John Wiley & Sons Inc, 2003.

[18] NOV O, NAAMAN M, YE C. Analysis of participation in an online photo-sharing community: a multidimensional perspective [J]. Journal of the American society for information science and technology, 2010, 61 (3): 555-566.

[19] OSTERLOH M, ROTA S G. Open source software development: just another case of collective invention? [J]. Research policy, 2007, 36 (2): 157-171.

[20] ROBERTS J A, HANN I H, SLAUGHTER S A. Understanding

the motivations, participation and performance of open source software developers: a longitudinal study of the apache projects [J]. Management science, 2006, 52 (7): 984-999.

[21] ROSSI M A. Decoding the free/open source software puzzle: a survey of theoretical and empirical contributions [J]. The economics of open source software development, 2004: 15-55.

[22] RYAN R M, DECI E L. Self-determination theory and the facilitation of intrinsic motivation, social development, and well-being [J]. American psychologist, 2000, 55 (1): 68-78.

[23] SANSONE C, SMITH J L. Interest and self-regulation: the relation between having to and wanting to [M] // SANSONE C, HARACKIEWICZ J M. Intrinsic and extrinsic motivation: the search for optimal motivation and performance. San Diego: Academic Press, 2000: 341-372.

[24] VON KROGH G, HAEFLIGER S, SPEATH S, et al. Carrots and rainbows: motivation and social practice in open source software development [J]. MIS quarterly, 2012, 36 (2): 649-676.

[25] WASKO M L, FARAJ S. Why should I share? examining social capital and knowledge contribution in electronic networks of practice [J]. MIS quarterly, 2005, 29 (1): 35-57.

[26] WU C G, GERLACH J H, YOUNG C E. An empirical analysis of open source software developers' motivations and continuance intentions [J]. Information & management, 2007, 44 (3): 253-262.

[27] YANG H L, LAI C Y. Motivations of wikipedia content contributors [J]. Computers in human behavior, 2010, 26 (6): 1377-1383.

[28] 张剑, 郭德俊. 内部动机与外部动机的关系 [J]. 心理科学进展, 2003, 11 (5): 545-550.

[29] 张剑, 张建兵, 李跃, 等. 促进工作动机的有效路径：自我决定理论的观点 [J]. 心理科学进展, 2010, 18 (5): 752-759.

[30] 张喆，赵明霞. 虚拟社区成员持续参与行为的心理机制研究——基于社会认同理论的视角 [C] //JMS 中国营销科学学术年会暨博士生论坛. 营销科学学科编辑部，清华大学，2013.

9 虚拟社区成员持续参与的前因与结果模型:以 MMORPG 游戏公会为例

过去 10 年,虚拟社区的发展成为企业和营销者关注的热点。 越来越多的企业营销者投入大量的营销经费,将虚拟社区整合到企业的营销计划和公司战略中(Dholakia et al., 2009)。 支持虚拟社区营销计划的原因在于,已有许多研究表明消费者的社区参与(Community Participation)能给企业带来积极的营销效应,如提升消费者的产品卷入和品牌关系 (McAlexander et al., 2002), 激励其帮助其他消费者(Bagozzi 和 Dholakia, 2006), 帮助社区招募新成员 (Algesheimer et al., 2005), 影响购买行为倾向 (Kristine et al., 2009), 等等。 但是, Algesheimer et al. (2010) 指出,这些研究结论并没有区别出这是社区参与本身带来的行为变化,还是社区已有参与者自我选择所导致的结果。 他们通过对 ebay 纵贯数据的研究表明,社区参与并非如通常预期一样一定能提升相应的行为,而是对不同的行为(如买和卖的行为)有着混合的影响,这依赖于行为本身的类型。 因此,社区参与对企业相关消费行为的影响需要更多产业证据的支持和验证。

互联网游戏已经成为全球快速增长的一个产业。 据知名数字游戏分析顾问公司 DFC Intelligerte 2011 年预测,全球在线游戏的收入从 2010 年的 157 亿美元增长到 290 亿美元。 然而,随着大型网络游戏整体市场的增长和竞争的加剧,玩家续订率下降和吸引新玩家不足成为游戏公司市场运营最大的挑战 (Cheng 和 Jyh, 2012)。 在已有的游戏公司运营策略中,游戏的"社会化设计

（Sociability by Design）"被认为会对游戏运营产生很大的影响。 因此，一方面，游戏设计者（Game Designers）在设计游戏时，会结构化其内部活动，鼓励玩家之间组队参与游戏；另一方面，则通过游戏外虚拟社区［游戏中称为公会（Guild）］的建立来促进玩家之间建立社会关系，进而促进组队行为。 所以，游戏公会与在线游戏相互依存，公会依附于游戏壮大势力，而游戏则依赖公会进行推广、吸引玩家。 游戏公会已然成为游戏产业中能够影响一个游戏盛衰成败的重要力量。

游戏公会，是某个游戏的玩家基于共同目标和兴趣而建立的自组织。 玩家可以在游戏公会里分享游戏心得（Hau 和 Kim，2011），寻找组队朋友，建立社会关系（Cheng 和 Jyh，2012），等等。 学者认为，游戏公会可以看作一种虚拟社区（Cheng 和 Jyh，2012）。 但游戏公会不同于一般虚拟社区：（1）相比于一般开放式的虚拟社区，游戏公会具有排他性。 一般一个玩家同一时间只能属于一个公会，每个公会在游戏中有自己的聊天渠道和广播消息系统。 （2）相比于一般社区的会员平等，游戏公会有一定的等级制度。 每位玩家有自己的等级，公会等级代表了玩家在公会中的地位，会影响公会资源的分配和招募新成员的权力大小。 （3）相比于一般社区的非营利性，近年来，国内的游戏公会在发展过程中快速商业化，成为独立的运营组织。

过去几年对在线游戏的研究主要聚焦于在线游戏行为，这吸引了营销学、信息系统学、媒介学和传播学以及心理学等领域诸多学者。 他们主要调查了玩家的游戏动机（Yee et al.，2012），玩家游戏的心理感受如愉悦、游戏体验、游戏沉浸、在线游戏的社会性和游戏作为信息系统影响消费者接受的因素等。 但是，关于在游戏推广和玩家保留中发挥巨大作用的游戏公会的研究，反而较少。 近年来，随着游戏公会在游戏公司中发挥着越来越大的作用，它逐渐引起了虚拟社区领域学者的关注。

本研究项目与盛大游戏公司合作，对《龙之谷》在线游戏玩家进行调查，目的是通过实证研究探讨玩家持续参与游戏公会对玩家的游戏行为有何影响。 我们试图解决以下两个问题。

（1）什么因素会促使游戏玩家参与到游戏公会的活动中？ 我们以计划行为理论和社会认同理论为基础，重点考察人格特质和游戏动机两个类别因素对公会参与的影响。

（2）游戏公会作为网络游戏的虚拟社区，玩家在游戏公会的持续参与将会对游戏行为产生哪些影响？ 我们主要从 5 个方面综合考察公会参与对游戏消费行为的影响，它们分别是玩家对游戏的忠诚度、游戏频率、游戏商城中的消费、游戏组队的倾向以及团队协作绩效。

9.1 研究背景

在游戏产业中，大型多人在线角色扮演类游戏（Massive Multiplayer Online Role-Playing Game，MMORPG）因能充分模拟和展示现实社会中的各种复杂场景，成为网络游戏中最为成功的商业模式（李仪凡和陆雄文，2007），吸引了成千上万的消费者投入大量时间和金钱到网络游戏中。 中国互联网络信息中心报告显示，截至 2013 年 12 月，中国网络游戏用户规模达到3.38 亿人。 到 2014 年，估计全球游戏市场收入达到 80 亿美元。 大型的MMORPG 网络游戏为了增加游戏难度、吸引玩家参与，往往设定各种需要很多玩家集体协作才能完成的任务或获取的物品。 因此，在游戏的过程中，玩家之间会自发地加强合作行为，并不断招募新的成员，游戏公会雏形由此形成。 游戏公会是一种基于对游戏喜爱、以共同体验为目的而形成的在线游戏社区，是可以为玩家提供集体游戏、经验交流、装备交换、交友聊天等协作和交流的平台（刘胜枝和杨守建，2014）。 公会成员能认识新的朋友，访问公会资源，分享与游戏相关的冒险经历和实时信息（Cheng 和 Jyh，2012）。 这种合作行为从最开始组成的几人小队，发展成二三十人的团队，最后成为拥有成百上千人的组织化、规范化的大型公会。 公会逐步在游戏里扎根站稳脚步，成为网络游戏的关键力量。

中国网游公会于 1998 年开始起步，在当时的 MUD 游戏《笑傲江湖》中，一批人组织起来称为"十字军"，并喊出了中国网络游戏历史上的第一个口号——"死了有人救、打架有人帮"。 后来诞生出灭世狂舞、零界、Stars等依赖《万王之王》《魔剑》《EQ》等游戏的著名公会。 2001 年底，韩国网游《传奇》登陆中国，游戏公会的发展出现了一个高潮。 到《魔兽世界》进入中国的时候，公会的发展达到了巅峰。 因为在这样的游戏中，单人的力量基本上是无所作为的，所以进入公会几乎成为所有玩家的必然选择（陈亮，2007）。

公会作为一个网络游戏玩家集结的场所和社区，游戏厂家可以借助公会进行信息的发布和游戏的宣传，在公会中植入虚拟交易系统与广告，促进玩家的游戏消费，提升盈利。 因此，公会成为一种重要的第三方力量，它是连接游戏玩家、游戏厂商的一个战略平台（张李进，2011）。 如 2012 年 6 月，OPiece 海贼王公会与动漫页游《热血海贼王》联手主题合作，通过开展微博活动成功完成了产品的品牌营销。 这是中国首家网游公会踏入实体企业合作，此次微博活动吸引了上万人参与。

由此可见，游戏公会作为游戏玩家沟通和聚会的场所，成为游戏产业中的重要一环，对游戏公司在线游戏的运营起着至关重要的作用。

9.2　文献回顾与理论框架

本研究中，我们以 Bagozzi 和 Dholakia（2006）基于计划行为理论开发的社区参与理论模型为基础，开发并设计了一个在线游戏公会参与的模型，用于验证游戏公会参与的前因和结果。 我们认为影响玩家参与游戏公会有两方面因素：第一，个体的人格特质因素是倾向于社交性还是独立性；第二，游戏动机的影响。 这 2 方面因素会影响游戏社区玩家的参与行为，同时这种参与会受到社会认同的影响（Bagozzi 和 Dholakia，2002）。 最后，游戏公会对游戏行为产生影响，具体模型见图 9-1。

9.2.1　人格特质对游戏公会持续参与的影响

奥尔波特首次提出了人格特质理论。 特质为个人所独有，代表着个人独特的行为倾向。 Ajzen（1991）认为，个人因素（如人格）通过影响行为信念间接影响行为态度、主观规范和知觉行为控制，并最终影响行为意向和行为。

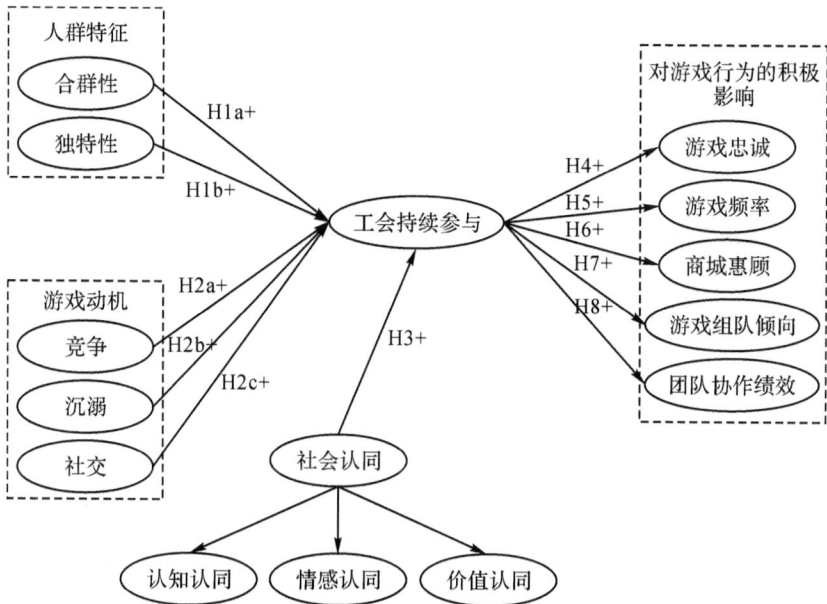

图 9-1 游戏公会持续参与的前因与结果的概念模型

影响集体活动参与行为的主要有两个因素：独特性和合群性。因此，本文将个人特质分为独特性和合群性两个维度，独特性是指个人所独有的区别于其他人的特质，通常被表述为"独一无二""鲜明特质"（Leach et al.，2006）；合群性是指个体愿意与其他人交际来往、保持关系融洽的特质，往往用"热情友好""有吸引力"等词语形容（Cindy et al.，2012）。一些学者以虚拟社区 Facebook 为研究对象，调查人格特质与 Facebook 使用之间的关系。研究发现，高度外向的人参与更多的群组。Correa et al.（2010）也发现外向性和开放性的人喜欢使用社交媒体。合群性的人性格开朗，善于交际，与周围的人相处融洽。游戏公会为玩家提供了一个人际互动的平台，公会成员可以认识新的朋友、分享游戏经验。合群性能促使玩家加入游戏公会，并参与游戏公会的各种活动。因此，本研究提出以下假设。

H1a： 玩家的合群性对游戏公会的持续参与有积极的影响。

但是，在与他人做比较时，如果个体感觉自己类似于其他人，就会产生对独特性的需求，表现出与大家不同的行为。比如，消费者在做决策时，会同时追求同化和异化两个不同维度的目标，而对独特性的较高需求导致消费者

181

区别于组织中的其他人，做出更加冷门的选择（Cindy et al.，2012）。因此，玩家个性特征中的独特性会使玩家更加倾向于独立活动，而非去游戏公会参加各种集体活动。因此，本研究提出以下假设。

H1b：玩家的独特性对游戏公会的持续参与有消极的影响。

9.2.2 游戏动机对游戏公会持续参与的作用

国外对网络游戏动机的代表性研究，主要是 Bartle 的 Interest Graph 模型和 Yee 的五因素理论。Bartle（1996）通过两个维度将网络游戏虚拟社区的参与者分成 4 类，分别是成就者（Achievers）、探索者（Explorers）、社交者（Socializers）和杀戮者（Killers）。Yee（2012）在 Bartle 模型的基础上，用探索性因子分析的方法通过实证研究得到驱动人们参与网络游戏虚拟社区的 5 个因素，分别是关系、沉溺、悲伤、成就和领导。Hainey et al.（2011）将网络游戏参与动机分为挑战、好奇、奇幻、控制、竞争和认同。国内学者李仪凡和陆雄文（2007）通过对国内游戏玩家的调查得出人们参与虚拟社区的八大动机，分别是领导、沉溺、攻击与贬低、性、赚钱、角色探索、亲和以及休闲与自由。尽管国内外学者已经提出多种玩家和动机的分类方法，但大多数不是利用统计方法开发的，也没有定量评估的工具。后来，Yee、Ducheneaut 和 Nelson（2012）根据中西两个大样本的统计研究，证明其前期 10 个动机成分的背后存在 3 个高阶因子：竞争、沉溺和社交。因此，我们将以 Yee、Ducheneaut 和 Nelson 的游戏三因子作为我们的理论基础。

竞争动机衡量的是玩家与他人竞争，战胜对手成为虚拟环境中强者的愿望（Yee，Ducheneaut 和 Nelson，2012）。竞争目的强的玩家追求在虚拟财富、装备层次、角色等级或 PK 技能等方面超越其他游戏玩家，或是挑战更加高级、难度更大的游戏任务。游戏公会能帮助玩家寻找不同的对手进行PK，玩家之间便于交易而提升装备实力或财富，大型任务的组队也更加容易。因此，竞争动机会促使玩家参与游戏公会。沉溺动机指的是玩家希望沉浸于幻想世界中，创造新的角色和故事，成为故事中的一部分，并以此逃避现实（Yee、Ducheneaut 和 Nelson，2012）。公会丰富多样的活动能够让玩家在游戏中获得新的体验，与公会成员的互动会创造出新的故事，使玩家感受新的游戏情境，还能排遣寂寞，从而忘记现实生活中的麻烦和不愉快。 由此可得出，沉溺动机强的玩家更愿意参与游戏公会。 社交动机在于与其他玩家建立长期、有意义的关系，玩家在互动中除了讨论与游戏相关的内容外，还会涉及现实生活中的个人问题，获得其他玩家朋友的情感支持（Yee、Ducheneaut 和 Nelson，2012）。 社交动机在于享受网络游戏中丰富的社交生活，找到志同道合的玩家朋友，与他们分享情感和生活，将游戏中的友谊延伸到现实世界。 喜欢交友的玩家可以在公会结交新的朋友，既能交流游戏经验，又能畅谈个人生活。 所以，游戏公会的持续参与也会受到社交动机的影响。 故本研究提出以下假设。

H2：玩家的游戏动机对游戏公会的持续参与有积极的影响。

H2a：竞争动机对游戏公会的持续参与有积极的影响。

H2b：沉溺动机对游戏公会的持续参与有积极的影响。

H2c：社交动机对游戏公会的持续参与有积极的影响。

9.2.3　社区认同对游戏公会持续参与的作用

游戏公会是玩家聚会的虚拟社区。 因此，社会影响可能对用户参与起着重要的作用。 社会认同理论认为，当人们处于一个社会群体时，社群成员在认知上会形成一个社区成员身份的自我意识和对社区的归属感。 Bagozzi 和 Dholakia（2002）首次在虚拟社区研究中证明这种群体身份的意识会影响其相应的社会行为，特别是情感的依附维度。 研究表明，社会认同的情感能够形成群体环境下的忠诚度和公民行为，能够解释公司营销活动中消费者保持关系的意愿，并且对虚拟社区的参与行为产生积极影响（Bhattacharya 和 Sen，2003）。

社会认同能促进游戏玩家对公会的情感承诺，为了维持其成员身份，提高自我价值感，玩家会自发地将所在公会与其他组织区别开来，持续参与游戏公会。 因此，本研究提出以下假设。

H3：社会认同对游戏公会的持续参与有积极的影响。

9.2.4　公会持续参与对玩家游戏行为的积极影响

对于玩家游戏行为的测量，根据前期访谈结果，我们采用 5 个指标用于描述玩家对于游戏的消费行为。 这 5 个指标分别是玩家的游戏忠诚、游戏频率、商城惠顾、游戏组队倾向以及团队协作绩效。 这里分为两个层面：一是个体行为层面，包括对游戏继续使用的意愿、游戏频率和商城消费的测量；二是团队行为层面，包括对玩家组队意愿和协作行为的的测量。

首先，游戏公会的参与会让玩家对游戏更加忠诚，并且消费更多。 作为顾客参与的结果之一，网络品牌社区环境下关于顾客忠诚度的研究成果很多。 Algesheimer et al. （2005）对品牌社区的研究表明，虚拟社区的持续参与意愿会对品牌的忠诚度产生正向影响；参与虚拟社区活动可以培养顾客对产品、品牌和组织的忠诚度。 公会即是一种网络游戏社区，游戏则是企业的产品。 玩家在参与过程中，对公会和游戏产生了感情，愿意维持长久、稳定的关系，所以玩家的忠诚度得以提高。 同时，玩家既然对游戏更加认同，自然玩游戏的频率也会增加。 国内学者范晓屏和马庆国（2009）经研究，证实了虚拟社区的互动和网络购买意向之间存在着内在的关系。 在虚拟社区中，玩家对相互之间联系的需求能够促进个人与在线服务提供商的交易（Cova，1997），而游戏公会满足了这一需求。 并且，公会的互动性使得玩家更加方便与其他成员进行交易。 此外，玩家为了升级，需要与其他成员一起挑战高难度任务，对装备和物品的要求越来越高，而这些并不容易在任务中获取，所以玩家的游戏消费也会提高。 因此，玩家良好的社区体验会提高个人在游戏中相关产品或服务的消费（Cheng 和 Jyh，2012）。 我们同样认为，在网络游戏环境下，游戏公会的参与会对游戏的相关行为产生积极影响。 因此，本研究提出以下假设。

H4：公会持续参与对玩家的游戏忠诚有积极的影响。

H5：公会持续参与对玩家的游戏频率有积极的影响。

H6：公会持续参与对玩家的商城惠顾有积极的影响。

最后，网络游戏里的许多游戏任务难以靠一人之力完成，一些高级游戏装备也不可能独自获得；而且，在一些角色扮演类游戏中，虚拟角色的"职业"具有相互依赖的特点，一种"职业"的玩家必须与其他"职业"的玩家相互扶持（钟智锦，2010）。 公会为集体游戏提供了更多的机会，公会成员可以根据任务和职业要求自由组队，所以玩家的组队行为会增加。 团队协作指的是利用策略和行为模式，旨在整合和调节团队成员的行动、知识和目标以完成共同任务。 协作行为可被视为成员间交换信息、分享具体详细信息的过程（Rico et al., 2008）。 团队协作绩效反映了玩家之间的协作程度。 参与公会使信息分享更为方便，由于玩家之间相互了解，行动时配合更为默契，团队协作绩效也会更高。 因此，本研究提出以下假设。

H7：公会持续参与对玩家的游戏组队倾向有积极的影响。

H8：公会持续参与对玩家的团队协作绩效有积极的影响。

9.3 研究方法

9.3.1 调查方法

本次实证研究是由复旦大学、美国西北大学与盛大《龙之谷》于 2012 年 6 月联合开展的"虚拟世界中身份认同和行为影响"的研究项目，主要采用问卷调查的方法，调查对象为盛大《龙之谷》的现有玩家。 本问卷收集了网络游戏玩家的基本背景情况、游戏倾向与偏好以及相关的游戏和购买行为。 为提高问卷的答复率和有效性，认真完成并提交问卷的玩家将获得一份由《龙之谷》提供的"X"作为奖励。

本次调查共收回问卷 1570 份，剔除空白问卷和不完整问卷，得到有效问卷 527 份，问卷有效率为 33.57%。 其中，男性占 66.6%，女性占 24.5%，8.9% 的人没有公布性别；70.2% 的参与者来自城市，14.8% 来自农村，其余 15% 的人没有公布居住地。 在所有被调查者中，超过一半（56.9%）的人拥有大学专科及以上学历。

9.3.2 变量设计

该问卷中与本研究相关的变量共有 15 个潜变量，除游戏频率和商城惠顾外，其他变量均采用多指标进行测度。 问卷第一部分是人格特质的两个变量：合群性和独特性。 合群性指成员热衷人际交往的个性，独特性指成员独有的区别于其他人的个性。 第二部分是游戏动机的 3 个变量：竞争、沉溺和社交。 竞争指成员挑战他人、与其竞争的意愿，沉溺指玩家沉浸在游戏中的角色和故事里而逃避现实，社交指玩家在交往中建立起长期、稳定的关系。第三部分是社会认同变量，社会认同指的是个体认识到自己是组织中的一部分，同时也认识到自己与其他成员类似而与非组织成员存在明显区别。 它包括 3 个维度：认知维度、情感维度和价值维度。 第四部分是公会持续参与，指成员长期参与游戏公会。 第五部分是玩家对于游戏相关消费行为的 5 个变量：游戏忠诚、游戏频率、商城惠顾、游戏组队倾向和团队协作绩效。 游戏忠诚指玩家是否愿意继续长久地玩该款游戏。 游戏频率指成员一天、一周或一月内玩游戏的次数。 商城惠顾指玩家在游戏商城用金钱购买游戏装备等物品。 游戏组队倾向衡量成员组队做任务的程度。 团队协作绩效测量的是成员的团队协作能力。 除游戏忠诚、游戏频率和商城惠顾外，各变量均采用从"非常不同意"到"非常同意"的七级李克特量表。 最终的指标如表 9-1 所示。

表 9-1　研究变量、测度指标及信度检验

变量	指标	指标内容	Cronbach's Alpha	组合效度 (ρ_c)
合群性	SOC1	在游戏中,别人认为我是一个有吸引力的人	0.919	0.909
	SOC2	在游戏中,别人认为我是一个讨人喜欢的人		
	SOC3	在游戏中,别人认为我是一个热情的人		
	SOC4	在游戏中,别人认为我是一个友好的人		
独特性	UNQ1	在游戏中,我被认为是一个独一无二的人	0.930	0.930
	UNQ2	在游戏中,我被认为是一个拥有鲜明特质的人		
	UNQ3	在游戏中,我被认为是一个拥有自己风格的人		
	UNQ4	在游戏中,我被认为是一个与众不同的人		
竞争	PLY1	获胜是我玩游戏的一大原因	0.872	0.872
	PLY2	我玩游戏就是为了获胜		
	PLY3	对我而言,成为游戏中升级最快、最有技能的人是很重要的		

续　表

变量	指标	指标内容	Cronbach's Alpha	组合效度（ρ_c）
沉溺	PLY1	我喜欢游戏中的故事	0.936	0.938
	PLY2	我喜欢这种成为游戏故事中一部分的感觉		
	PLY3	游戏中会有引人注目的角色		
社交	PLY1	一个关系紧密的游戏团队对我来说很重要	0.907	0.929
	PLY2	我更偏向于社会性强的游戏		
	PLY3	我喜欢在玩游戏的时候跟朋友聊天		
	PLY4	我喜欢在玩游戏的时候与朋友音频		
社会认同	IDE1	我喜欢成为这个公会中的一员	0.977	0.974
	IDE2	我认同这个公会的其他成员		
	IDE3	我觉得这个公会很好		
	IDE4	我很愿意继续在这个公会里做贡献		
认知认同	IDE1	我和这个公会的其他成员有类似之处	0.946	0.949
	IDE2	当我谈及此公会时，我往往使用"我们"而不是"他们"		
情感认同	AFF1	我觉得自己在情感上与公会联系在了一起	0.978	0.975
	AFF2	我在公会中体会到了强烈的归属感		
价值认同	CES1	我认为我所在的公会有很多令我骄傲的东西	0.979	0.980
	CES2	我对自己的公会感到光荣		
公会持续参与	CPA1	我经常为公会中需要信息和帮助的人提供帮助	0.972	0.971
	CPA2	我在公会中表现活跃		
	CPA3	我对该公会有知识上的贡献		
	CPA4	我为公会中的其他成员提供了知识，使他们拓展了自己的见解		
游戏忠诚	LOY1	我打算尽可能久地玩这款游戏	0.907	0.91
	LOY2	我打算继续玩这个游戏		
	LOY3	我期望以后能够继续玩这个游戏		

续　表

变量	指标	指标内容	Cronbach's Alpha	组合效度（ρ_c）
游戏频率	FREQ	平均而言，您玩《龙之谷》这个游戏的频率是？	1	0.548
商城惠顾	PURD1	您平均每周光顾点券商城的频率是？	1	0.548
游戏组队倾向	TEM1	在一般游戏过程中，您多大可能加入一支团队？不太可能/很有可能	0.962	0.959
	TEM2	在一般游戏过程中，您多大可能加入一支团队？一般不会/一般都会		
	TEM3	在一般游戏过程中，您多大可能加入一支团队？不太肯定/很肯定		
	TEM4	在一般游戏过程中，您多大可能加入一支团队？不太确定/非常确定		
团队协作绩效	MEM1	我们的团队有很高的协作默契	0.954	0.954
	MEM2	我们的合作高效且舒适		

注：游戏频率和游戏消费为单指标潜变量，Alpha 系数可视为 1。

9.4　研究结果

本研究的数据分析采用两个步骤：首先，进行信度和效度的检验；然后，利用 AMOS 17.0 进行结构方程模型分析，估算路径系数，检验模型假设。

9.4.1　信度和效度检验

本文首先采用 Cronbach 系数反映潜变量各指标的内部一致性。各潜变量的信度检验结果如表 9-2 所示，除了游戏频率和游戏消费外（只有一个可测变量），其他各潜变量的 Alpha 系数均在 0.8 以上，表明此量表的可靠性较高。同时，我们也采用组合信度（ρ_c）指数作为检验潜变量的信度指标，组合信度要根据标准化回归系数（因素负荷量）进行估算，若是 ρ_c 大于 0.6，表示模型内在质量理想。本研究的模型中，除了单指标表变量外，其余潜变量的 ρ_c 值都在 0.85—0.98 之间，显著高于规定的标准，表明良好的内部一致性（见表 9-1）。

为了进行效度检验，我们构建了一个验证性因子分析模型，包含 15 个潜变量和 43 个测量指标。 模型拟合度采用卡方检验值、TLI、CFI、GFI 和 RMSEA 进行评估。 各模型拟合指标如下： $\chi^2 = 2524.529$，df = 685，p ≈ 0.00，RMSEA = 0.071，TLI = 0.924，CFI = 0.929，GFI = 0.773。 由此可以看出，模型的数据拟合度良好。

表 9-2　模型拟合指数

拟合指数	χ^2(df)	χ^2/df	p	TLI	CFI	GFI	RMSEA
结果	2524.529(685)	3.685	0.000	0.924	0.929	0.773	0.071

注：χ^2 为卡方值，df 为自由度，TLI 为非规范拟合指数，CFI 为比较拟合指数，GFI 为拟合优度指数，RMSEA 为近似误差的均方根。

建构效度检验，其中包括收敛效度（Convergent Validity）与区别效度（Discriminant Validity）两种效度。 收敛效度通过 AVE 来进行衡量。 该指标是潜变量可以解释其指标变量变异量的比值，AVE 值越大，表示测量指标越能有效地反映其共同因素构念的潜在特质，即潜变量有更高的收敛效度。 一般的判别标准是 AVE 值应大于 0.50。 表 9-3 显示，全部潜变量的 AVE 值均超过 0.50。 除了单指标变量，其余变量的 AVE 值均在 0.65—0.97 之间，表明测量模型具有良好的收敛效度。

区别效度可以通过 AVE 和潜变量之间的相关系数来进行检验。 若潜在构念之间的相关系数小于平均提取方差的平方根，则认为测量模型具有区别效度。 各个构念的 AVE 的平方根值和相关系数矩阵如表 9-3 所示。 所有潜变量的 AVE 值的平方根都大于其他构念的相关系数。 因此，测量模型具有很好的区别效度。

9.4.2　结构模型分析

结构模型分析的结果如图 9-2 所示，首先考虑全样本的拟合统计，χ^2（685）= 2524.529，χ^2/df = 3.685，p ≈ 0.00，RMSEA = 0.071，TLI = 0.924，CFI = 0.929，GFI = 0.773。 其他统计量均在可接受的范围内，表明

表 9-3 AVE、AVE 的平方根和相关系数矩阵

	社会认同	社交	沉溺	竞争	独特性	合群性	公会持续参与	价值认同	情感认同	认知认同	团队协作绩效	游戏组队倾向	游戏忠诚	商城惠顾	游戏频率
社会认同	1.000														
社交	0.421	1.000													
沉溺	0.391	0.746	1.000												
竞争	0.126	0.572	0.446	1.000											
独特性	0.385	0.442	0.374	0.280	1.000										
合群性	0.399	0.481	0.369	0.306	0.715	1.000									
公会持续参与	0.724	0.384	0.293	0.234	0.299	0.351	1.000								
价值认同	0.888	0.476	0.431	0.169	0.381	0.383	0.718	1.000							
情感认同	0.901	0.463	0.391	0.182	0.338	0.352	0.729	0.913	1.000						
认知认同	0.925	0.439	0.397	0.177	0.422	0.434	0.742	0.885	0.879	1.000					
团队协作绩效	0.423	0.589	0.480	0.259	0.448	0.442	0.380	0.476	0.451	0.455	1.000				
游戏组队倾向	0.440	0.474	0.354	0.285	0.360	0.426	0.358	0.458	0.429	0.454	0.522	1.000			
游戏忠诚	0.362	0.400	0.423	0.205	0.269	0.280	0.377	0.386	0.352	0.373	0.417	0.388	1.000		
商城惠顾	0.207	0.205	0.161	0.168	0.236	0.243	0.275	0.237	0.225	0.221	0.235	0.246	0.310	1.000	
游戏频率	-0.184	-0.082	-0.058	-0.037	-0.084	-0.105	-0.286	-0.213	-0.200	-0.202	-0.108	-0.121	-0.104	-0.151	1.000
平均提取方差	0.903	0.835	0.695	0.769	0.717	0.894	0.961	0.951	0.903	0.912	0.854	0.771	0.548	0.548	
AVE 平方根	0.950	0.914	0.834	0.877	0.847	0.946	0.980	0.975	0.950	0.955	0.924	0.878	0.740	0.740	

数据拟合良好。 对于公会持续参与的人格特质决定因素，我们发现游戏玩家的个性特征显著地影响公会的持续参与。 其中，合群性（$\gamma = 0.09$，SE = 0.05）正向影响公会持续参与，而独特性（$\gamma = -0.06$，SE = 0.05）对公会持续参与有负面影响，H1a 和 H1b 成立。 对于玩家的游戏动机，我们发现，竞争性动机（$\gamma = 0.17$，SE = 0.05）正向影响公会参与，H2a 成立。 沉溺动机（$\gamma = -0.08$，SE = 0.05）对公会参与有消极影响，而社交动机与公会参与没有关系，H2b 和 H2c 不被支持。 由此可以得出，玩家参与公会主要是为了在游戏中获胜，即 H2 得到部分支持。 相对于玩家个性和游戏动机来说，社会认同的作用（$\gamma = 0.73$，SE = 0.03）最大，H3 成立。 所有前因变量能够解释公会持续参与 59% 的方差变化。

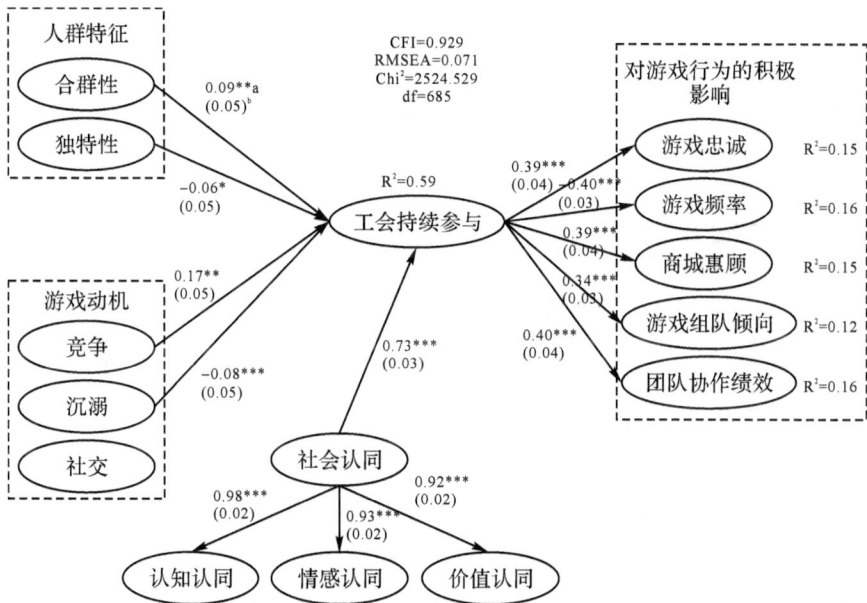

图 9-2　最终结构模型的参数估计

注：每条路径所标为非标准系数，括号内为标准误；***表示 0.001 显著性水平，**表示 0.01 显著性水平，* 表示 0.05 显著性水平；不显著的路径直接在图中省略。

最后，游戏公会的持续参与到玩家游戏行为的路径也是显著的。 在个体行为层面，我们发现，公会的持续参与能促进玩家对游戏的忠诚度（$\beta = 0.39$，

SE＝0.04，R²＝0.15），并提高玩家在游戏商城中的消费（β＝0.39，SE＝0.04，R²＝0.15），H4 和 H6 成立。 与之相反，公会的持续参与和游戏频率呈负相关关系（β＝－0.40，SE＝0.03，R²＝0.16）。 因此，H5 不成立。在团体行为层面，公会持续参与鼓励玩家在游戏中的组队行为（β＝0.34，SE＝0.03，R²＝0.12）和协作意愿，因此对团队协作绩效也有积极影响（β＝0.40，SE＝0.04，R²＝0.16），H7 和 H8 成立。

9.5 讨论与结论

游戏公会作为网络游戏中重要的第三方力量，对游戏开发商甚至整个游戏产业具有显著的意义，一直以来备受企业的关注。 本文探讨了虚拟游戏环境中，玩家持续参与游戏公会的驱动因素以及这种持续性的参与对玩家游戏行为的影响。 具体讨论将从两个方面展开。

9.5.1 游戏公会持续参与的影响因素

首先，玩家人格特质对参与游戏公会产生不一致的作用。 我们发现，公会的持续性参与可以由玩家的个性特质和游戏动机共同解释。 对于个性特质来说，爱好交际的玩家更愿意长期参与游戏公会。 这说明游戏公会提供了一个很重要的功能，那就是社交功能。 他们在此可以认识更多的人，交流经验，完成任务等。 相反，个性独特的人往往不愿意加入公会，原因可能是：个性玩家通常觉得自己独一无二，自命不凡。 他们中的一些人游戏级别高，技巧娴熟，更愿意特立独行，挑战新的难关。 正如在现实当中，对独特性的较高需求会驱使人们购置与众不同的产品，这种拥有独特产品的欲望是个人的特质，能推动不同的消费决策。 因而，在游戏环境里，我们也可以认为，独特性会使玩家远离数量庞大、成员众多的公会，靠自身或几人组成的小队来完成任务。 玩家享受的是游戏带来的刺激感和体验感，而非追求与他人交往的乐趣。

其次，游戏动机中对参与游戏公会产生作用的是竞争动机，其目的是组团打怪。 前人的研究已经证实，竞争是所有玩家（公会玩家和非公会玩家）参与游戏的动力。 而竞争的目的就是要赢，这样就需要团队的支持。 公会凝聚了不同职业、等级的玩家，是一个重要的后援队。 因此，越是喜爱挑战的玩家，参与公会的可能性就越大。 但是，与我们预期不一致的是，沉溺动机对公会持续参与产生负向影响，原因是沉溺动机主导的社区参与者通常在现实中感到烦恼和压抑，而游戏起到了移情的作用。 根据 Bartle 模型，这部分参与者享受的主要是人与游戏虚拟环境的互动，而非与其他游戏玩家的互动。 而社交动机对公会持续参与没有影响，这与个性中的合群性对公会参与有正向影响似乎不一致，可能的解释是：游戏中提供了很多的社交机会，如聊天室、世界频道、结婚系统等，因此该游戏动机对是否参与公会不产生显著作用。

最后，公会认同对持续参与影响巨大。 社会认同是指个人通过界定自己所属的社会范畴的特征，以发觉自己与其他成员类似而与非成员明显区别的一种自我观念。 由于认同感的存在，人们把自己视为虚拟社区中的一员，从而形成参与意向。 虚拟社区社会影响力的一种表现方式，就是社会认同对成员积极参与社区的促进作用（Bagozzi 和 Dholakia，2006）。 我们的研究同样证实了这一论点，社会认同能正向影响公会持续参与。 Dholakia et al.（2004）将虚拟社区的参与动机分为两个层面：个体层面和群体层面。 社会认同感是群体层面的动机之一。 这里我们也可以认为，竞争、沉溺和社交是公会参与个人层面的动机，社会认同是群体层面的参与动机。 由此我们得出以下结论：在个体层面上，玩家参与公会主要是为了获得公会成员的帮助而尽快升级，在游戏中获胜，因此玩家的好胜心理能促使其持续地参与公会；在群体层面上，玩家持续参与游戏公会主要是因为玩家在公会中得到认同。

9.5.2 游戏公会持续参与对游戏消费行为的影响

我们的研究同样显示，游戏公会参与并非对所有的行为都能产生积极的促进作用。 首先，游戏公会参与对于玩家对游戏的忠诚和商城惠顾频率具有正向作用。 这是因为虚拟社区具有教育价值（Algesheimer et al.，2010）。 玩家在虚拟社区中通过与其他玩家的交流，能够更加了解该游戏的信息，同样也能获得更多游戏的知识和秘诀，这种游戏知识的增加会促进相应的消费行为。 此外，在攻克大型游戏副本任务时，除了高质量的人力要求外，强悍的武器装备也必不可少。 高级的游戏物品要么获取率低，要么只能在游戏商城购买，所以也会刺激玩家游戏消费的提高。 这样的结论其实是对品牌社区、公司赞助社区等研究的进一步补充，说明虚拟社区成为企业运营中用来普及消费知识，引发顾客预期行为的重要营销工具。 然而，与预期假设不同的是，我们发现公会的持续参与对游戏频率有负向影响。 原因是游戏频率可能主要由其他因素来决定，比如空闲时间、其他游戏玩家的安排等。 另外，公会的参与很可能使得玩家单次游戏时间变长，但是游戏频率会降低。 因为玩家通过参与游戏公会，了解相关游戏诀窍或者与其他玩家组队后，他在单次玩游戏中所受到的挫折更少，更容易在游戏中闯关，获得更好的游戏体验。这与 Algesheimer et al.（2010）对 ebay 社区的研究结论较为一致，他们的研究也表明社区参与并不能直接转化成相关的消费行为，通过 E-mail 邀请并经过一段时间社区参与后对其在该社区的售卖行为和投标金额有负向影响。

其次，游戏公会的参与对游戏组队行为也会产生积极作用。 根据过去的研究和本章的结论，玩家参与公会的主要动机是竞争。 网络游戏，尤其是角色扮演类游戏的很多任务都需要团队来完成，公会成员要想挑战难关、完成升级就必须依靠组织的力量，而公会提供了人员的支持。 所以，公会参与能够鼓励更多的团队行为。 玩家们各自拥有不同的专业知识，在公会中能频繁互动，在分享信息的过程中还能将各自的专业知识结合起来。 这样在进行团队任务时就能听从队长的指挥，再配合各自的技能精诚协作，既完成了任务，又增长了实战经验，所以团队协作绩效得到提高。

9.6 启示与不足

本研究的理论意义有两个方面：（1）游戏动机强度并非直接导致公会参与。 事实上，我们可以看到个性中的合群性对公会参与有着正向影响，而游戏的社交动机对公会参与没有直接关系。 从某种程度上而言，决定游戏公会参与与否的主要因素是玩家个性特征，而非游戏动机。（2）为虚拟社区持续参与所带来的消费行为影响提供了经验证据。结论表明，虚拟社区的持续参与对消费行为的影响并不一致，原因在于虚拟社区除了提供社群影响外，还提供各种消费知识（游戏中表现为游戏诀窍等），这些消费知识和社区内的口碑传播有可能让消费者更加理性地做出消费决策。

从实践的角度看，我们的研究结果对网络游戏服务提供商和游戏公会有几点指导意义：（1）游戏公会对在线游戏的持续运营非常重要，但是并非所有的玩家都愿意参与游戏公会。因此，针对那些特立独行的玩家，以及追求沉溺和社交动机的玩家，游戏运营商需要开辟另外的渠道供他们交流，如游戏内的广播系统、实时聊天系统等。而对于那些主要运营 MMORPG 游戏的公司来说，研究表明吸引玩家加入公会的主要动机是竞争，他们加入公会是因为需要其他玩家一起组团打怪。因此，这些游戏公司可以给予公会各种积极的赞助政策，以促进游戏公会的运营，吸引玩家的参与。而对于其他非 MMORPG 游戏商而言，因为玩家缺少足够的竞争动机，玩家参与游戏公会的意愿并不强，因此还是要考虑其他的市场推广手段。（2）游戏公司可以通过游戏公会开展团队竞赛。在游戏设计方面，可以设计更多有趣、复杂的游戏副本，组织不同规模的挑战任务，并通过公会号召玩家之间的 PK。因为玩家参与公会是为了竞争，越是复杂的副本越需要团队合作。大型多人副本、公会之间的领土之争、不同服务器之间的精英挑战赛远比个人 PK 要有趣且激烈得多，所以玩家的参与度也会更高。无论是对于公会还是对于游戏，这些都是非常重要的活动。（3）游戏公司能够通过组建和支持游戏公会让消费者了解更多游戏知识，促进成员组队，从而提高游戏忠诚度和商城惠顾，但游戏频率并不会因此增加。事实上，延长单次的游戏时间说明了玩家在游戏中享受更好的游戏体验。因此，可以认为游戏频率并非很好的运营指标。

本研究的第 1 个局限在于只以《龙之谷》为研究对象获得数据，尽管《龙之谷》在大陆地区的代表性使其足以检验我们的实证模型。一站式的调查很可能控制几个干扰变量，但它推广到其他的 MMORPG 可能会受到限制。未来的研究可以收集来自不同的 MMORPG 的数据来评估我们研究结果的外部效度。第 2 个缺陷是本研究以横向数据为基础。游戏公会处于动态的变化之中，它们可能变大变小，或在某一时刻解散。因此，我们建议可以纵向观察游戏动机在一个特定公会中的演变。

参考文献：

[1] AJZEN I. The theory of planned behavior [J]. Organizational behavior & human decision processes, 1991, 50 (2): 179-211.

[2] ALGESHEIMER R, BORLE S, DHOLAKIA U M, et al. The impact of customer community participation on customer behaviors: an empirical investigation [J]. Marketing science, 2010, 29 (4): 756-769.

[3] ALGESHEIMER R, DHOLAKIA U M, HERRMAN A. The social influence of brand community: evidence from European car clubs [J]. Marketing, 2005, 69 (3): 19-34.

[4] BAGOZZI R P, DHOLAKIA U M. Open source software user communities: a study of participation in Linux user groups [J]. Management science, 2006, 52 (7): 1099-1115.

[5] BAGOZZI R P, DHOLAKIA U M. Intentional social action in virtual communities [J]. Interactive marketing, 2002, 16 (2): 2-21.

[6] BHATTACHARYA C B, SEN S. Consumer-company identification: a framework for understanding consumers' relationships with companies [J]. Marketing, 2003, 67 (2): 76-88.

[7] HSIAO C C, CHIOU J S. The effects of a player's network centrality on resource accessibility, game enjoyment, and continuance intention: a study on online gaming communities [J]. Electronic commerce research and applications, 2012 (11): 75-84.

[8] CHAN C, BERGER J, BOVEN L V. Identifiable but not identical: combining social identity and uniqueness motives in choice [J]. Journal of consumer research, 2012, 39 (3): 561- 573.

[9] CORREA T, HINSLEY A W, ZÚÑIGA H G. Who interacts on the web? The intersection of users' personality and social media use [J].

Computers in human behavior, 2010, 26（2）: 247-253.

[10] COVA B. Community and consumption: towards a definition of the 'linking value' of product or services [J]. European journal of marketing, 1997, 31 (3/4): 297-316.

[11] DHOLAKIA U M, BAGOZZI R P, PEARO L K. A social influence model of consumer participation in network-and small-group-based virtual communities [J]. International journal of research in marketing, 2004, 21 (3): 241-263.

[12] DHOLAKIA U M, BLAZEVIC V, WIERTZ C, et al. Communal service delivery: how customers benefit from participation in firm-hosted virtual P3 communities [J]. Journal of service research, 2009, 12 (2): 208-226.

[13] HAINEY T, CONNOLLY T M, STANSFIELD M, et al. The differences in motivations of online game players and offline game players: a combined analysis of three studies at higher education level [J]. Computers & education, 2011, 57 (4): 2197-2211.

[14] YONG S H, KIM Y G. Why would online gamers share their innovation-conducive knowledge in the online game user community? integrating individual motivations and social capital perspectives [J]. Computers in human behavior, 2011, 27 (2): 956-970.

[15] VALCK K D, BRUGGEN G, WIERENGA B. Virtual communities: a marketing perspective [J]. Decision support systems, 2009, 47 (3): 185-203.

[16] LEACH C W. Anger and guilt about in-group advantage explain the willingness for political action [J]. Personality and social psychology bulletin, 2006, 32 (9): 1232-1245.

[17] MCALEXANDER J H, SCHOUTEN J W, KOENIG H F. Building brand community [J]. Marketing, 2002, 66 (1): 38-54.

[18] RICO R, SANCHEZ-MANZANARES M, GIL F, et al. Team

implicit coordination processes: a team knowledge-based approach [J]. Academy of management review, 2008, 33 (1): 163-184.

[19] YEE N, DUCHENEAUT N, NELSON L. Online gaming motivations scale: development and validation [C]. USA: ACM, 2012.

[20] 陈亮. 游戏公会: 虚拟世界新势力 [N]. 南方日报, 2007-01-09 (B03).

[21] 范晓屏, 马庆国. 基于虚拟社区的网络互动对网络购买意向的影响研究 [J]. 浙江大学学报 (人文社会科学版), 2009, 39 (5): 149-157.

[22] 李仪凡, 陆雄文. 虚拟社区成员参与动机的实证研究——以网络游戏为例 [J]. 南开管理评论, 2007 (10): 55-60.

[23] 刘胜枝, 杨守建. 游戏公会——网络游戏中的青年虚拟组织研究 [J]. 中国青年研究, 2014 (1): 79-84.

[24] 张李进. 网络化生存之游戏社区 [D]. 武汉: 华中师范大学, 2011.

[25] 中国互联网络信息中心 (CNNIC). 第33次中国互联网络发展状况统计报告 [EB/OL]. (2021-03-20) [2014-01-16]. http://news. xinhuanet. com/tech/2014-01/16/c_126015636. html.

[26] 钟智锦. 使用与满足: 网络游戏动机及其对游戏行为的影响 [J]. 国际新闻界, 2010, 32 (10): 99-105.

10 消费者融入在线品牌社区的前因及结果模型：以小米社区为例

10.1 引 言

互联网的兴起促进了消费者之间的互动与品牌社区的形成。越来越多的品牌开始纷纷建立起自己的消费者在线社区，积极参与到与消费者的互动和共创中来；而且，在企业的战略中在线消费者社区不仅是营销传播活动和与消费者互动场所，更是决定企业商业模式的战略性力量。小米手机的成功离不开小米在线社区的经营，此网络平台成为所有米粉争相聚集的地方，也是小米商业模式的基石。小米社区的成功营销为企业带来了一批批忠实的粉丝以及巨大的经济效益。2014年，小米公司手机售出6112万台，较2013年增长227%；销售额为743亿元，较2013年增长135%。

随着在线社区成为众多品牌商的社交媒体营销策略的一部分，学术界越来越多的学者开始使用术语"融入（Engagement）"来描述参与者的特殊互动和/或交互体验的本质，顾客融入（Customer Engagement）已然成为市场营销研究和实践中一个普遍的流行语。营销科学学会在2014—2016年度研究重点中强调，需要进一步对融入进行概念化、定义和测量，了解社会化媒体和其他营销活动如何创造融入。

过去对消费者融入的研究重点主要是在概念的界定、量表的设计以及消费者融入对行为结果的影响上，而鲜有研究从根本源头出发，研究消费者为什么融入品牌社区，以及哪些因素在这个过程中产生影响。企业在经营品牌社区时，需要了解消费者为什么愿意来社区网站。品牌关注和社区控制是企业要解决的两个重要问题：①品牌和产品特性为何影响消费者参与？②品牌社区在消费者参与过程中为何发挥作用？ 本文通过实证的方法，研究哪些因素能够相互作用影响消费者融入品牌社区进而产生相关的消费行为。

10.2　文献综述

10.2.1　在线品牌社区

在线品牌社区是网络社区和企业品牌社区融合发展起来的社区形态，它兼具网络虚拟社区和品牌社区的特征。 网民是因为对于一个品牌共同的爱好和喜欢聚集在一起，建立了一个共同的身份，参与虚拟社区的各种活动（Lee et al.，2011）。 Jochen Wirtz（2013）认为，在一个品牌社区里，消费者能从与品牌建立的关系中获得额外的价值，并且能排除社区消费者与其他品牌建立任何形式的关系，如品牌的粉丝和狂热爱好者。Porter 和 Donthu（2011）认为，在虚拟品牌社区的环境下，社区成员和游客通过个人努力和与人合作，为自己、其他成员或组织创造或共同创造价值。

比较公司主营社区与网上品牌社区及品牌社区术语的不同。 公司主营社区是一个互联网论坛，有两个特点：（1）关注某公司品牌的产品；（2）由公司创立和维持。 网上品牌社区是指广泛的社区论坛，包括电子公告板、社交网站以及分享兴趣的网站。 而一个品牌社区包括所有与聚焦品牌有联系的消费者，无论是线上的还是线下的。

不管是否企业主营，在线品牌社区都能够给企业带来很多价值。 当消费者通过社区可以找到思想相同的人并与之建立关系时，当买家频繁有规律地访问社区时，品牌商就有了更多的商业机会。 品牌商可以从中得到反馈，识别消费者的需求，了解消费者对本品牌的评价并迅速做出响应。 如果品牌商将社区外包给第三方经营，将会失去这些效果。 Lee et al.（2011）提出企业建立品牌社区是基于以下几个因素：（1）能够更加深入地了解客户的想法；（2）节约成本；（3）产生销售；（4）开发有创意的产品；（5）提高客户忠诚度，维系客户；（5）提高客户满意度；（6）获得新客户。

　　虚拟品牌社区最重要的价值，就是培育忠诚消费者、制造虔诚的品牌信徒。社区成员的口碑传播，让品牌更具说服力。匿名性带来的无压力沟通，让品牌更易掌控社区成员的心智。持续不断的利益回报，促使社区成员欲罢不能。社区成员之间的人性关怀，有助于增强虚拟品牌社区的群体归属感。

10.2.2　消费者融入的影响因素

　　随着互联网技术让消费者和企业的连接和互动越来越强，消费者越来越融入（Consumer Engagement）到品牌、媒介和互联网营销活动中，它拓展了"关系营销的新领域"，鼓励更多的研究把焦点放在"超越购买"的行为上（Vivek et al.，2012）。但是，在定义层面到底是单维概念还是多维概念，如果是多维，到底是三维还是五维，学者对此还没有取得一致意见（Doorn et al.，2010），如表10-1所示。Hollebeek（2011）认为，消费者品牌融入是"消费者受动机驱使的，与品牌相关的，基于情境的心理状态水平，具有在品牌互动中包含特定级别的认知、情感和行为活动的特点"。我们采用此定义的理由是：（1）此定义明确提出，消费者融入既是一种心理状态，也包含行为活动层面，前者得到多数学者的赞同，在在线虚拟社区中消费者的参与活动是融入的重要体现；（2）此定义可以进行量表的操作化。

表 10-1　消费者融入概念

学科领域	学者	概念	定义
组织心理学	Schaufeli et al. (2002)，Wefald 和 Downey (2009)	融入	一系列正在进行的情感的、认知的和行为的激活状态

学科领域	学者	概念	定义
信息系统学	Wagner 和 Majchrza（2007）	消费者/顾客融入	在一个协作的知识交换过程中,消费者参与组织和其他消费者间的强度
从业者	Sedley（2010）	消费者/顾客融入	从组织的角度定义为能够促进消费者重复互动的活动,这种重复互动会增强消费者在一个品牌中的情感、心理或物质的投资
营销和传播	Calder et al.（2009）	媒体融入	融入相对于喜欢而言是客户和媒体之间一种更为强大的关系状态
	Mollen 和 Wilson（2010）	品牌融入	与品牌积极关系的认知和情感承诺,由旨在传达品牌价值的网站或其他计算机中介实体对品牌拟人化
	Bowden（2009）	消费者/顾客融入	一个包含认知和情感层面的心理过程
	Doorn et al.（2010）	消费者融入行为	受动机驱使的,关注一个品牌或企业的,超越于交易的行为表现
	Vivek et al.（2012）	消费者/顾客融入	个体参与和连接一个组织产品和/或组织活动的强度
	Hollebeek（2011）	消费者品牌融入	消费者受动机驱使的,与品牌相关的,基于情境的心理状态水平,具有在品牌互动中包含特定级别的认知、情感和行为活动的特点

资料来源:作者整理。

在过去的研究中,Doorn et al.（2010）的概念模型从顾客、企业和情境 3 个角度给出了影响顾客融入行为的大量因素。 Doorn et al.（2010）认为,顾客的态度如顾客满意度、品牌承诺、品牌依附、信任和品牌性能感知会影响顾客融入。 Sofie 和 Sonja（2013）聚焦于消费者在 Facebook 上与公司/品牌的互动,通过研究证明,互联网隐私问题、用户对 Facebook 的态度和品牌融入自我概念是用户与公司/品牌互动的重要预测指标;顾客的消费目标也能影响品牌的使用和顾客的融入方式。 Saenger et al.（2013）通过研究证实,自我表达能够激励消费者口碑传播消费活动。 Sarkar 和 Sreejesh（2014）开发并验证了一个浪漫的品牌嫉妒（Romantic Brand Jealousy）量表,通过研究证明品牌热爱和品牌嫉妒能够一起促进顾客融入，激励顾客购买品牌；顾客对目标企业或竞争对手的极端体验（积极或消极）也会影响顾客融入行为（Doorn et al.，2010）。 由此可见，顾客对于品牌的感知因素是决定其是否会融入品牌社区的关键因素。 因此，对于企业来说，品牌的特征维度将如何影响消费者对于品牌认同是一个重要的研究方向。

品牌的实际特性和顾客感知的品牌特性（品牌荣誉和品牌资产等）能高度影响顾客融入行为（Doorn et al.，2010），品牌越是具有很高的品牌声誉和丰厚的品牌资产，越是会产生更高水平的积极顾客融入行为。 Franzak et al.（2014）指出，品牌产品的设计优势（如产生功能、增加快乐、符号联系）会引起不同程度的情绪反应，继而会影响消费者购后的品牌融入行为。 Hollebeek 和 Chen（2014）利用网络志方法提出了一个新的积极—消极品牌融入模型。 该模型指出，企业能够通过品牌活动、品牌质量、品牌价值、品牌创新、品牌责任心、品牌承诺交付等影响消费者对企业或品牌的感知，使消费者产生积极或消极的认知、情感和行为，即影响消费者积极或消极的品牌融入。

对产品本身的兴趣也是影响消费者融入的重要原因。 消费者愿意融入虚拟新产品开发主要有 6 个激励因素：好奇心，不满意现有产品，对创新的内在兴趣，增长知识，表达观点和获得现金奖励。 其中，对创新活动的内在兴趣和好奇心是消费者想要进一步融入虚拟开发活动的最重要动机。 Vivek et al.（2012）的概念模型提出，顾客参加（Customer Participation）和涉入度（Involvement）也是顾客融入的前置因素。

10.2.3 消费者融入对消费行为的影响结果

Hollebeek et al.（2014）通过结构方程模型验证，说明顾客的"自我品牌联结"和"品牌使用意图"是顾客品牌融入的重要结果。 Hasan 和 Nasreen（2012）为调查顾客融入措施与购后不一致之间的关系，利用 Kruskal Wallis 检验方法分析发现，顾客融入措施如在线反馈能够帮助卖家控制买家购后感到的不一致现象，并且，参与顾客融入项目的顾客对企业更为忠诚，对购后不一致的不适感更少。 同样，社区融入能够加大顾客与品牌社区其他要素（如品牌、产品、企业和其他顾客）的关系强度，它在解释这种关系对品牌信任的影响力上具有一定的调节作用。此外，顾客融入可能会影响重要的营销指标，继而会影响公司价值。顾客共创对新产品开发绩效也存在影响。Doorn et al.（2010）认为，顾客融入对众多不同的利益相关者都具有影响，包括重点客户、重点品牌/企业，以及其他要素如其他产品和品牌的顾客。例如，顾客融入会影响到顾客的认知、态度和行为，除了为顾客带来经济效益和情感效益，还能帮助顾客塑造和增强社会认同感。对企业而言，顾客融入能够提高经济绩效，有助于品牌获得长期信誉和认可。同时，互联网的快速发展使得这种高度透明的顾客融入行为对其他顾客乃至整个行业产生广泛的影响。

10.3 模型与假设

基于上述分析，本研究构建了在线品牌社区融入的前因与结果的概念模型，如图 10-1 所示。

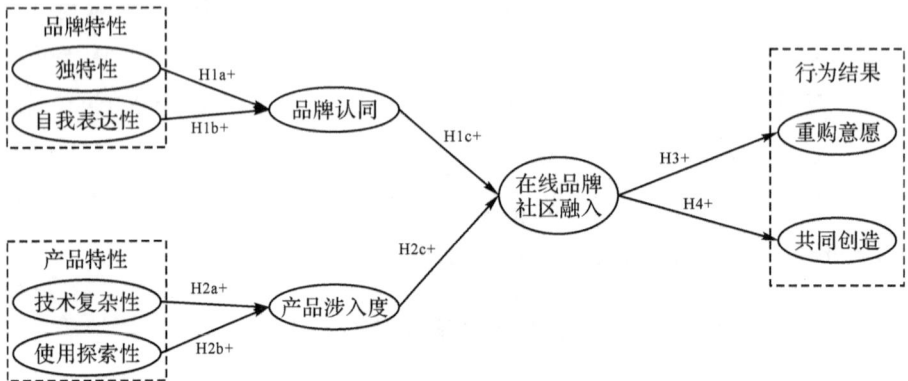

图 10-1 在线品牌社区融入的前因与结果的概念模型

10.3.1 品牌特征对在线品牌社区融入的影响

本研究借鉴 Wirtz et al.（2013）开发的在线品牌社区融入（Online Brand Cmmunity Engagement，OBCE）概念模型，以品牌社区和消费者融入相关理论为基础，开发并设计了一个在线品牌社区融入的模型，用于验证品牌社区的前因和结果。从影响品牌社区融入的机理来看，主要有两个维度，一是品牌认同，品牌的因素导致消费者对品牌社区的认同，从而融入在线品牌社区；二是产品涉入，产品引发的兴趣也会引发品牌社区的讨论。最后，品牌社区融入对顾客的消费行为产生影响（见图 10-1）。

品牌特性是由品牌价值、品牌效应和品牌文化内涵所决定的品牌自身的特点。品牌特性有两种，一种是与人无关的特性，包括品牌独特性、品牌卓越性和品牌质量；另一种是与人有关的特性，主要指自我表达（Self-expression）。本研究将品牌特性主要分为品牌独特性与品牌自我表达性，前者是指一个品牌所独有的、区别于其他品牌的自身特征，表现在任何方面，比如产品概念、产品包装、目标客户群、渠道特点和销售模式等；后者指的是品牌能够彰显消费者自我，体现出其身份品位和个性特征等。

独特性是品牌的核心，也是企业的核心竞争力，是企业品牌能否做大做强的关键。从根本上说，消费者接受某品牌是接受该品牌的独特性。独特性理论认为，每个人都会在某种程度上渴求唯一性，而这种"唯一性"更多地体现在消费行为当中。人们通过购买社会大众认可且在一定程度上与其他消费者相区别的商品来寻求与众不同。因此，当一个品牌十分特别、能够满足人们对独特性的需求时，也就能够得到目标消费者的较高认同了。

此外，根据独特性理论，消费者倾向于购买那些符合自身个性的品牌来表达与他人的不同，所以品牌具有自我表达的功能。正是由于品牌满足了消费者表达自我独特性的愿望，所以才得到消费者的青睐。与此同时，许多研究发现，消费者愿意选择那些品牌个性与自我概念相一致的品牌。品牌个性与消费者的个性越接近，意味着品牌能够更大程度地表达自我，这样越容易引起消费者的共鸣，使消费者对其产生一种认同感，满足消费者的情感需求，拉近品牌与消费者之间的距离。基于此，本研究提出以下假设。

H1a：品牌的独特性能够正向影响品牌认同。

H1b：品牌的自我表达性能够正向影响品牌认同。

品牌认同源于社会认同。当人们处于一个社会群体时，会形成一种社群身份认知和情感归属。研究证明，品牌社区中群体身份意识会积极地影响消费者的行为与态度，对虚拟社区的参与行为产生积极影响，提升品牌社区感，鼓励口碑传播行为和购买行为等。 因此，当消费者参与品牌社区时，消费者对品牌的认同感会积极影响其社区融入行为。 故本研究提出以下假设。

H1c：品牌认同能够正向影响在线品牌社区融入。

10.3.2 产品特征对在线品牌社区融入的影响

随着信息技术的快速发展，消费者越来越融入产品的生产过程，成为企业的联合生产者。 在此情况下，消费者变得更加积极活跃，与企业的互动也更多，这意味着消费者对产品投入更多的时间与精力，与产品的联系将更紧密。 研究发现，消费者对创新活动的内在兴趣和好奇心是其参与虚拟新产品开发最重要的动机。 驱使消费者高度涉入产品的特征经过前期定性调研，主要包括产品开发技术的复杂性和产品使用的探索性。 前者指的是企业研发新品过程中将先进的技术植入产品当中使其表现出一定的复杂性。 当要评估这些复杂产品的时候，消费者不得不花费更多的精力。 同时，在当前体验经济时代的背景下，消费者对产品的感知和评价已经从产品本身转移到消费过程的体验上。 产品使用的探索性指的是产品不仅具备本身的实用功能，而且能够让消费者去寻找和探索产品的新功能和新玩法，以此得到不同于以往的产品体验。 因此，由于消费者本身对新鲜事物所具有的好奇心以及对产品体验的热爱，具有探索性功能的产品能够提升消费者对产品的关注度。 基于以上分析，本研究提出以下假设。

H2a：产品的技术复杂性能够正向影响产品涉入度。

H2b：产品的使用探索性能够正向影响产品涉入度。

涉入度是指消费者基于内在需求、价值和兴趣而感知到的产品及品牌等与自身的攸关程度。 产品涉入度体现了消费者对产品的重视程度，能够决定消费者搜索产品信息的努力程度，并比较同类产品不同品牌之间的差异，从而做出购买决策。 因此，这种对产品的强烈兴趣和高度关注表明涉入度是融入的前因。 高涉入度产品通常需要在购买前搜集大量的信息，这样的产品往往比较复杂，从在线品牌社区获取的信息通常比企业提供的信息更有价值、更有说服力。 当做出购买决策的时候，消费者想要感受的不只是消费的那一刻，他们需要与其他人分享这种消费体验，而在线品牌社区提供了一个寻找其他志趣相投的人并与他们联系和分享的机会。 消费者对产品的涉入度能直接增强在线品牌社区融入。 因此，当消费者越对产品使用有困惑、想要了解产品具体信息或者对产品最新促销活动感兴趣的时候，越有可能访问在线品牌社区，并在长期的参与过程中与品牌及社区建立亲密的关系。 基于此，本研究提出以下假设。

H2c：产品涉入度能够正向影响在线品牌社区融入。

10.3.3 在线品牌社区融入对消费者行为的影响

过去的研究指出，消费者融入能够促进一些积极的行为结果，如提高用户对品牌的信任度（Hollebeek，2011）、增强用户的满意度和忠诚度（Bowden，2009）、顾客更愿意积极传播品牌的相关信息（Vivek et al.，2012）。 当然，最为重要的是增加购买意向，而社区的建立与重购意愿正相关。 Chan et al.（2014）通过对 276 名网络品牌社区成员的调查研究证实，顾客融入虚拟品牌社区能够增强顾客的品牌忠诚度，从而发生重复购买行为。 因此，我们认为，在线品牌社区融入将会引导积极的成员行为，鼓励消费者再次购买品牌产品。

共同创造指的是消费者与企业共同创造价值的过程。 品牌社区是一个通过信息交换进行互动交流的社交网络。 品牌社区的成员被认为是特别有价值的创新之源，因为他们热衷于品牌，对品牌产品的使用情况深有体会，他们相互支持、共同解决问题、构思新产品创意。 Wu 和 Fang（2010）通过实证方法得出，虚拟品牌社区的互动能够有效地促进新创意的产生。 客户与企业之间不断的互动使得客户产生一种赋权感，进一步推动他们参与共创活动。 因此，在线品牌社区提供了一个平台，让客户与企业和其他顾客长期互动，继而促进顾客与企业共创价值。 基于此，本研究提出以下假设。

H3：在线品牌社区融入能够正向影响重购意愿。

H4：在线品牌社区融入能够正向影响共同创造。

10.4 研究方法

10.4.1 变量与测量

由于消费者在品牌社区的融入行为受其对品牌和产品的感知影响，本节重点要探讨消费者感知到的品牌和产品因素。我们首先针对在线社区的消费者行为表现进行定性研究，对消费者有关小米品牌及产品的感知做了定性访谈，以便探究影响消费者融入的品牌及产品因素，并作为发展量表测量题项的重要来源。其他变量则采用成熟的量表进行测量。

Sprott et al.（2009）探讨了品牌融入的一般测量方法。他们提出了品牌融入自我概念（Concept of Brand-Extended Self-Construal，BESC），将其定义为消费者倾向于将品牌作为其如何看待自我一部分的个体差异的工具。品牌融入自我概念是一种品牌与自我相联系的广义观点。按照标准程序，Sprott et al.（2009）回顾有关品牌和自我概念的文献，提出了 36 个题项的初始量表，旨在捕捉品牌融入自我的各个方面，再由 9 个学者就文献中 BESC 的定义评估每个题项的内容效度，经修改生成了 3 两个题项。最后，他们基于430 人的本科学生样本，使用经过传统的因子分析迭代，精炼得到 8 个题项，其中每个题项由"强烈不满意"（1）到"强烈满意"（7）组成的 BESC 量表，内部一致性达到 α＝0.94。这种方法建立在自我概括理论和依附理论的基础上，检验消费者自我概念如何以及为什么与品牌相关联。他们的方法与消费者心理方法更为相似，如自我品牌联系（即消费者的自我概念与品牌的联系强度）和顾客品牌关系（即顾客认为的他们与品牌的关系模式）。

Lee et al.（2011）采用从"非常不可能"到"非常可能"的七级李克特量表来测量在线品牌社区融入。具体而言，量表要求测试者表明他们有多大可能或不可能在将来参加以下的网上品牌社区活动：（1）向其他人提供关于品牌的新信息；（2）积极参与网上品牌社区活动；（3）支持在线品牌社区的其他成员；（4）告诉其他人在线品牌社区的积极事物；（5）推荐网上品牌社区给寻求品牌相关建议的人；（6）鼓励他人在未来使用该品牌；（7）毫不迟疑地向其他人推荐该品牌。该量表倾向于测量社交媒体的消费者融入，展现出高度的内部一致性（α＝0.94）。

该问卷需研究的相关变量共有9个，大部分都采用已有研究的成熟量表，具体测量指标和来源如表10-2所示。所有变量均采用多指标进行测度，其中，"独特性"和"产品涉入度"采用的是语义差别量表，"共同创造"和"在线品牌社区融入"变量采用的是五级李克特量表，其余变量均采用从"非常不同意"到"非常同意"的七级李克特量表设计。

表 10-2　研究变量和测度指标

变量	指标	指标内容	来源
独特性	UNIQ1	小米相对于其他手机品牌来说是截然不同的	Netemeyer et al. (2004)
	UNIQ2	小米相对于其他手机品牌来说真的很突出	
	UNIQ3	小米相对于其他手机品牌来说与众不同	
	UNIQ4	小米相对于其他手机品牌来说独一无二	
自我表达性	SEXP1	小米品牌对塑造我的个人形象有帮助	Wallace et al. (2014)
	SEXP2	小米品牌能为我扮演的社会角色加分	
	SEXP3	小米品牌能提升别人对我的看法	
品牌认同	IDE1	当有人称赞我用的小米手机品牌时,感觉像是对我个人的赞美	Kuenzel 和 Halliday (2008)
	IDE2	我对别人如何评价小米手机品牌很感兴趣	
	IDE3	当我在媒体上看到关于小米手机品牌的积极报道时,我也觉得很荣耀	
技术复杂性	TECP1	手机行业的技术变化很迅速	Carbonell et al. (2009)
	TECP2	技术的变革为手机行业提供了无限的创新机会	
	TECP3	一些新的技术在不断开发出新的手机应用服务	
	TECP4	创新技术让消费者通过手机可以完成的事情越来越多	

变量	指标	指标内容	来源
使用探索性	USXP1	小米手机的一些功能需要我花时间去学习	自行编制
	USXP2	小米手机每周更新操作系统让用户很期待	
	USXP3	小米手机的有些功能只有去社区看帖才知道如何使用	
	USXP4	我喜欢刷机,这样可以体会到一些独有功能	
产品涉入度	INVO1	小米手机这款产品对我来说 不重要/重要	Zaichkowsky(1994)
	INVO2	小米手机这款产品对我来说 无关/有关	
	INVO3	小米手机这款产品对我来说 意味着很多/没有什么	
	INVO4	小米手机这款产品对我来说 我很在意/我一点都不在意	
	INVO5	小米手机这款产品对我来说 我很关注/我不关注	
在线品牌社区融入	OBCE1	我在社区分享小米手机使用心得的帖子	Lee et al.(2011)
	OBCE2	向其他人提供关于品牌的新信息	
	OBCE3	会对其他人说在线品牌社区的好的方面	
	OBCE4	会推荐该品牌社区给任何寻求该品牌相关建议的人	
重购意愿	REPU1	使用小米而不是其他品牌是明智的行为	Yoo 和 Donthu (2001)
	REPU2	即使其他品牌具有与小米相同的特性,我仍倾向于用小米	
	REPU3	我会鼓励他人在未来使用该品牌	
	REPU4	我会毫不迟疑地向其他人推荐该品牌	
共同创造	COCR1	对手机某个功能提出改进意见	自行编制
	COCR2	参与小米新产品的测试活动	
	COCR3	参与小米新品发布时的试用活动	
	COCR4	我很有兴趣参与到小米新产品开发的过程中去	

10.4.2　调查实施

在正式发放问卷前，我们首先进行了试调研，并征询其对问卷的意见及建议，以便对问卷的措辞及表述方式进行进一步的完善。根据小规模前测及反馈，对问卷加以调整和修改，形成本研究的最终问卷。

本次调查主要是有关小米手机及其网络社区的使用状况，旨在了解小米手机用户是如何参与到其官网 BBS 论坛或者微博的营销活动中，进而影响其购买行为。研究主要采用问卷调查的方法，调查对象为小米品牌社区的使用人群，具体包括小米官方论坛的注册会员及小米官方微博的关注成员。本问卷收集了小米社区成员的基本背景，品牌使用和网络社区参与行为，对品牌和品牌社区的理解和看法，以及相关的消费行为。

正式调研的数据收集工作时间为 2015 年 8 月 22 日至 9 月 5 日，主要通过第三方平台问卷星来完成；同时我们也邀请了同学、朋友中的小米手机用户及不同小米民间 QQ 群的群员来填写问卷。最终共收回问卷 477 份，剔除空白问卷和不完整问卷，得到有效问卷 391 份，问卷有效率为 81.97%。其中，男性占 54.2%，女性占 45.8%。所有受访者都表示曾经购买过小米公司（除手机）的其他产品，购买比例最高的 3 大品类分别是移动电源/插线板（48.65%）、耳机/音箱（40.88%）以及路由器（38.18%）。就小米社区的参与情况来说，32.1% 的成员每天花在小米社区的时间不到 30 分钟，30—60 分钟（不含 60 分钟）的占 54.8%，60 分钟及以上的占 13.1%。小米会员的注册时间按 1 年以内（不含 1 年）、1—2 年（不含 2 年）、2 年以上的方式区隔开，分别占据的比例是 36.4%、40.9% 和 22.7%。

本研究将回收后的问卷进行整理，剔除无效问卷后，最后采用 SPSS 19.0 和 AMOS 17.0 软件进行统计分析。

10.5　研究结果

10.5.1　描述性统计分析

本研究采用描述性统计方法来了解各观测变量数据的内在规律，得到 35 个主要测量题项的最小值、最大值、均值和标准差，如表 10-3 所示。 可以看出，除了共同创造变量和在线品牌社区融入变量（五级李克特量表）外，其他变量的所有题项均值基本在 5—7 之间，且标准差均大于 0.8。

表 10-3　测量题项的描述统计量

因子	测量题项	极小值	极大值	均值	标准差
独特性	UNIQ1	1	7	5.45	1.258
	UNIQ2	1	7	5.58	1.343
	UNIQ3	1	7	5.57	1.322
	UNIQ4	1	7	5.44	1.309
自我表达性	SEXP1	1	7	5.54	1.276
	SEXP2	1	7	5.48	1.299
	SEXP3	1	7	5.50	1.287
品牌认同	IDE1	1	7	5.50	1.134
	IDE2	1	7	5.62	1.238
	IDE3	1	7	5.73	1.177
技术复杂性	TECP1	2	7	6.18	0.877
	TECP2	2	7	6.08	0.857
	TECP3	3	7	6.11	0.845
	TECP4	3	7	6.24	0.836
使用探索性	USXP1	1	7	5.39	1.212
	USXP2	1	7	5.34	1.312
	USXP3	2	7	5.37	1.193
	USXP4	1	7	5.34	1.291

续　表

因子	测量题项	极小值	极大值	均值	标准差
产品涉入度	INVO1	2	7	5.85	1.190
	INVO2	2	7	5.91	1.146
	INVO3	2	7	5.71	1.128
	INVO4	2	7	5.82	1.180
	INVO5	2	7	5.95	1.176
重购意愿	REPU1	1	7	5.86	1.018
	REPU2	1	7	5.83	1.070
	REPU3	1	7	5.87	1.044
	REPU4	1	7	5.81	1.032
共同创造	COCR1	1	5	3.57	0.969
	COCR2	1	5	3.60	1.072
	COCR3	1	5	3.65	1.155
	COCR4	1	5	3.68	1.077
在线品牌社区融入	OBCE1	1	5	3.96	0.883
	OBCE2	1	5	3.95	0.871
	OBCE3	1	5	3.95	0.844
	OBCE4	1	5	4.01	0.850

10.5.2　测量模型检验

本文首先采用 Cronbach 系数检验潜变量各指标的内部一致性，各潜变量的 Alpha 系数均在 0.8 以上，表明此量表的可靠性较高。我们进一步采用组合信度（ρ_c）指数作为检验潜变量的信度指标，组合信度是根据标准化回归系数（因素负荷量）进行估算，若是 ρ_c 大于 0.6，表示模型内在质量理想。本研究的模型中，各潜变量的 ρ_c 值都在 0.8 以上，满足限定标准，表明良好的内部一致性。各潜变量的信度检验结果如表 10-4 所示。

表 10-4 潜变量信度检验结果

潜变量	测量题项	Cronbach's Alpha	组合效度(ρ_c)
在线品牌社区融入	OBCE1	0.889	0.852
	OBCE2		
	OBCE3		
	OBCE4		
独特性	UNIQ1	0.930	0.931
	UNIQ2		
	UNIQ3		
	UNIQ4		
自我表达性	SEXP1	0.944	0.944
	SEXP2		
	SEXP3		
品牌认同	IDE1	0.939	0.928
	IDE2		
	IDE3		
技术复杂性	TECP1	0.884	0.884
	TECP2		
	TECP3		
	TECP4		
使用探索性	USXP1	0.896	0.905
	USXP2		
	USXP3		
	USXP4		
产品涉入度	INVO1	0.940	0.935
	INVO2		
	INVO3		
	INVO4		
	INVO5		

潜变量	测量题项	Cronbach's Alpha	组合效度(ρ_c)
重购意愿	REPU1	0.917	0.914
	REPU2		
	REPU3		
	REPU4		
共同创造	COCR1	0.900	0.891
	COCR2		
	COCR3		
	COCR4		

为了进行效度检验，本研究将使用 AMOS 17.0 建立一个结构方程模型，对大样本进行验证性因子分析，其中包含 9 个潜变量和 35 个测量指标。各模型拟合指标如表 10-5 所示，可以看出模型的数据拟合度良好。

表 10-5　模型拟合指数

拟合指数	卡方值（自由度）	卡方/自由度	显著性	TLI	CFI	GFI	RMSEA
结果	1821.291(545)	3.342	0.000	0.883	0.892	0.789	0.077

注：TLI 为非规范拟合指数，CFI 为比较拟合指数，GFI 为拟合优度指数，RMSEA 为近似误差的均方根。

建构效度主要包括收敛效度与区别效度，分别采用不同的方法和指标进行验证。

（1）收敛效度通过 AVE 来衡量。AVE 是潜变量可以解释其指标变量变异量的比值，AVE 值越大，表明潜变量的收敛效度越高。AVE 值应大于 0.50。表 10-6 显示，全部潜变量的 AVE 值均超过 0.50，表明测量模型具有良好的收敛效度。

（2）区别效度可以通过 AVE 和潜变量之间的相关系数来进行检验。本研究采用 Pearson 相关分析法得到变量间相关系数。若潜在构念之间的相关系数小于平均提取方差的平方根，则认为测量模型具有区别效度。由表 10-6 可知，所有潜变量 AVE 值的平方根都大于其与别的构念的相关系数。因此,测量模型具有很好的区别效度。

表 10-6　AVE、AVE 的平方根和相关系数矩阵

	独特性	自我表达性	品牌认同	技术复杂性	使用探索性	产品涉入度	重购意愿	共同创造	在线品牌社区融入
独特性	1								
自我表达性	0.556**	1							
品牌认同	0.543**	0.675**	1						
技术复杂性	0.350**	0.265**	0.463**	1					
使用探索性	0.489**	0.612**	0.604**	0.344**	1				
产品涉入度	0.710**	0.565**	0.607**	0.466**	0.481**	1			
重购意愿	0.529**	0.635**	0.651**	0.480**	0.569**	0.631**	1		
共同创造	0.414**	0.651**	0.549**	0.138**	0.599**	0.434**	0.501**	1	
在线品牌社区融入	0.408**	0.482**	0.396**	0.169**	0.417**	0.408**	0.428**	0.541**	1
AVE	0.771	0.848	0.811	0.657	0.705	0.741	0.726	0.671	0.589
AVE 的平方根	0.843	0.921	0.901	0.811	0.840	0.861	0.852	0.819	0.767

注:**表示在 0.01 水平(双侧)上显著相关。

10.5.3　结构模型检验

结构方程模型分析的结果如图 10-2 所示。首先,考虑全样本的拟合统计,$\chi^2(545)=1821.291$,$\chi^2/df=3.342$,$p \approx 0.000$,$RMSEA=0.077$,$TLI=0.883$,$CFI=0.892$,$GFI=0.789$。其他的统计量均在可接受的范围内,表明数据拟合度良好。GFI 指数虽然偏小,但是作为一个参数较多的行为模型,一些学者认为在 0.8 左右也是可以接受的。

其次,对于在线品牌社区融入的品牌影响因素,我们发现,消费者对品牌的认同感($\gamma=0.342$,S.E.$=0.036$)能够显著地影响消费者融入在线品牌社区。其中,品牌的独特性($\gamma=0.294$,S.E.$=0.034$)和自我表达性($\gamma=0.626$,S.E.$=0.036$)对品牌认同有正向影响。品牌认同被上述两个变量的解释度为 47.8%。

再次,对于产品自身对网络社区融入的影响,产品涉入度($\gamma=0.312$,

S. E. ＝0.035）正向影响在线品牌社区融入。 其中，产品的技术复杂性（ γ
＝0.388，S. E. ＝0.073）与使用的探索性（ γ ＝0.418，S. E. ＝0.048）对产
品涉入度有积极的影响，产品涉入度被上述两个变量解释度为32.5％。 由上
可以看出，品牌的两种特性能够通过影响消费者对品牌的认同，间接影响消
费者融入品牌社区，而产品的两种特性能够通过影响产品涉入度间接影响社
区融入。

最后，品牌社区融入消费者行为结果的路径也是显著的。 结果得出，在
线品牌社区能促进消费者再度购买品牌产品（ β ＝0.517，S. E. ＝0.116，R²
＝0.267），鼓励消费者与企业合作，参与新产品开发活动中，对共同创造也
有积极影响（ β ＝0.620，S. E. ＝0.072，R² ＝0.384）。

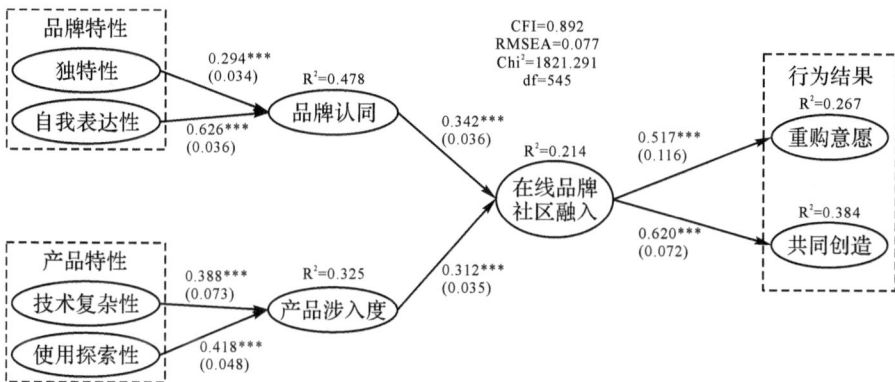

图 10-2　最终结构模型的参数估计

10.6　讨论与结论

虚拟品牌社区作为网络营销中重要的第三方平台，对企业促进和维护消
费者—品牌关系具有显著的意义。 通过在线品牌社区，顾客不再只是被动的
价值接受者，还拥有了价值生产者这一新的角色。 因此，鼓励和加强消费者
融入在线品牌社区对于企业来说意义重大。 本文研究的内容是消费者融入在
线品牌社区的驱动因素，以及在线品牌社区融入对消费者相关行为的影响

作用。

首先，品牌认同对于在线品牌社区融入的影响已经得到许多学者的证明，但是具体是品牌的特征影响认同并没有得到一致的证明，这一点对于企业的在线品牌社区的经营策略非常重要。 我们研究表明，品牌的独特性和自我表达性都能够通过品牌认同间接影响在线品牌社区融入。 这意味着企业品牌与竞争对手品牌差异性越高，与消费者的自我联结性越大，越能够促使消费者对品牌的认同，进而更加深度地融入在线虚拟社区的活动中。

其次，产品的技术复杂性和使用探索性都能够通过产品涉入度间接影响在线品牌社区融入。 过去对品牌社区和消费者融入的研究通常把涉入度作为调节变量，根据涉入度的高低两个维度将产品进行分类研究。 也有少数学者将涉入度作为融入的前置因素（Hollebeek，2011；Vivek et al.，2012）。 本章根据 Hollebeek（2011）提出的顾客品牌融入模型，建构了在线品牌社区融入模型，研究产品涉入度对品牌社区融入的影响，结果得到了证实。 产品涉入度对社区融入有积极的影响，表明产品的技术特征和使用体验，会让消费者在产品层面花费更多时间和精力，从而消费者也更愿意通过品牌社区与品牌建立更加紧密的联系。 所以消费者会愿意花更多的时间和精力来认识产品，品牌社区就是一个最佳的与企业和其他消费者互动的空间。

最后，在线品牌社区融入能够对消费者行为产生积极的促进作用。 消费者融入在线品牌社区能够正向影响重购意愿。 这是因为，在线品牌社区能让消费者获得众多品牌和产品信息，这种品牌知识的增加以及社区中消费者与品牌建立的长期稳定的关系，会让消费者重复购买时优先考虑该品牌产品。 其他学者也已经证明，虚拟品牌社区能够培养消费者对产品、品牌的忠诚度。 在线品牌社区融入对消费者与企业共创价值具有积极的作用。 Pongsakornrungsilp 和 Schroeder（2011）研究消费者如何参与品牌社区的价值共创时指出，消费者在社区中扮演着受益者与供应者两个角色，而供应者不仅为社区成员贡献知识、信息和意见，还帮助社区教育新成员。 同时，他们发的帖子还能引起广泛的讨论或争论，形成社区的集体资源，为品牌社区直接创造价值。

10.7 意义、启示与不足

本章试图从品牌和产品本身两个角度来研究其对在线品牌社区融入的影响机制，理论意义主要在于两个方面：（1）从企业视角出发，探讨品牌特性对在线品牌社区融入的影响，这弥补了单纯品牌认同对于在线品牌社区的影响路径，更加清晰地解释了品牌特性是如何影响品牌认同的；（2）涉入度对社区融入能够起到直接的促进作用，不同于以往研究将涉入度硬性分成高低两个维度，本研究将涉入度界定为消费者的一种心理认知，从而能够从产品自身的角度研究其对品牌社区融入的影响，并进一步揭示了影响涉入度的因素。

从实践的角度来说，我们的研究结果对企业经营和管理品牌社区有几点指导意义：（1）越是具有个性的品牌越能引发消费者认同，消费者的归属感会更强；越是能够让消费者彰显自我的品牌，越能引发消费者认同。所以，企业应该在品牌的独特性和自我表达性上持续投入和维护，这是消费者融入在线品牌社区的前提。（2）产品的技术复杂性和使用探索性，原来可能只是作为广告宣传的噱头，但事实上完全可以作为消费者涉入产品的要素。例如，小米的 MIUI 系统每个星期五都会有一次更新，用户在每个星期五都可以升级系统，去发现产品新的功能和不足。品牌社区应该支持用户的原创性，鼓励消费者在品牌社区分享自己的产品体验，并对有创意的帖子予以表扬，如将帖子加精、置顶、对发帖人进行虚拟或现金奖励等。（3）由于在线品牌社区融入能够鼓励消费者与企业共创价值，因此企业可以通过品牌社区让客户参与到产品概念生成、产品设计及产品验证的过程中。

本研究的不足之处在于：（1）研究对象的局限性。本研究主要以小米社区为研究对象获得数据，尽管小米社区在国内的品牌社区中十分有代表性，但因为其主要产品就是小米手机，如果推广到其他产品类型的品牌社区可能会受到限制。例如，在可口可乐社区中，产品涉入度的影响可能不大。因为就产品本身而言，一般认为可乐属于低涉入度产品。未来的研究可以收集来自不同产品类型的品牌社区数据来评估我们研究结果的外部效度。（2）内容的局限性。 本文主要从品牌和产品两个方面分析其对在线融入品牌社区的影响，并未考虑到品牌社区本身的情景因素，如社区的内容、成员之间的交互、社区与用户的互动等；品牌与产品之间也可能存在一定的协同作用，这些都需要后续更为系统、深入的研究。 （3）方法的局限性。 本文以横向数据为基础，可能还需要通过纵向观察或者实验的方法获得数据来进行进一步的研究。

参考文献：

[1] BOWDEN J. The process of customer engagement: a conceptual framework [J]. Journal of marketing theory and practice, 2009, 17（1）: 63-74.

[2] CALDER B J, MALTHOUSEE C, SCHAEDEL U. An experimental study of the relationship between online engagement and advertising effectiveness [J]. Journal of interactive marketing, 2009, 23（4）: 321-331.

[3] CHAN K, LI S. Understanding consumer-to-consumer interactions in virtual communities: the salience of reciprocity [J]. Journal of business research, 2010, 63（9/10）: 1033-1040.

[4] DOORN V J, LEMON K, MITTAL V, et al. Customer engagement behavior: theoretical foundations and research directions [J]. Journal of service research, 2010, 13（3）: 253-266.

[5] FRANZAK F, MAKAREM S, JAE H. Design benefits, emotional responses, and brand engagement [J]. Journal of product & brand management, 2014, 23（1）: 16-23.

[6] HASAN U, NASREEN R. Role of consumer engagement measures in controlling post purchase dissonance [J]. Journal of contemporary management, 2012, 59（7）: 59-65.

[7] HOLLEBEEK L D, CHEN T. Exploring positively-versus

negatively-valenced brand engagement: a conceptual model [J]. Journal of product & brand management, 2014, 23 (1): 62-74.

[8] HOLLEBEEK L. Demystifying customer brand engagement: exploring the loyalty nexus [J]. Journal of marketing management, 2011, 27 (7/8): 785-807.

[9] KUENZEL S, HALLIDAY S V. Investigating antecedents and consequences of brand identification [J]. Journal of product and brand management, 2008, 17 (5): 293-304.

[10] LEE D, KIM H S, KIM J K. The impact of online brand community type on consumer's community engagement behaviors: consumer-created VS marketer-created online brand community in online social-networking web sites [J]. Cyberpsychology behavior and social networking, 2011, 14 (1): 59-63.

[11] MOLLEN A, WILSON H. Engagement, telepresence, and interactivity in online consumer experience: reconciling scholastic and managerial perspectives [J]. Journal of business research, 2010, 63 (9/10): 919-925.

[12] NETEMEYER R G, KRISHNAN B, PULLIG C, et al. Developing and validating measures of facets of customer-based brand equity [J]. Journal of business research, 2004, 57 (2): 209-224.

[13] CARBONELL P, RODRÍGUEZ E A I, PUJARI D. Customer involvement in new service development: an examination of antecedents and outcomes [J]. Journal of product innovation management, 2009, 26(5): 536-550.

[14] PONGSAKORNRUNGSILP S, SCHROEDER J E. Understanding value co-creation in a co-consuming brand community [J]. Marketing theory, 2011, 11 (3): 303-324.

[15] PORTER C E, DONTHU N, WILLIAM H, et al. How to foster and sustain engagement in virtual communities [J]. California

management review, 2011, 53 (4) : 80-110.

[16] SAENGER C, THOMAS V L, JOHNSON J J W. Consumption-focused self-expression word of mouth: a new scale and its role in consumer research [J]. Psychology and marketing, 2013, 30 (11) : 959-970.

[17] SARKAR A, SREEJESH S, LEVENTHAL R C. Examination of the roles played by brand love and jealousy in shaping customer engagement [J]. Journal of product & brand management, 2014, 23 (1) : 24-32.

[18] SCHAUFELI W B, SALANOVA M, GONZÁLEZ-ROMÁDV, et al. The measurement of engagement and burnout: a two sample confirmatory factor analytical approach [J]. Journal of happiness studies, 2002, 3 (1) : 71-92.

[19] RICHARD S. 4th annual online customer engagement report 2010 [EB/OL]. http: //issuu. com/richardsedley/docs/customer-engagement-report2010/, 2010.

[20] BITTER S, GRABNER-KRUTER S. Customer engagement behavior: interacting with companies and brands on facebook [J]. Advances in advertising research, 2013, 4: 3-17.

[21] SPROTTD, CZELLAR S, SPANGENBERG E. The importance of a general measure of brand engagement on market behavior: development and validation of a scale [J]. Journal of marketing research, 2009, 46 (1) : 92-104.

[22] VIVEK S D, BEATTY S E, MORGAN R M. Customer engagement: exploring customer relationships beyond purchase [J]. Journal of marketing theory & practice, 2012, 20 (2) : 122-146.

[23] WAGNER C, MAJCHRZAK A. Enabling customer-centricity using wikisand the wiki way [J]. Journal of management information systems, 2007, 23 (3) : 17-43.

[24] WALLACE E, BUIL I, CHERNATONY L D. Consumer engagement with self-expressive brands: brand love and wom outcomes [J].

Journal of product & brand management, 2014, 23（1）: 33-42.

[25] WEFALD A, DOWNEY R. Construct dimensionality of engagement and its relation with satisfaction [J]. Journal of psychology, 2009, 143（1）: 91-111.

[26] WIRTZ J, AMBTMAN A D, BLOEMER J, et al. Managing brands and customer engagement in online brand communities [J]. Journal of service management, 2013, 24（3）: 223-244.

[27] WU S C, FANG W. The effect of consumer-to-consumer interactions on idea generation in virtual brand community relationships [J]. Technovation, 2010, 30（11/12）: 570-581.

[28] YOO B, DONTHU N. Developing and validating a multidimensional consumer-based brand equity scale [J]. Journal of business research, 2001, 52（1）: 1-14.

[29] ZAICHKOWSKY J L. The personal involvement inventory: reduction, revision, and application to advertising [J]. Journal of advertising, 1994, 33（4）: 59-70.

11　基于动机驱动促进社区成员持续参与的策略框架

虚拟社区的成员为什么会持续参与支持虚拟社区发展，最新的研究表明，除了关注动机与参与行为的直接关系外，还需要关注促使和约束虚拟社区中动机和贡献行为的外部因素（Von Krogh et al., 2012）。许多学者从虚拟社区经营视角来概括和验证这些因素，对成本与收益、激励系统、社会资本、社会和个人认知、组织气候、管理头衔等进行了研究。由于每个学者研究的视角不一致，这些因素也处在不同的维度层面。

根据社会认知理论（Social Cognitive Theory，SCT），个人的行为会受部分情景因素的影响和个人认知的塑造和控制，个人会在一个社会环境中采取符合个人认知的行为。虚拟社区作为一个网民自发形成的聚集体，用户会在互动参与中形成对社区内角色、身份和道德责任的认知，这些社会属性会影响网民的持续参与意愿；作为一个网站技术系统，它的技术特性对于社区成员的持续参与同样发挥作用；同时，作为一个管理集体行动的组织，它在长期发展过程中会形成独特的社会结构、规则和规范，这些社区的管制方式对成员持续参与的动机和行为影响也在发生变化。这些虚拟社区的环境要素大致可以归纳为 3 类特性：社会特性、技术特性和结构特性。本章将根据环境三要素，从技术、管制和网络 3 个层面提出对虚拟社区进行管理的策略框架，其中：技术层面着重阐述社区网站作为信息系统对其参与行为的影响；社区层面强调经营要素和活动影响，这有助于社区经营者理解经营活动的有效性；网络层面侧重从社区参与者的网络结构来探讨对社区成员行为的影响。

11.1　基于动机驱动社区成员互动参与的路径模型

11.1.1　识别社区成员的心理需求

　　虚拟社区成员参与行为作为一个社会现象，如果我们通过消费者需求满足和动机的双棱镜视角就能很好地理解。 社会学者侧重从人的社会性来探讨社区成员加入社群的心理需求，如，滕尼斯在共同体论述中指出：其促进产生共同体的因素是"享受和劳动的交互性"，是指共同体中单个个体在付出与获得之间的相互依赖，从而形成共同体的纽带。 在社区意识模型中，主要的驱动因素是个体归属于群体的需要。 社会过程引发虚拟社区成员共享一种成员意识，把自己看作是社区有价值的成员，感到一般意义上对社区的归属感。而营销学者基于经济学"理性人"的假设，则认为主要是获得某种价值或利益。 因此，Dholakia et al. （2004）将虚拟社区成员感知到的基本利益分为 3 个方面：一是个体的目的性利益；二是社群性交换及支持的利益；三是娱乐性的利益。

　　从第 4 章的回顾中，我们了解到目前对虚拟社区动机的研究主要从三种理论框架来进行概括：第 1 种是基于价值的感知角度，将动机区分为个体动机和群体动机，较为著名的是 Porter et al. （2011）将动机归纳为两类 8 种，主要通过归纳方法得到；第 2 种是基于动机导向角度，如 Peddibhotla 和 Subramani （2007）；第 3 种是基于内外动机框架，具有代表性的是学者 Von Krogh et al. （2012）将虚拟社区参与动机通过内外动机连续谱归纳为 3 类 1 两种。这 3 种动机理论的划分都有其特定的理论意义和实践指向，但是我们试图从社区更为一般的经营角度来识别出经营努力方向和动机需求之间的联系。

　　当前，几乎所有的虚拟社区都面临着如何向社会媒体转型的问题，如中国最大的 BBS 社区天涯论坛也开始社会媒体化，促进社区成员建立个人之间的连接。 就某种程度而言，这种虚拟空间的连接和相互吸引促进了虚拟社的生成，因此，我们试图从"连接"的角度来识别虚拟社区成员存在的需求。
每位参与虚拟社区的个体与社区都会发生 3 种连接：第一种是基于个体角度
的纯粹与社区内容的互动关系；第二种是社区成员与社区作为整体的互动关
系；第三种是与社区中某些特定人的互动关系。驱动第一种关系的动机是，
社区成员只关注社区中的内容，主要满足自我的功能性需求，不与其他人发
生关系，很多时候在社区中是一个浏览者而已，他们可能并不会参与社区的
一些社交活动；驱动第二层关系的动机是，主要满足与社区的互动和归属感，
该类型参与者可能与社区中其他人不认识，但是他们认为自己是其中的一
员；驱动第三种关系的动机是，建立与某些特定人比如熟人的关系，获取相应
的社会资本，特别是在社会媒体的虚拟社区中，他们热衷于熟人或者已经发
展为熟人之间的社会关系交流，具体见表 11-1。

表 11-1　基于动机驱动的虚拟社区与成员互动路径

连接维度	互动路径	心理需求	具体动机列举
个体与内容关系	与网站内容的互动	功能需求	信息动机，娱乐
个体与社区关系	与社群陌生人的互动	归属需求	社会认同/自我表达，归属，社会地位/影响
个体与个体关系	与熟人间的人际互动	连接需求	建立关系，帮助别人

互动理论（如 Telepresence）识别出媒体（如网站）的结构是互动能力的
关键因素。结构特性包括信息性（Informativeness）（如内容丰富度、信息
触及性）和浏览能力（Navigatability）（如搜索速度），是网站评价的关键；
Chen 和 Li（2010）所提出的互动结构路径（Structural Route of Interactivity），
也是指在虚拟社区信息版的结构特征，特别是信息搜索引擎的便利性、发帖
的时效性、档案的组织性、审查的可靠性。这些特征反映了 VC 结构中能帮
助产生有效、有用和丰富信息资源的核心要素，这些要素会激励成员参与到
互惠的互动中来。另一个是指社区成员的社会纽带，它反映了消费者通过社
会互动的经验，被称为互动的经验路线（Experiential Route of Interactivity）。
Chen 和 Li（2010）认为，虚拟社区内成员的互动同样包括上述两个维度。但
是随着社会媒体的出现，我们必须认识到原来虚拟社区中基于陌生人之间的

互动已经全面转换到基于熟人之间的互动，通过开通个人网址、建立相互连接（Follow）关系的社会媒体社区蕴含着更强的社会黏性。因此，我们提出将第二种基于社会纽带的互动路线分为基于生人之间的互动和熟人之间的互动，前者主要是个体与社区之间的互动，它建立的是基于身份的认同和归属的连接；后者则主要是熟人之间的互动，它所建立的则是基于纽带的连接。

基于上述 3 种互动路径的区分，相对应的则是 3 种心理驱动过程：满意、认同、连接（纽带）。事实上，吸引社区成员加入社区中来，无非是 3 个方面的因素：一是对社区提供的（内容）服务满意；二是对社群的心理认同；三是与社区内存在某种连接的纽带强度。三者构成了基于不同动机需求产生的互动过程，也会影响不同层级的社区参与行为。我们认为满意驱动的主要是最低层级的浏览型参与行为，它所能影响社区成员投入的精力或所做的贡献非常有限；而认同驱动的社区参与者愿意为社区做出内容贡献，但是因为缺少相互的信任，对于最高级的协作去完成特定任务的努力尚非常缺乏；而基于连接驱动的因为具有关系的信任和互惠属性，能够影响社区成员之间的协作行为，比如共同努力去完成特定的任务。

11.1.2　基于动机驱动的三维度框架

随着 Web 2.0 时代的到来，在传统基于计算机界面交互的匿名模式上叠加社会关系（SNS），这使得原来的虚拟社区交互方式发生了重大变化，主要包括：（1）由于熟人之间的社会关系更加具有连接度和黏性，许多原来纯粹基于内容的交互社区开始鼓励在原社区内加入基于个人的社会交际圈子，这是一种基于认识人之间的小圈子，而这种圈子的交互模式在原来的 BBS 中并不存在；（2）在动机需求层面增加了社会资本的动机，原来的社会性需求来自人与人之间的互动，但多是陌生人，而资本动机则推动认识的人之间的交往。

因此，网络性会成为网民选择哪个社区的关键变量，而且往往先期做大的人际网络具有更好的先进入者优势，能够更好地吸引后来的网络社区。与此同时，任何一个虚拟社区不管原来是否是 SNS 社区，都要在原来的社区内容层面叠加上社会关系，以通过社区成员之间的人际纽带增加忠诚度。因此，我们认为虚拟社区框架的有用性和社会性这两种维度框架，在 SNS 时代缺失了重要的关系维度。

我们提出了基于动机驱动的三层次互动框架：社区成员与社区内容的互动，社区成员与社区整体的互动，社区成员熟人之间的人际互动。 这 3 个互动过程需要不同的经营策略，基于社区成员与社区内容互动的路径，主要满足个体功能需求。 因此，对于虚拟社区经营者来说，主要是提高社区满意度，在策略上需要提升网站 IT 技术系统和内容系统的服务质量，它所应该具有的特征，包括可用性和易用性、信息设计和导航等，关键是能够给社区用户提供最好的使用体验；基于社区成员与社区整体互动的路径，主要满足个体归属需求，对于虚拟社区经营者来说，要提高社区成员的认同度，在策略上需要强化该社群整体的身份特征与意识，以及社群成员的相互依赖，还有对社区成员的激励机制，等等；基于社区成员熟人之间互动的路径，主要满足个体连接需求，对于虚拟社区经营者来说，需要强化熟人之间的互动，发展社会关系，分享个人信息，等等，具体见图 11-1。

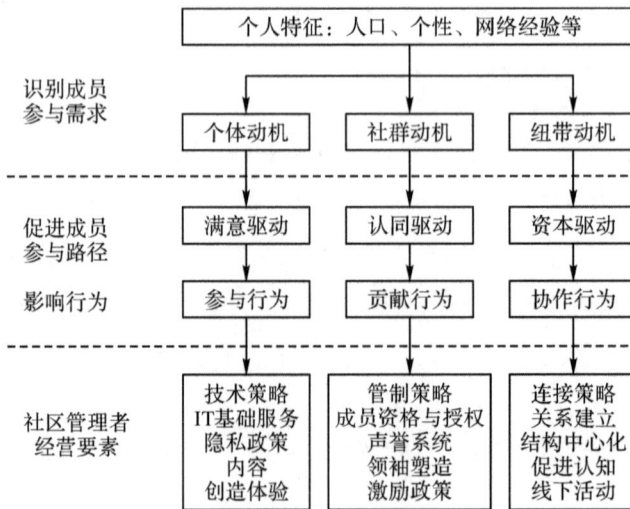

图 11-1 促进虚拟社区成员参与的策略框架模型

11.2 虚拟社区经营要素的构成及框架

11.2.1 Preece 的社会性和有用性两维度框架

针对虚拟社区的构成要素以及如何走向成功经营一直是虚拟社区学者研究的一个热点。 学者们对于如何成功设计一个虚拟社区系统提出了各种参考视角，如强调蕴含在持久虚拟社区身份信任的重要性，这会便利执行交易的经济基础设施；强调虚拟社区中用户想要的基础软件工具设计的重要性等；Williams 和 Cothrel（2000）重申用户在处置系统时需要"功能的关键多数"，社区管理者需要尽可能授权给成员评价，如此他们有可识别的权利来形成虚拟社区的规则。 Williams 和 Cothrel（2000）同时提到一些基本原则的共识，如提供用户反馈渠道，积极招募新参与者，以及社区拥有者承认那些花费时间和精力来保持社区发展并适时帮助新参与者及指导帮助成员查找内部和外部信息资产的"自由决定活力"（自愿精神）的重要性。 虚拟社区商业成功的框架是以订阅为基础的，该框架承认社区志愿者在吸引新客户中所扮演的关键角色。 因此，他们认为一个成功的框架必然是积极鼓励新的志愿者参与到社团中，同时通过一个明确的报酬模型来承认既存志愿者。 最近的工作发现虚拟社区的管制模式（Governance Model）（MacInnes，2006）和虚拟社区在终端用户与开发者之间形成沟通渠道来维护软件的作用。

一些学者专门研究虚拟社区作为一个成功社会媒体的设计原则，提出虚拟社区的二维框架：社会性和有用性。 虚拟社区要运营成功，不仅要提升其（产品）的有用性（Usability），而且要理解技术如何支持社会互动，如何设计来营造社会性（Sociability）。 后续学者认同该二维框架，并不断提出设计社会性和有用性的要素，以及如何来测量虚拟社区的成功。

社会性与开发软件、政策和时间来支持在线社会互动有关。 它包括 3 个要素：（1）目的（Purpose），即在一个社区内，大家共同聚焦于某种兴趣、需求、信息、服务或支持，它提供了个体成员属于某个社区的理由；（2）人

（People），即那些拥有个人、社会和组织需要，在社区相互互动的人们；他们在社区内会承担不同角色，如领导者（Leaders）、主要参与者（Protagonists）、丑角（Comedians）和版主（Moderators）等；（3）政策（Policies），即指导人们互动和对社区传说和仪式发展做出贡献的语言和礼仪，这些传说和仪式会带来历史感和可接受的社会规范，更多正式政策同样也需要，如等级政策、版主行为符号、社区管制的非正式政策和正式政策。社区管理者对目的、人和政策的决策决定了在线社区最初的社会性。

有用性关注作为产品个体学习使用和互动的直觉和容易程度。社会性与有用性紧密相关，它甚至可以被认为是另外一种有用性。但是也存在明显差别，有用性主要关注用户与技术的互动，而社会性关注社区成员之间通过支持技术的互动。所以，有用性的焦点是人机界面的互动，而社会性的焦点是技术支持的人人互动。对于有用性来说，以下4个组成部分对软件作为社会互动的媒介和地点至关重要：（1）对话和社会互动支持（Dialogue and Social Interaction Support），支持对话/互动的敏捷性、反馈性，命令执行的容易性和 Avatar 移动、空间关系（Spatial Relationship）的容易程度；（2）信息设计（Information Design），包括信息阅读的容易度、审美性；（3）导航（Navigation），用户在社区内要很容易地找到自己所需要的网址；（4）接入性（Access），从在线社区下载和上传软件的要求要清楚。

Preece（2001）为了评价虚拟社区运营的成功性，进一步识别出能够描述虚拟社区特征的具体测量社会性和有用性的因素。

（1）社区"目的"的决定因素与测量。体现社区目的性包括4个方面：第一，每个成员的信息数量与成员的活动水平相关，测量成员在社区的卷入程度，寓意着介入的人们（Engaged People）如何被卷入该社区，也显示着社区服务如何支撑起目的；第二，测量互动性，主要通过每个帖子讨论的线程深度来测试互动性，线程的宽度和深度用来评价社区支持真实事件的讨论；第三，互惠性关系到成员如何提供信息，这需要测量社区内给予和吸收信息的比例，比如用一个成员提问题的数量与他回复其他人做比较，或者直接询问个体成员评价他们自己从社区获取信息与他们贡献信息的比例；第四，贡献的质量可以通过发展如亚马逊的读者评论系统或 ebay 的声誉管理来实现。

（2）社区"人员"的决定因素和测量。 这里包括两个因素：一是社区直接的参与人数；二是参与成员中不同类型的比例，主要是潜水者与积极参与者的比例，这个比例在不同类型或者不同规模的社区都不一样。

（3）社区"政策"的决定因素和测量。 社区政策的决定因素与其效用相关。 首先，说谎和不文明行为，社区必须有政策来控制；其次，社区内的信任非常重要，包括 3 种信任：第一种是信用公开和个人信息的安全；第二、三种分别是能够信任人们的行为和他们所说的话，如 ebay 就专门通过让购买者评价供应商服务维度，如是否值钱、及时运输、包装等这些信息建立供应商的声誉系统，让供应商的受信任水平可以显示出来。对于那些情感支持的社区的信任则更加难以测量，ebay 使用的评价系统太过于简单和潜在危险。 Preece（2001）认为，也许信任评价应该与登记政策（Registration Policy）相关。

评价社区有用性框架的指标很多已经建立起来，主要包括学习速度、生产率、用户满意度、有多少用户在使用软件后依然记得和使用过程中犯多少错误等，如对话和社会互动支持的决定因素和测量。 这里的学习速度（Speed of Learning），指用户需要多久学习阅读和发帖、使用 Avatar 姿势，等等；生产率（Productivity），指完成某个特定动作和目标需要多久来发帖和读帖；使用者满意度（User Satisfaction），指社区参与者对对话和互动的满意程度；保留率（Retention），可以查询用户在完成某个特定任务后的行为；错误（Errors），指用户在使用某个特定对话和互动支持时犯的错误。

11.2.2 虚拟社区经营视角的管制要素

虚拟社区的成员为什么会持续地参与来支持虚拟社区发展？ 最新的研究表明，除了关注动机与参与行为的直接关系外，还需要关注促使和约束虚拟社区中动机和贡献行为的外部因素（Von Krogh et al.，2012）。 虚拟社区作为一个网民自发形成的聚集体，用户会在互动参与中形成对社区内角色、身份和道德责任的认知，这些社会属性会影响网民的持续参与意愿；作为一个网站技术系统，它的技术特性对于社区成员的持续参与同样发挥作用；同时，作为一个管理集体行动的组织，它在长期发展过程中会形成独特的社会结构、规则和规范，这些社区的管制方式对成员持续参与的动机和行为的影响也在发生变化。 因此，本研究将虚拟社区的特性分为 3 个层面：社会特性、技术特性和管理特性。 社会特性主要指社区成员通过社区媒体与其他成员互动所感知到的身份和人际亲密关系；技术特性主要指虚拟社区作为一个技术系统所提供的 IT 基础服务设施的性能，主要用系统的可用性和易用性来衡量；管制特性主要指为了社区发展引导全部或部分自发个体和组织达到目的、控制和协调的手段，这些背景因素包括管制方式（Governance）、社区赞助方（Community Sponsorship）、奖励条款（Provision of Rewards）和许可限制（License Restriction）4 个方面（Von Krogh et al.，2012）。

许多学者从经营视角来探讨导致虚拟社区参与行为或忠诚的前置因素。这些因素包括社区内交换的内容和信息质量、会员系统、成员隐私等。 社区的管理者试图通过一些管理因素来提升社区忠诚度，探讨社区网站运营因素（如目标、成员概况、规则等）、虚拟社区稳定性、虚拟社区有用性和社区忠诚与认同的关系；也有学者研究了社区环境因素（如界面、信息内容、用户服务）和社区忠诚关系；Koh 和 Kim（2003）发现了知识分享活动与社区推荐和参与之间的关系。

Koh 和 Kim（2003）证明，虚拟社区领导者的热情、线下活动和娱乐性等对虚拟社区意识 3 个维度，即成员意识、影响力和沉浸感有着不同的影响，但总体上 3 个前置因素对于社区意识的产生和身份的联结有着直接的影响。Koh 和 Kim（2007）提出了激发与虚拟社区产生联系的 4 个驱动因素：虚拟社区领导者的卷入程度、线下活动、虚拟社区有用性和 IT 基础设施的质量，结果证明线下互动和有用性对线上发帖和浏览活动有着直接的影响；而线上的有用性本质上就是成员感知到社区内容的价值性和有用性，领导者的卷入程度、IT 基础设施则是指提供给成员的互动环境平台，如果其不能满足成员需求，这将直接影响成员对社区的参与性。

尽管学者都认为虚拟社区对主办公司具有巨大的价值，但是主办方在经营虚拟社区时到底需要努力经营哪些活动才能激励社区成员的参与，进而发挥出虚拟社区的价值是重要的问题。 Porter 和 Donthu（2008）从消费者角度探讨了消费者是如何感知主办公司努力提供高质量内容、激励互动以及培育成员嵌入性3个要素以增加消费者信任，从而为主办公司创造价值的意愿。企业需要管理目标、政策和人来达到成功的社会关系。首先，企业通过有效管理内容来强化社区目的，因为交流信息的机会激励人们参与到该虚拟社区。因此，提供高质量的内容是赞助公司首要的事情。其次，嵌入性（Embeddedness）是指社会关系促成经济行为的过程，帮助消费者认知到他们是组织内的成员。社区赞助者通过管理政策要素可以形成成员的嵌入性，这些要素包括准许成员接触赞助公司代表、便利赞助公司与成员联系、提供顾客合法角色、允许成员影响社区政策。最后，互动性是社区的核心要素，也是社区成员参与的主要激励因素。社区的主办公司通过便利社区成员之间的互动（如主持板块讨论）以激励社区成员积极参与社区活动。

Yen et al.（2011）认为，虚拟社区中影响消费者角色内与角色外行为的共同生产也包括3个因素，分别是协作规范（Cooperative Norm）、感知的参与利益（Perceived Benefits of Participation）和技术准备性（Technology Readiness）。第1个因素帮助消费者理解在此背景下社区对他们及其行为的期待；第2个因素的定义为个体相信可以从在线社区参与中获得的利益，根据媒体"使用和满意方法"（Uses and Gratification Approach）和内外动机理论，他们认为有3种利益，分别是自我提升（Self-enhancement）、报酬（Rewards）和解决问题的支持（Problem-solving Support）；第3个因素是指个体拥抱和使用技术完成目标的倾向性。

同时他们指出，社区管理的因素作为环境因素也会影响上述3个参与的促发因素，这些环境因素能够阻止或提升相应的行为，其中一个特征就是社区管理的有效性（Effectiveness of Online Community Management，EOCM）。Prahalad和Ramaswamy（2013）认为，价值聚焦CP依赖于管理活动，包括健康对话、方便接入、信息透明、先动风险管理。尽管虚拟社区中用户产生的内容非常重要，但是社区管理者和组织者需要确保技术运作、定义游戏的规则、指导新内容的持续贡献。所以，Yen et al.（2011）认为3个社区管理活动至关重要，即成员发展（Member Development）、社区资产维护（Community Asset Maintenance）和社区关系管理（Community Relations Management）。他们发现，社区管理活动对于协作规范和社区感知利益有着显著作用，其中成员发展是指不断吸收新的成员，为了吸引成员社区需要提供对参与者有用的服务，阻止不恰当的负面影响；有效地维护内容、知识和基础设施是维持社区资产的关键；而支持维护成员关系的活动会鞭策成员以积极的行为互惠。具体见表11-2。

表 11-2　学者总结的影响虚拟社区成员参与的经营要素

研究者	研究视角	技术服务	社区内容	成员管理	成员协作规范
Gruen et al. (2000)	美国寿险协会影响成员感知的专业营销活动	核心服务水平	分发组织知识	对贡献的认可	增进成员相互依赖，外部要求成员的依靠
Koh 和 Kim (2003)	影响虚拟社区知识分享的因素			影响力、沉浸感	成员意识
Algesheimer et al. (2005)	影响品牌社区认同的因素			消费者与品牌、经销商之间的个体关系	品牌关系质量
Koh 和 Kim (2007)	激发与虚拟社区产生联系的 4 个驱动因素	IT 基础设施的质量	虚拟社区有用性	虚拟社区领导者的卷入程度	线下活动
Yen et al. (2011)	影响消费者角色内与角色外行为的共同生产 3 个因素	技术准备性	感知的参与利益：自我提升、报酬和解决问题的支持	成员发展	社区资产维护和社区关系管理
Porter 和 Donthu (2008)	公司赞助社区影响成员感知利益的经营活动		提升内容质量的活动	鼓励互动性的活动	形成嵌入性的活动
Chen 和 Hung(2010)	社区的情景因素和个人因素				情景因素包括互惠规范和人际信任

11.3　基于满意驱动的技术促进策略

　　虚拟社区作为一个在线服务提供商，用户产生的内容给予来源于社区成员之间的互动。 因此，就这个角度而言，虚拟社区中人机的互动体验和与其他成员的群组动态性是维护社区成员参与和忠诚的重要因素。 在某种程度上，这种体验可以看成虚拟社区网站提供的核心服务。

11.3.1　IT 系统因素影响参与的理论发现

IT 系统特性主要指虚拟社区作为一个技术系统所提供的 IT 基础服务设施的性能，主要用系统的可用性和易用性来衡量。 由于社区 IT 技术基础设施构成了社区用户使用最为基本的交互界面和服务质量，它的使用体验好坏将会直接影响成员对该社区网站的使用意愿。

Delone 和 Mclean（1992）在回顾信息系统成功文献后提出了六维度的信息系统成功模型，包含系统质量（System Quality）、信息质量（Information Quality）、用户满意度（User Satisfaction）、信息系统使用（IS Use）、个人影响（Individual Impact）和组织影响（Organizational Impact）。 2003年，Delone 和 Mclean（1992）考虑到电子商务环境的重要性，将其模型作为研究电子商务的基础，因此，增加了"服务质量"（Service Quality），并将"个人影响"和"组织影响"整合为"网络利益（Net Benefits）"。 Delone 和 McLean（1992）识别出一个成功的信息系统因素由之前使用的满意度来决定，它由系统质量、信息质量和系统服务质量所决定，该模型被广泛地应用到电子商务系统、基于网络决策系统、网络商店等。 Lin 和 Lee（2006）应用该模型证明了虚拟社区的网站系统也完全适用于该模型，其系统质量、信息质量和服务质量通过用户满意度和行为意图对社区成员的忠诚产生显著的影响。

11.3.2　促成参与的技术策略

（1）提升 IT 基础服务

IT 基础服务作为社区用户使用最为直接的体验，常常决定着消费者使用的第一印象和感受。 Chen（2007）指出，专业性虚拟社区碰到的第一个挑战是由网络系统质量差造成的成员流失问题，一些成员可能因为糟糕的虚拟社区的技术服务质量不能完成某些行为而放弃使用。 在专业性服务社区中，构成其网络服务质量的主要包括知识质量和系统质量。 Chen（2007）认为，个体持续使用意愿由情境因素和技术因素共同决定，前者包括社会关系资本，后者则主要是技术系统使用后的满意度。 关于 P3 社区的研究也证明了网站提供基础服务的重要性。 P3 社区已经替代传统的基于雇员提供的服务模式，成为公司给顾客提供在线服务支持（Service Support）的新手段，可以有效帮助公司进行顾客教育、解决公司售后服务问题等。 有两方面的因素可以帮助顾客学习并且企业可以直接管理：一方面是 P3 社区中产生的信息因素，包括信息多样性、及时性和准确性；另一方面是网站因素，包括便利成员交流的能力、提供和展示声誉的能力、定制网站的能力。 这些因素通过影响顾客学习和认同的过程，以影响成员对其功能利益和社会利益的感知，进而影响其行为。

（2）鼓励成员提供高质量的内容

积极鼓励成员贡献内容，这对于虚拟社区的茁壮成长必不可少。 然而，激励贡献常常是非常困难的。 管理者必须确定在何种程度上与他人共享有价值的信息能满足成员的内在需要和激励他们参与社区。 有能力提供有价值的知识和乐趣的自信来源于帮助他人，同样，从知识的贡献中获得声誉的建设，激励成员在参与中贡献高质量的内容，并通过这样做，帮助他们实现内在的需求（如帮助他人的需要，对身份/影响力的需要）。

社区运营者应该侧重于鼓励成员准确、及时地贡献与社区相关的信息。例如，赞助商可以建立一个成员可以排名和标记喜爱的内容的程序，使这些内容能够很容易找到。 一些社区赞助商也可以发起与成员兴趣相关的主题讨论活动（如网络研讨会），或者邀请成员通过鼓励和支持会员推动型的博客加入或者领导这样的讨论。 电脑制造商戴尔根据社交媒体平台类型（如博客、支持论坛）和讨论的主题（如专注于桌面产品、笔记本产品或游戏产品的支持论坛）组织其上的内容。 公司通过提供从头活跃的论坛轻松访问最近的博客文章和线程吸引会员加入讨论。 它在一个社区还有更直接的被称为"倾听"板块的地方，在此会员被邀请对产品和服务通过评级和审查的形式进行反馈。 在媒体行业中，许多公司推出了虚拟社区来支持他的出版物。 例如，在社区的主页上，该公司会将浏览过最多的和评论最多的博客链接放在其上，来鼓励成员对自己最喜爱的博客文章发表评论。

（3）隐私政策

隐私的保护政策被认为会直接影响社区成员的参与度，因为这直接影响社区成员的风险感知。因此，在对在线社区服务质量的测度中，隐私的保护和安全承诺都是重要的维度。而这又和信息系统的设定和运营有关，比如个人信息的保护、安全性政策等。

（4）创造激动人心的体验

研究表明，当人们能够体验到"爽"的感觉——一种类似沉浸、高兴和感受到的非常有趣的心理状态——他们将会对提供这些体验的社区形成正面的态度，特别是当这种体验与成员的兴趣高度相关时。例如，RDA 的 Allrecipes.com 社区给完全参与的会员提供各种各样的愉快的体验，在"有趣和游戏"部分，该公司提供了一个免费应用程序 Dinner Spinner，允许会员访问社区 iPhone 产品。iPhone 用户通过使用用户首选访问设备控制与 Allrecipies.com 的交互，创建一个有趣的经历，这种措施可以有效激励成员的互动和参与。例如，Allrecipes.com 中专注于存储和交换食谱的成员可以利用免费会员去社区而避免升级会员的成本和复杂；至于订阅的会员级别，因是提供给技术娴熟的会员服务，他们有更大的自我表达的需要，需要能够添加图形印刷菜谱、定制食谱、创造个人博客、并创建一个可以显示他们详细的"厨师的个人资料"的自定义的 URL。这种定制服务可以帮助满足他们参与虚拟社区不仅为了享受，而且为了学习和自我表达的需求，还可以为成员提供一个基于体验的、有趣的经历。

11.4　基于认同驱动的管制驱动策略

社会特性主要指社区成员通过社区媒体与其他成员互动所感知到的身份和人际亲密关系。虚拟社区所提供的互动和交流的媒体环境，能让虚拟社区成员建立新的社会关系，在与其他成员的互动中促进其身份的形成，进而提升成员身份认同和参与行为。

11.4.1 管理政策要素影响参与的理论发现

以往学者在构建虚拟社区成员参与的模型中，都认识到社区参与本质依然是社区的人机交互和人际的交互活动，因此虚拟社区成员与社区联结机制的前提是虚拟身份的构建以及随之产生的认同，而这是虚拟社区内成员交流以及产生联结的纽带节点。 Blanchard 和 Markus（2004）在对 MSN 虚拟社区沟通活动的研究中发现，在虚拟社区感的产生过程中，从社区互动中交换支持到建立信任与虚拟社区感的中介心理变量是建立身份与认同。 他们认为，关于"虚拟社区意识过程"产生是社区的归属产生依恋情感还是情感导致过程的争论，本质上是社区意识的起源问题。 他们从过程理论（Process Theory）视角出发，认为虚拟社区成员首先承担类社区的行为（如帮助和支持）和过程来获得最初的目标（如分享某个业余爱好的信息），虚拟社区意识或者说对社区的依恋情感则是产生于这些持续类社区的行为。 他们以 MSN 为例指出，网民通过发帖甚至附在帖子上的个性签名、幽默的表达来建立身份与他人的认同，从而 MSN 的成员脱离匿名和大多数不可见的潜在成员建立了一个社区，匿名和无像变得可以辨认与知道——人们进而对他们也会产生依恋与依赖与相互的义务。 这在某种程度上解释了在从认同到依恋的心理过程中身份构建与认同的必然步骤，它是虚拟社区成员产生情感依恋的前提。 因此，楼天阳和陆雄文（2009）认为，虚拟自我认同本质是对虚拟身份的创建与个体化的过程，这直接影响其与虚拟社区成员的交往联结；而社会认同则是对虚拟群体身份的认定与感知，这个自我类化过程同样直接地影响其对整个社群的依恋联结。 因此，虚拟自我认同与社会认同是虚拟社区成员两种依恋维度的直接前置因素，或者说虚拟社区经营活动是社区成员联结的中介心理变量。

11.4.2 促成社区成员参与的管制策略

（1）成员资格与授权

一种创造群组身份的方法是定义这些聚集的人为同一个社会类别的成员。 这种类别可以给予客观的标准如组织成员资格，或者主管的标准如参与者的价值观。 研究者已经利用群组名字、统一制服甚至随机安排来创造主观的类别。 虽然早期的研究利用面对面群组，但最近的研究表明，在线环境下随机安排同样能够创造群组身份的情感。 许多在线健康支持群组成员之所以依恋于该群组，是因为他们拥有某种疾病遭受者或幸存者的共同身份。 在这些在线社区中，人们能够分享他们共同的经验，不管是倾听还是回答问题。

社群的成员会在与别的群组比较时定义和归类自己的身份，进而强化他/她对于该群组的承诺。 研究显示，即使外在群组不是实际存在或者虚拟显示，也能激发群组间的比较和内群体的承诺。 在在线社区中，社区运营者能通过提升成员对外群体的感知达到鼓励成员关注群组边界和认定内群体同质性，比如，在社区板块的首页上张贴其他类似群组的速度、绩效和市场份额。Wikipedia 项目组利用类似的技巧，比如高调显示和其他百科全书的竞争。

为社区设置共同目标。 群组成员相互依赖、合作也会让该群组成员更加承诺于该群组。 相互依赖产生于共同的任务、相同的目标、共同的命运，或者联合的奖励，这些会产生共同的身份。 相互依赖能够导致在线社区的共同身份如 OSS 社区或在线参考书如 Wikipedia，它们具有一个相互依赖的任务和共同的目标，即要开发全世界最好的百科全书，这激励着 Wikipedia 的读者成为 Wikipedia 的开发者，促使他们为完成这一目标而积极贡献内容。

（2）管制方式

管制特性主要指为了社区发展引导全部或部分自发个体和组织达到目的、控制和协调的手段，这些背景因素包括管制方式（Governance）、社区赞助方（Community Sponsorship）、奖励条款（Provision of Rewards）和许可限制（License Restriction）4 个方面（Von Krogh et al.，2012）。

虚拟社区的管制方式，指社区发展过程中慢慢形成的对成员参与社区活动施加控制的社会结构和规范。 Shah（2006）将 OSS 社区管制方式分为开放式和控制式两种，在开放式社区任何人都可以下载、使用、修改和传播代码资源；而在控制式社区，往往只有部分受到社区赞助方（公司）许可的成员才可以下载和使用。 在虚拟社区随着时间的发展过程中，社区自然会形成其管制结构和社区领袖，来协调个体非正式化的努力和引向团队目标，成员之间会形成一个正式权威的共享基础和社区意识，但同时也会限制其民主体制。 关于"网络评论是否都由真实客户发表，公司是否会自己去操纵评论"这个问题可比较两个旅馆评论类型的社区：一个是 Tripadvisor，任何人都可以登录发帖；另一个是 Expedia，只有预订过房间的人可以查看。 比较了两个旅馆评论网站的区别，他们抓取了两个网站有关宾馆评论文本和星级，发现独立的、小业主拥有的和小规模公司管理的宾馆在 Tripadvisor 上明显地比 Expedia 拥有更多五星的评论。 因为单业主的独立旅馆比多元业主的品牌连锁旅馆从积极评论中受益更大，由于虚假评论被抓造成的损失比其他财产损失对业主来说也更大。 因此，他们认为那些小的、独立的宾馆会更倾向于通过赞美自己和贬低竞争对手来操纵评论。 这也从另一方面体现社区管制方式造成的内容差异。

最早了解人类动机的激励机制来自工业工程领域。 但是，在线的知识分享活动并没有提供足够的回馈来强化相互信任、互动和虚拟社区间的互惠（Chen，2007）。 在这样的环境下，激励机制直接指向最大化成员满意度，而要最大化成员满意度最为重要的则是在线社区内在资源丰富导致广泛的兴趣，进而形成成员的意图和动机来分享他们的知识。 JonKatz（2000）研究了 Slashdot 站点社区建立的声誉系统如何提升成员分享内容的质量。 该站点基于社区成员过去的评论使用"Karma"点数来度量评论者声誉。 Karma 点数和声誉会被聚类到一系列标记（如糟糕、不好、好、优秀），每个评论者张贴的评论会收到一个从 1—5 分的分值，分值预示着评论的质量并影响它的读者人数。 一个评论如果有很高的分数往往能吸引很多读者。 评论缺省的分数根据评论者的声誉而存在差异，那些具有较好声誉的评论者往往能够收到高的缺省值。

（3）社区领导者

由于虚拟社区的成员来自五湖四海，很少面对面互动，社区经营者很难监控或控制他们的行为。 因此，虚拟社区的领导者对社区成员的激励作用对于虚拟社区的成功来说至关重要。 已有一些研究对工作社区或虚拟团队的在线领导者（Online Leadership）展开研究，在线领导可以定义为一个社会影响过程，它通过提供先进信息技术来形成与个体、团队和组织相关的态度、感觉、思考和行为。 相比于工作社区，非工作社区的领导没有正式的任务或角色，或者可用的正式控制机制。 但是，一旦非工作社区的领导形成某种程度的合法身份，他们那边的任务与工作社区也没有多少差别，他们不仅参与社区活动，而且需要考虑社区的成员。 根据俄亥俄州立大学（Osu）领导力模型框架，可以利用两个构面对领导力的行为加以描述：① "关怀"（Consideration）；② "定规"（Initiatingstructure）。 一般称之为 "俄亥俄学派理论" "或 "二维构面理论"（Twodimension Theory）。 所谓 "关怀"，是指一位领导者对其下属所给予的尊重、信任以及互相了解的程度。从高度关怀到低度关怀，中间可以有无数不同程度的关怀。 所谓 "定规"，也就是指领导者对下属的地位、角色与工作方式，是否都制订规章或工作程序，这也分为高度的定规和低度的定规。 社区领导者要影响其他人必须通过有效的权力应用。 French 和 Raven 提出 5 种权力来源：专家（Expert）、报酬（Reward）、合法（Legitimate）、指示（Referent）和强迫（Coercive）。 Bock et al.（2008）采用此二维构面理论对非工作社区的在线领导者的领导力进行概括，验证了两种领导风格对社区成员参与动机与组织承诺的作用；而且，定规领导风格对成员动机的影响比关怀的作用更大，同时发现专家权力可以显著地调节两种领导行为对动机的影响，而报酬和合法两种权力没有调节作用。

一些企业在社区领导成员选择上已经做出诸多创新实践。 给成员地位和机会影响公司的政策实践是 Jones Soda 成功的商业策略的核心。 十几年前，管理层决定通过让他们为自己重建品牌而将客户转化为形象大使，作为这样努力的一部分，该公司选择了 6—8 个青少年组成 Jyab 的董事会顾问，Jyab 的成员有广泛的文件张贴在社区，嵌入型和赋权型在 Jyab 社区成员的意见中被明确地反映出来。 Jones Soda 超越了 Jyab，涉及所有社区成员。 例如，每一个成员被邀请来创建一个 "Under-the-cap" 财富报价或者通过提交超片 "创建自己的标签"，二者都可以被印到实际成产的瓶子上。 自项目开始近 10 年前，该公司已收到 100 多万幅照片，这反映了顾客个性化品牌的价值。 Jyab参与行为的广度和深度的增加，通过实时、互动技术，促进了动态交流和协作过程，如社交网络、众包和创意的产生。 通过动员，管理层认为培养参与行为的交互性手段是在社区中激励合作。

（4）声誉系统

作为社会控制的基础，使用声誉是与社会本身一样古老。而互联网的出现给声誉机制提供了新的维度，最为重要的是通过构建信息系统（在线声誉调节）能够系统控制在线社区中交换的声誉信息类型和数量的能力。

声誉系统收集、承担和自动化分配对某人过去行为的反馈，最为著名的电子声誉系统是 ebay 的反馈系统。在 ebay，卖家和买家可以在交易后给对方给予一个正面、中性或负面的反馈。这些反馈展示在成员的个人主页上，从根本上而言，电子声誉系统把传统的口碑网络规模放大了。声誉系统会促使在线市场的信任与协作（Ba 和 Pavlou，2002；Bolton et al.，2004），很多陌生人之间一次性的交易让欺骗成为一个有吸引力的战略（Tempting Strategy）。声誉系统通过提供潜在交易伙伴过去的交易信息，为未来带来曙光。基于这样的背景，声誉系统可以看成是认证和信号装置（Sanctioning and Signaling Device）。如果参与者的声誉系统很差，该系统可以说就有认证功能，使得潜在合作者不愿意与其交易。如果声誉系统的评价功能降低了信息不对称，就可以说该系统具有信号功能，消费者可以通过其他消费者再次在此社区发表评论来判断产品质量。在大多数背景中，两个功能都发挥作用，只是其中一个相比另一个会更加重要。

Utz（2009）对德国最大的消费区 Yopi 的声誉系统也进行了研究。在非交易环境中，声誉是否是协作行为的主要动机，能够促使成员贡献高质量内容？他们发现声誉主要发挥的是信号功能，而非认证功能，因为贡献者的主要动机并非声誉，而是其他动机如利他行为、互动快乐、获取互惠等。

声誉调节人控制着谁能参与，什么类型的信息是参与者想要的，怎么聚集，如何能公众化地让其他社区成员得到。社区运营者可以通过许多参数精确控制，而这些在传统环境中很难产生影响，如，声誉调节机制能用广泛地统计数字以替代详细的声誉历史，运用过滤和算法来消除局外人或嫌疑人帖子，控制新来成员声誉的最初状态，等等。这些设计的选择，将会影响社区成员相互之间的感知和行为。

11.5　网络要素及连接促进策略

推动网络要素发展最为明显的是社会媒体的发展和社交网络技术的应用。 虚拟社区一旦提供给社区成员社交网络平台，他们可以自由地与熟人或者新认识的人建立直接沟通的渠道和跟随的关系，实时了解朋友的最新动态和消息。 许多研究已经检验了社会网络结合和产品扩散对口碑、用户行为以及公司决策的影响，以及对品牌建立和社会商务（Social Commerce）网络形成的影响。

11.5.1　网络嵌入性对参与行为影响的理论发现

网络外部性（Network Externalities）是指参与某个网络能给网络中其他成员带来利益，网络的价值因此随着网络中成员数的增加而增加。 因此，人们会选择那些被更多人使用，或者在他们社会群体中被更多人使用的系统。过去的研究显示，积极的网络外部效应能够提升网络绩效，而且对于持续参与在线社区服务至关重要。

学者指出，许多虚拟社区关闭是因为成员不会持续参与，一个可供解释的原因是便利成员参与的因素还不能被识别出来。 基于有关虚拟社区、知识管理和信息系统的文献，Chen（2007）认为便利社区成员持续参与的因素可以分为两类：情景因素（Contextual Factors）和技术因素（Technological Factors）。 学者将情景因素主要归因于社会资本理论的社会资本，认为社会资本是促进知识创造、交换和整合的重要因素，而促成社会资本的主要是社会互动关系、信任和认同。 社会互动关系是指两个或多个人在社会网络中保持的纽带。

营销学者已经意识到社会资本对于产生消费者解决方案和发展有效的管制关系的重要性。 学者经常将社会资本产生的作用称为网络嵌入性（Network Embeddedness），即一个人或项目与网络中其他人或项目连接的程度。 在虚拟社区中，嵌入性是指某种贡献内容的个体与网络中内容创造者的连接的程度。

不同的网络关系——如提升、关系、互动或交流——能够影响社会资本。比如，与合作者在一个共同项目中工作就是一个潜在的社会资本机制，因为它允许用户通过和其他用户协作直接或间接地接触网络资源。用户产生内容协作主要的资源是信息和知识，而社会资本通过创造已存知识的结合和交换的机会提升这些资源的价值，社区成员能够轻易地把从某个项目中获得的知识转移到他们工作的项目中去，他们越嵌入到协作网络中，就越能接触到网络中的信息资源。

11.5.2 促进成员参与的连接策略

（1）线下互动

线下人机互动的情景因素应该在线上同样存在，虚拟社区成员的熟悉性可以理解为个体对社区内其他成员和他们活动的了解程度；相似性可以定义为虚拟社区成员人口特征（如年龄、性别）或心理特征（如生活方式、个性）等的相似程度；而将其他社区成员感知的经验定义为某些成员在相关领域拥有的知识。 Rothaermel 和 Sugiyama（2001）以 TimeZone.com 为案例样本，以人种志的观察和调查方法，在个体层面提出了成员线下交流经验、网站管理感知价值、内容感知价值和集体拥有知识对成员在虚拟社区内线上交易（Commercial Exchange）的直接影响，其中网站管理和内容管理是管理者可以直接去影响的，而经验和线下交流则代表了"网民社会关系的嵌入性"对于交易的重要性。 他们特别指出，对于社区的组织者尤其要重视网民线下之间的交流而不仅仅是网上交流，让网民在网上可以贴出自己的私人信息如 E-mail。 在组织层面则探讨了虚拟社区的特征（规模、可扩展性和管理介入程度）对商业成功（Commercial Success）的影响，其中规模和管理介入程度是倒 U 形关系，可扩展性是正向关系（Rothaermel，2001）。

（2）个人信息

自我表露的机会——个体显示自我信息和交换是建立个人廉洁的前提和结果。 结果是，如果在线社区成员有更多机会自我表露和相互学习，他们更可能建立社会关系。 自我表露和自我展示的机会已经从作为一个群体专享转变为个体成员均享，特别在社会媒体社区，每个人都有自己个人展示的主页，包括个人信息如照片、背景、经验和兴趣等，这些都能让其他人更加认识你，然后通过已有的熟人关系开始建立以个人为中心的群组。 在在线社区中，私人电子邮箱和同步交流工具，如聊天室和即时通信工具成为表露和社会互动的基础机制。 除了这些沟通渠道外，认知工具如显示谁是否在线和干什么，能帮助别人得到和维护与他人连接的感觉。

一些研究显示，个人信息推动人际纽带的建立，即使人们没有互动过。个人信息增加了互动的可能性，包括成员个人主页机关、当前住址等信息，这些能让其他人识别谁在同一区域，他们据此能够建立真实生活的联系。 而社会媒体则直接利用人际已经存在的熟人关系建立这种社会交流和互动。

（3）嵌入感

Porter 和 Donthu（2008）的研究表明，让社区成员有嵌入感对社区成员对主办公司信任的影响超过了提供高质量内容的努力所产生的影响。 这种管理努力具有双面的影响：一方面，这种努力提高了成员对主办公司共享价值观和对社区成员尊敬的程度；另一方面，也强化了社区成员相信主办公司有更多机会主义行为。

（4）培育成员间的连接

互动是虚拟社区的心脏，为社区成员提供相互熟悉、建立信任的机会。随着互动频率的增加，他们之间的相互喜爱也在增加，在消费者社区中，这种互动方便地满足了成员学习和解决问题的需求。 便利互动式学习和成员间关系建立的虚拟社区被称为 P3（Peer-to-peer Problem-solving）社区。 多角色（MUD）玩家越卷入到游戏中，他们拥有越多的真实联系，和其他玩家的纽带也越多。 社会心理学者认为影响人机和群体互动有 3 个因素，分别是互动双方的熟悉性（Familiarity）、个体之间感知到的相似性（Similarity）以及其他群组成员的经验。 在这些社区中，社会资本作为连接成员的黏合剂，激励他们自愿帮助别人——即使是陌生人，并解释成员在弱关系连接下仍然愿意帮助别人的原因，如 Intuit，作为个人财务管理和服务的提供者，所赞助的 P3 社区成员可以相互交流，讲故事，以及解决问题。

11.6 小 结

本章试图从社区与成员互动的视角，提出一个基于动机驱动的能够影响成员持续参与的策略框架。 该框架包含基于满意驱动的技术因素，基于认同驱动的管制因素，以及基于连接驱动的网络因素。 这 3 种特性对于成员参与过程中的影响，有的可能是激励性因素，而有的则是保健性因素，但从长期来看，虚拟社区的技术属性对持续参与意愿的影响有限，而社区发展过程中形成的身份效应带来的价值对于其参与动机的影响将逐渐加深。 我们预期，虚拟社区的技术特性会影响社区成员满意度，进而影响社区成员持续的参与意愿；但作为一种保健因素，在初始和持续阶段对参与的影响不存在明显的差异。 虚拟社区的社会特性会影响社区成员的身份认同程度，进而影响社区成员持续的参与意愿，而且这种身份认可和随着身份升级带来的特权等价值，将会在持续参与阶段发挥更大的作用。 因此，从长期来看，虚拟社区技术特性带给社区成员的使用价值对社区成员持续参与的影响，要小于社会特性给成员带来的身份价值所产生的作用。

参考文献：

[1] ALGESHEIMER R, DHOLAKIA U M, HERRMANN A. The social influence of brand community: evidence from European car clubs [J]. Journal of marketing, 2005, 69 (3): 19-34.

[2] PAVLOU B. Evidence of the effect of trust building technology in electronic markets: price premiums and buyer behaviour [J]. Management information systems quarterly, 2002, 26 (3): 243-268.

[3] BLANCHARD A L, MARKUS M L. The experienced 'sense' of a virtual community: characteristics and processes [J]. The data base for advances in information system, 2004, 35 (1): 64-79.

[4] BOCK G W, NG W L, SHIN Y. The effect of a perceived leader's

influence on the motivation of the members of nonwork-related virtual communities [J]. Ieee transactions on engineering management, 2008, 55 (2): 292-302.

[5] BOLTON G, KATOK E, OCKENFELS A. How effective are electronic reputation mechanisms? an experimental investigation [J]. Management science, 2004, 50 (11): 1587-1602.

[6] CHEN IYL. The factors influencing members' continuance intentions in professional virtual communities——a longitudinal study [J]. Journal of information science, 2007, 33 (4): 451-467.

[7] CHAN K, LI S. Understanding consumer-to-consumer interactions in virtual communities: the salience of reciprocity [J]. Journal of business research, 2010, 63 (9-10): 1033-1040.

[8] DELONE W H, MCLEAN E R. Information systems success: the quest for the dependent variable [J]. Information systems research, 1992, 3 (1): 60-95.

[9] DHOLAKIA U, BAGOZZI R, PEARO L. A social influence model of consumer participation in network- and small-group-based virtual communities [J]. International journal of research in marketing, 2004, 21 (3): 241-263.

[10] GRUEN T, SUMMERS J, ACITO F. Relationship marketing activities, commitment, and membership behaviors in professional associations [J]. Journal of marketing, 2000, 64 (3): 34-49.

[11] KOH J, KIM Y. Sense of virtual community: a conceptual framework and empirical validation [J]. International journal of electronic commerce, 2003, 8 (2): 75-93.

[12] KOH J, KIM Y. Encouraging participation in virtual communities [J]. Communication of the ACM, 2007, 50 (2): 69-73.

[13] LIN H, LEE G. Determinants of success for online communities: an empirical study [J]. Behavior and information

technology, 2006, 25（6）: 479-488.

［14］MACINNES I. Property rights, legal issues, and business models in virtual world communities ［J］. Electronic commerce research, 2006, 6（1）: 39-56.

［15］PEDDIBHOTLA N, SUBRAMANI M. Contributing to public document repositories: a critical mass theory perspective ［J］. Organization studies, 2007, 28（3）: 327-346.

［16］PORTER C E, DONTHU N, MACELROY W H, et al. How to foster and sustain engagement in virtual communities ［J］. California management review, 2011, 53（4）: 80-110.

［17］PORTER C, DONTHU N. Cultivating trust and harvesting value in virtual communities ［J］. Managment science, 2008, 54（1）: 113-128.

［18］PRAHALAD C K, RAMASWAMY V. Co-creating unique value with customers ［J］. Strategy and leadership, 2013, 32（3）: 4-9.

［19］PREECE J. Sociability and usability in online communities: determining and measuring success ［J］. Behaviour & information technology, 2001, 20（5）: 347-356.

［20］ROTHAERMEL F, SUGIYAMA S. Virtual internet communities and commercial success: individual and community-level theory grounded in the atypical case of timezone. com ［J］. Journal of management, 2001, 27（3）: 297-312.

［21］SHAH S. Motivation, governance, and the viability of hybrid forms in open source software development ［J］. Management science, 2006, 52（7）: 1000-1014.

［22］UTZ S. Egoboo VS. altruism: the role of reputation in online consumer communities ［J］. New media & society, 2009, 11（3）: 357-374.

［23］VON KROGH G, HAEFLIGER S, SPEATH S, et al. Carrots and rainbows: motivation and social practice in open source software development ［J］. Mis quarterly, 2012, 36（2）: 649-676.

［24］WILLIAMS R L, COTHREL J. Four smart ways to run online communities ［J］. Sloan management review, 2000, 41（4）: 81-91.

［25］YEN H, HSU H Y, HUANG C. Good soldiers on the web: understanding the drivers of participation in online communities of consumption ［J］. International journal of electronic commerce, 2011, 15（4）: 89-120.

［26］楼天阳,陆雄文.虚拟社区成员心理联结机制的概念模型:基于身份与纽带视角［J］.营销科学学报, 2009, 5（3）: 50-60.

12　研究总结与管理启示

行文至此，我们需要对本书所做的有关虚拟社区动机研究做一个回顾和总结。理论研究的最终目的是更好地指导企业实践，我们也试图根据我们的研究发现有针对性地为社区运营者或赞助者提出一些我们的管理建议。同时，我们也指出本研究中存在的一些不足以及未来的研究方向。

12.1　研究的总体发现

本书的研究主要可以分为 4 个大的部分。在第一部分，本书系统地梳理了有关虚拟社区参与行为及其动机的理论和实证介绍，构建了虚拟社区参与动机的框架，介绍了有关虚拟社区参与动机研究的脉络；第二部分，主要通过实证研究探讨虚拟社区动机的时间演变，以及各种影响因素对参与行为的影响；第三部分，本书分别以 MMORPG 游戏公会和小米社区为例，探讨了虚拟社区成员持续参与和消费者融入在线品牌社区的前因和结果；第四部分，则试图提出给予动机驱动的社区成员参与的管理框架，主要从社区运营者角度来达到提升参与度的管理要求。下面，我们对本研究的具体发现分别予以总结。

第一，本书第 3 章和第 4 章通过对现有研究的回顾和梳理，对虚拟社区参与动机的研究现状做了较为系统的总结。为了解释虚拟社区参与行为背后的动机，我们对当前解释各种参与行为的各种理论进行了理论机制的阐述，在此基础上，提出了社区参与行为各种动机研究的概念维度和结构框架。

第二，虚拟社区依赖于成员的主动参与和贡献，但在其发展过程中社区成员参与的原始动机会衰减。本书第 5 章从虚拟社区运营者角度将持续参与分为 4 个维度进行测量，并采用自我决定论和动机导向两个理论框架，探讨社区成员在持续参与过程中的动机演变。结果发现，在初始和持续两个阶段，利他、声誉都是对参与程度影响最大的动机，而且它们在持续阶段对参与行为的影响要比初始阶段更为强大；不同导向动机对参与行为影响存在差异，如他人导向动机如利他、声誉和互惠对贡献内容产生显著影响，而报酬动机对需要激发的"跃迁"行为如升级和使用网站新功能有显著影响，且在持续参与群组中更为明显。

第三，对于第 6 章虚拟社群与成员之间的联结机制，本研究在社会认同理论与依恋理论之间建立了联系的桥梁。本研究认为，网民参与虚拟社区是一个复杂的选择过程，首先是认知层面确立虚拟自我的角色，然后才是与虚拟社群的关系建立情感依恋，实证结果支持了该理论模型的假设。相比于仅从人际关系层面理解社群内的成员关系而忽视社群影响，或者片面强调社会影响而忽视个体的角色意义，该模型有着更好的现实适应性和理论解释力。此外，在对依恋的测度上同样借鉴了维度的测量，把两种依恋作为一个连续变量而不是类型变量来测度。

第四，第 7 章、第 8 章探讨了虚拟社区技术环境特征与管理政策（激励制度）对社区参与动机的影响。社区环境特征中的虚拟共存、自我展现及信息深度挖掘对用户心理需要满足具有正向的促进作用；用户的心理需要满足对虚拟社区认同具有正向的促进作用。而外部激励政策的效应可能削弱内部动机，也可能对内部动机产生促进作用，所产生的影响是由外部动机的类型决定的。在虚拟社区情境中内部动机与外部动机是一种共存的关系，外部动机及非货币式激励政策对内部动机更多表现出强化作用，而货币式激励政策更多表现为削弱作用。

第五，第 9 章为虚拟社区持续参与所带来的消费者行为影响提供了经验证据。结论表明，游戏动机强度并非直接导致公会参与。事实上，我们可以看到个性中的合群性与公会参与有着正向影响，而游戏的社交动机对公会参与没有直接关系。 就某种程度而言，决定游戏公会参与与否主要受玩家个性特征影响，而非游戏动机；虚拟社区的持续参与对消费行为的影响并不一致，原因在于虚拟社区除了提供社群影响，还提供各种消费知识（游戏中表现为游戏诀窍等），这些消费知识和社区内的口碑传播有可能让消费者更加理性地做出消费决策。

第六，第 10 章以小米社区为例探讨消费者融入在线品牌社区的前因及结果，弥补了单纯品牌认同对在线品牌社区的影响路径，更加清晰地解释了品牌特性是如何影响品牌认同。 另外，涉入度对社区融入能够起到直接的促进作用，不同于以往研究将涉入度硬性分成高、低两个维度，本章将涉入度界定为消费者的一种心理认知，从而能够从产品自身的角度研究其对品牌社区融入的影响，并进一步揭示了影响涉入度的因素。

第七，我们在第 11 章试图根据上述的研究结果，从 3 个机制来管理和提升虚拟社区成员的参与，分别是基于满意驱动的技术要素，基于认同驱动的社区管理，以及基于连接的网络特征。 本章将根据此环境三要素，提出从管制、技术和网络 3 个层面对虚拟社区进行管理的策略框架。

12.2　研究的理论贡献与管理启示

总之，理解虚拟社区参与的不同动机是一致的还是不一致的十分重要，因为参与者的动机会结合其知识、技能和能力，产生参与者的行为和绩效（Mitchell 和 Daniels，2003）。 本项目利用定性和定量相结合的研究技术，对虚拟社区参与动机的演变、动机与参与行为之间的关系，以及管理活动对其影响等做了系统的研究。 研究的选题具有鲜明的产业背景和时代意义，研究方法较为科学规范，所选样本跨越了 BBS 社区、SNS 社区、游戏产业社区等，研究结论对学术研究和企业实践都具有借鉴价值。 具体而言，本研究在虚拟社区成员参与的研究中具有以下贡献。

首先，我们对参与虚拟社区的动机构成和理论解释的现有研究做了一个较为系统的梳理和评述，在此基础上提出虚拟社区参与动机的构成维度框架，并进行系列的调查研究和检验。这一尝试对动机在时间维度的演变与内外动机的转化方面做了新的方向突破，这对于了解动机系统如何成功吸引和维持社区成员是非常有必要的。这是本书较为重要的理论贡献。

其次，本书提出的认同到依恋的机制提供了虚拟社区参与心理过程从认知到情感的一个新的理论视角，把社会学的符号互动、身份构建与社会认同和消费情感的依恋理论在虚拟社区的情景下进行了联系。这与 Dhoakia et al.（2004）提出的完全基于社会认同的虚拟社区参与过程把虚拟社区意识作为参与的中介变量完全不同，理由是认同到依恋的联结机制不仅反映了虚拟社区成员从现实身份到虚拟身份的联结，而且反映了其与虚拟社区之间的联结机制，是一个完整的从个体角色身份到虚拟社群的联结纽带系统。

再次，从研究范围看，我们的研究跨越了多种类型的虚拟社区，从 Web 1.0 时代的 BBS 社区到 Web 2.0 时代的 SNS 社区，从独立的社区网站到依附于产业的游戏社区，这样的研究范围跨度为社区参与动机的调查研究提供了多种背景，可以验证在多种类型社区参与动机的共性和个性，在某种程度上也提高了研究的外部效度。

最后，从研究的纵深角度看，本书对虚拟社区参与动机的研究，既有理论层面的动机框架，也有实证层面对动机维度的实证检验；既有作为前置变量对参与行为的研究，也有虚拟社区参与行为对其他消费行为影响的研究。因此，对虚拟社区动机的心理来源、时间演变、心理机制、影响因素等做了较为完整的研究，体现了研究的系统性和持续性。

从实践的角度看，上述的研究结论对虚拟社区的经营和管理具有以下现实的指导意义。

首先，对虚拟社区成员持续参与的维持和激励。虚拟社区管理者在社区成员的生命周期中，面临着两个成员身份的转化或者跃迁。一是从潜水者转化为社区成员，以明确客户身份方便直接沟通；二是从一般浏览者转化为网站多产品使用者，以增加转换成本。研究显示，在这两个持续参与过程中跃迁行为外部的报酬激励对此有显著的作用，可以提升社区成员决策升级行为时的价值感知，或降低感知风险；虚拟社区成员的持续参与更多受他人导向动机如互惠、利他和社会性动机如声誉推动。 因此我们需要通过控制社区规模、组织线下活动、建立社区标志/形象等为该社区成员建立共同的社区意识和身份，这会强化社区成员在持续阶段他人导向动机的形成。

其次，影响参与质量的管理越来越成为社区管理者最为紧迫的问题。 但是研究显示，社区成员的内部动机而非外部报酬能够影响参与质量，这也意味着参与质量更多依赖那些真正凭自己兴趣来参与的少数志愿人群，真正为这群少数人群提供各种服务和便利而非报酬应成为社区管理的重点。 同时，我们的研究也表明，社区的货币式激励政策则需针对不同的参与人群来进行激励，货币式激励政策对内部娱乐动机有挤出效应。 因此，对于那些受娱乐或实用动机驱动的参与用户，货币式激励政策并不能对他们的参与有强化作用；而对于那些受声誉动机驱动的用户，他们往往是具有较高参与水平的会员如各板块的版主，给他们支付货币式报酬能够提升他们的参与水平；而且，非货币式激励政策需要聚焦于提升社区成员的声誉和利他价值，如此才能提升成员的参与水平。 一方面，社区运营者可以通过特定的非货币式激励措施如等级、会员特权等培育其声誉动机，如大众点评网的成员空间除了展示数字化的贡献值和级别外，还利用图形化的徽章作为对成员贡献的额外奖励和身份象征；另一方面，非货币式政策可以显示成员对整个社区的贡献或对他人的帮助，开辟机制反馈受帮助者对其的认可程度，如其他人对发帖人帖子有用性的评价和鲜花赠送等来激发利他动机，也可以增强其未来的参与贡献意愿。

最后，虚拟社区的参与对游戏成员积极消费行为的结论，对试图通过社区赞助来达成营销目的的企业也有指导意义。 针对游戏公会的研究表明，游戏公会对于在线游戏的持续运营非常重要，但是并非所有的玩家都愿意参与游戏公会。 因此，针对那些特立独行的玩家，以及追求沉浸和社交动机的玩家，游戏运营商需要开辟另外的渠道供他们交流，如游戏内的广播系统、实时聊天系统等。 而对于那些主要运营 MMORPG 游戏的公司来说，研究表明吸引玩家加入公会的主要动机是竞争，他们加入公会是因为需要其他玩家一起组团打怪。 因此，这些游戏公司可以给予公会各种积极的赞助政策，以促进游戏公会的运营，从而吸引玩家的参与。 而对于其他非 MMORPG 游戏商而言，因为玩家缺少足够的竞争动机，玩家参与游戏公会的意愿并不强烈，因此还是要考虑其他的市场推广手段。 游戏公司可以通过游戏公会开展团队竞赛。 在游戏设计方面，可以设计更多有趣、复杂的游戏副本，组织不同规模的挑战任务，并通过公会号召玩家之间的 PK。 因为玩家参与公会是为了竞争，越是复杂的副本越需要团队合作。 大型多人副本、公会之间的领土之争、不同服务器之间的精英挑战赛远比个人 PK 要有趣激烈得多，所以玩家的参与度也会更高，无论是对公会还是游戏，这些都是非常重要的活动。 游戏公司能够通过组建和支持游戏公会让消费者了解更多的游戏知识，促进成员组队，从而提高游戏忠诚度和商城惠顾，但游戏频率并不会因此而增加。 事实上，延长单次的游戏时间说明玩家在游戏中享受更好的游戏体验。 因此，可以认为游戏频率并非很好的运营指标。

12.3　研究的不足之处与未来研究方向

由于本人时间、精力和水平有限，本书所研究的内容在不少方面还有缺欠，对一些研究发现未能做出更为深入的讨论。 主要的缺憾表现在以下几个方面。

首先，由于研究对象主要局限于内容产生社区，研究结论带有一定的局限性。 而现在越来越明显的态势是 SNS 社区会成为未来最为重要的社区形态，它的发展表现出更多与传统 BBS 社区不同的特征。 因此，在激励机制的研究上应该再深入，探讨 SNS 社区的激励效应，这样对虚拟社区外部激励政策效应的研究会更加完整。 而且，作为现在企业营销战略中扮演越来越大作用的官网社区如小米官网，也需要单独被用来做研究。

其次，本书在研究方法上主要采用网络平台自填问卷的方法，这未必能完全测度出消费者的动机需求，而且动机的时间演变没有采用完全的纵贯数据来体现。 持续参与作为虚拟社区运营者当前面临的最为重要的问题，未来可以采用其他的动机系统、更多的社区类型以及持续参与的多维表现进行进一步验证，以获得更多的管理启示。 事实上，对于虚拟社区参与行为所带来的影响，还需要通过实验法来做进一步的验证，如此才能避免样本的自选择效应。

最后，需要引起我们研究者重视的就是虚拟社区的参与行为到底是由动机决定还是由个性决定。在游戏产业中虽然有一些学者研究动机，但是也有一些产业人士认为什么样的人决定玩什么样的游戏。我们针对游戏社区的研究也表明，一些游戏动机对虚拟社区的参与行为并没有显著的效应。因此，未来，我们需要比较动机和个性对参与行为的影响，同时需要在各种类型的社区中进行验证。

参考文献：

[1] DHOLAKIA U, BAGOZZI R, PEARO L. A social influence model of consumer participation in network-and small-group-based virtual communities [J]. International journal of research in marketing, 2004, 21 (3): 241-263.

[2] MITCHELL T R, DANIEL D. Motivation. Handbook of psychology: industrial and organizational psychology [M]. New York: Wiley, 2003: 225-254.

后　记

学术是格物致知，需要宁静以致远。

自 2004 年在复旦大学管理学院攻读博士学位以来，我一直在研究虚拟社区，一晃 10 多年已然过去，在这期间也曾多次反思自己所研究问题的价值，追问自己研究结论的可靠性，也曾想"手可摘星辰"，能够摘取学术星空中的一颗星星，能够用自己的思想去启迪众人，如今想来，目前依然只是在学术圣殿的前行阶梯上攀爬而已。

虚拟社区原本只是互联网的一个应用，随着社交媒体和各种微信群的兴起，现在已成为营销战略的一个重要策略思维，把自媒体、口碑、社交关系网络、互动式营销、会员营销、朋友圈等形成一个闭环的商务模式。比如，云集电商完全基于社交媒体，通过会员分享、朋友圈互动以及后端供应链整合成为一个独立的商业模式；瑞幸咖啡的私域流量运营通过店铺构建的微信群来与消费者互动，成功提高了单店店铺 38％ 以上的运营绩效；微商运营则是完全聚焦于微信的各个群组来拉新和获得客户；阿里巴巴虽然构建了电商帝国，但依旧持续通过构建商人群社区来推动商人群体的培育。

可以说，虚拟社区已经成为移动互联网时代企业整体营销传播的重要一环，如何维持住虚拟社区用户的活跃度成为运营重要的策略思维。反观我们的研究，仍然落后于精彩纷呈的商业实践，我们依然有众多的问题急需解决。比如，针对当前微信群，人们的社区感是否和 10 年前的互联网社区感一致？夹杂着粉丝和消费者的双重关系，人们社区感如何影响其消费行为？ 在以短视频内容输出为主的抖音中，用户与播主之间的关系又应该用什么理论来解释？

尽管从 1920 年哈佛大学开辟市场营销学科开始，至今恰好已有 100 年的时间，但是，自从 1960 年 STP 和 4P 框架奠定营销学的基础至今，它的理论框架正在受到移动互联网和数字技术的深刻影响和颠覆式变革。 基于数据化的决策工具不断出现，阿里巴巴的 AIPL、FAST、GROW 模型正在成为网络运营的新工具。 当然，兼具网络属性和社会属性的虚拟社区依然是客户端的流量入口，也依然是我们营销学研究的策略入口。